Ein Laboratorium der Moderne

Philipp Hölzing

Ein Laboratorium der Moderne

Politisches Denken in Deutschland 1789-1820

 Springer VS

Philipp Hölzing
Berlin, Deutschland

ISBN 978-3-658-08426-4   ISBN 978-3-658-08427-1 (eBook)
DOI 10.1007/978-3-658-08427-1

Die Deutsche Nationalbibliothek verzeichnet diese Publikation in der Deutschen Nationalbi-
bliografie; detaillierte bibliografische Daten sind im Internet über http://dnb.d-nb.de abrufbar.

Springer VS
© Springer Fachmedien Wiesbaden 2015

Lektorat: Frank Schindler, Daniel Hawig

Gedruckt auf säurefreiem und chlorfrei gebleichtem Papier

Springer Fachmedien Wiesbaden ist Teil der Fachverlagsgruppe Springer Science+Business Media
(www.springer.com)

Inhalt

IV. Konservatismus

Für Hannah und Lisa

»A little rebellion now and then is a good thing.«
Thomas Jefferson an James Madison, 30. 1. 1787

1. Einleitung

Am Anfang war die Französische Revolution. Nirgends gilt dies mehr als für die Geschichte des modernen politischen Denkens in Deutschland. Zwar kann auch ganz allgemein der Beginn des »langen« 19. Jahrhunderts, das sozialgeschichtlich den endgültigen Durchbruch zur Moderne bringt, für Deutschland um 1789 angesetzt werden.[1] Eindeutiger noch lässt sich dies jedoch im Hinblick auf das moderne politische Denken in Deutschland tun, das hier seinen Anfang nimmt, weswegen man die Jahre vom Ausbruch der Revolution bis zu Hegels »Rechtsphilosophie« und zur Restauration um 1820 als ein Laboratorium der Moderne betrachten kann. Der Liberalismus, der Republikanismus und der Konservatismus in ihrer spezifischen deutschen Ausprägung kristallieren sich in dieser Zeit als Reaktion auf die Französische Revolution als große moderne politische Strömungen[2] heraus. Damit ist als Aperçu das Thema dieser Untersuchung benannt.

Das soll jedoch nicht heißen, dass diese drei modernen politischen Strömungen, die sich in unterschiedlichen Formen zunächst mit einer kosmopolitischen und dann mit einer nationalistischen Haltung verbinden, keine Vorgeschichte vor 1789 haben. Ganz im Gegenteil, zum einen haben viele der Ideen, die diese drei Strömungen jeweils bündeln, ihre Ursprünge vor 1789, insbesondere im Denken der Aufklärung, und es wird im Folgenden auch darum gehen, diese Vorgeschichte in Teilen zu rekonstruieren. Zum anderen wirken an der Herausbildung dieser politischen Strömungen langfristige, strukturelle, politische, sozioökonomische und kulturelle Entwicklungen mit, wie der Aufstieg des modernen Staates und die Entstehung einer bürgerlichen Gesellschaft und Öffentlichkeit. Auch diese sollen Erwähnung finden. Aber als alle diese überkommenen Ideen und langfristigen strukturellen Prozesse bündelnde politische Vokabulare, eben als liberale, republikanische und konservative Vokabulare, kristallieren sich diese Strömungen doch erst nach 1789 vollständig heraus. Der Liberalismus und der Konservatismus lassen sich als fest etablierte Begriffe sogar erst zu Beginn des

---

[1] Vgl. Franz J. Bauer, Das »lange« 19. Jahrhundert. Profil einer Epoche (1789-1917), Stuttgart 2004.
[2] Die Bezeichnung »politische Strömungen« wird hier verwendet, um anzuzeigen, dass es sich noch nicht um organisierte politische Parteien handelt. In ihnen können jedoch die Vorläufer der modernen Parteien gesehen werden.

19. Jahrhunderts entdecken, während der Begriff des Republikanismus bereits in den Jahren nach 1789 im Gebrauch ist.[3]

Dass diese politischen Strömungen sich erst nach 1789 vollständig herauskristallisieren, hängt nicht zuletzt damit zusammen, dass sich ein sich selbst bewusst als progressiv oder konservativ verstehendes politisches Denken erst dort herausbilden konnte, wo der Bruch mit der Vergangenheit selbst zum zentralen politischen Thema wurde. Und genau dies geschieht während der Französischen Revolution – die Revolutionäre wollen ja bekanntlich sogar eine neue Zeitrechnung einführen. Sie wollen aber vor allem ein neues Recht und eine neue politische Ordnung schaffen und nicht einfach an das Überkommene anschließen, ebenso wie sie die überkommenen Standesunterschiede abbauen und eine neue Gesellschaftsordnung generieren möchten – der moderne Revolutionsbegriff im Sinne eines umfassenden sowohl geistigen als auch politisch-sozialen Umbruchs und damit zugleich das explizite Bewusstsein eines solchen lassen sich überhaupt erst hier finden.[4] Mit Eric Hobsbawm lässt sich sogar sagen, dass die »Doppelrevolution« ab 1789, die Verbindung aus politischer Revolution und industrieller Revolution, »die größte Wandlung der Menschheitsgeschichte seit jenen lang verflossenen Zeiten bildet, als Landwirtschaft und Metallurgie, das Alphabet, die Stadt und der Staat erfunden wurden. Diese Revolution hat die ganze Welt umgestaltet, und ihre Wirkung dauert bis heute an.«[5] Der politische Kampf um die Legitimität, Rationalität, konkrete Gestalt und Realisierbarkeit dieses Bruchs mit der Vergangenheit, dieser Umgestaltung der ganzen Welt, ist der Entstehungs-

---

[3] Vgl. zur Begriffsgeschichte Rudolf Vierhaus, Liberalismus, in: Otto Brunner, Werner Conze, Reinhart Koselleck (Hg.), Geschichtliche Grundbegriffe. Historisches Lexikon zur politisch-sozialen Sprache in Deutschland, Bd. 3. Stuttgart 1982, S. 741-785 und ders., Konservativ, Konservatismus, in: ebd., S. 531-565 sowie Gerhard Göhler, Konservatismus im 19. Jahrhundert – eine Einführung. in: Bernd Heidenreich (Hg.), Politische Theorien des 19. Jahrhunderts. Konservatismus, Liberalismus, Sozialismus, Berlin 2002, S. 19-32. Vgl. zum Vorkommen des Republikanismus bereits nach 1789 die Ausführungen des entsprechenden III. Teils unten.

[4] Vgl. zur Begriffsgeschichte des Revolutionsbegriffs, zum Revolutionsbewusstsein sowie allgemein zu den Forderungen der Revolution Ernst Schulin, Die Französische Revolution, München 4. überarbeitete Auflage 2004, S. 16-24 und zur Wirkung der Revolution auf die politische Kultur Europas Rolf F. Reichardt, Das Blut der Freiheit. Französische Revolution und demokratische Kultur, Frankfurt/M. 1998, S. 257-334. In globalgeschichtlicher Perspektive hat zuletzt unter anderem Christopher Bayly auf die Bedeutung der Revolution und der Ideen von 1789 für die Herausbildung der modernen Welt hingewiesen: Christopher A. Bayly, Die Geburt der modernen Welt. Eine Globalgeschichte 1780-1914, Frankfurt/M. 2006, S. 110ff.

[5] Eric Hobsbawm, Europäische Revolutionen, Zürich 1962, S. 9.

herd der modernen politischen Strömungen, die sich in diesem Kampf in wechselseitiger Abgrenzung voneinander herauskristallisieren.

Nun gibt es keinen Mangel an Detailuntersuchungen aller Art zu dieser Epoche in Deutschland.[6] Es liegen zudem zahlreiche Studien zu einer großen Menge von Schriftstellern, Philosophen, politischen Denkern und Akteuren der Zeit vor – mehr als hier erwähnt werden können. Ebenso gibt es mittlerweile eine stattliche Anzahl von Arbeiten zu einzelnen der hier behandelten Strömungen, insbesondere zum Liberalismus und zum Konservatismus.[7] Der Republikanismus in Deutschland nach 1789 hat dagegen bisher wenig Beachtung gefunden, da die neuere republikanische ideengeschichtliche Forschung im angelsächsischen Sprachraum sich weitgehend mit der atlantischen republikanischen Tradition befasst, weniger mit der kontinentaleuropäischen,[8] und erst allmählich im deutschen Sprachraum rezipiert wird.[9] Die ältere Forschung zu den deutschen Jako-

---

[6] Vgl. für einen Überblick zu Forschungstendenzen und -literatur Elisabeth Fehrenbach, Vom Ancien Régime zum Wiener Kongreß, München 2008 und Walter Demel, Vom aufgeklärten Reformstaat zum bürokratischen Absolutismus, München 1993.

[7] Vgl. zum Liberalismus etwa Lothar Gall, Liberalismus und »bürgerliche Gesellschaft«. Zu Charakter und Entwicklung der liberalen Bewegung in Deutschland, in: ders. (Hg.), Liberalismus, Köln 1976, S. 162-186, Zwi Batscha, Studien zum deutschen Frühliberalismus, Frankfurt/M. 1981, Dieter Langewiesche, Liberalismus in Deutschland, Frankfurt/M. 1988, James J. Sheehan, Der deutsche Liberalismus, München 1988, Lothar Gall (Hg.), Bürgertum und bürgerlich-liberale Bewegung in Mitteleuropa seit dem 18. Jahrhundert, München 1997 und zum Konservatismus etwa Karl Mannheim, Konservatismus. Ein Beitrag zur Soziologie des Wissens, hg. v. David Kettler, Volker Meja und Nico Stehr, Frankfurt/M. 1984 (1925), Klaus Epstein, Die Ursprünge des Konservatismus in Deutschland. Der Ausgangspunkt: Die Herausforderung durch die Französische Revolution 1770-1806, Frankfurt/M. 1973.

[8] Vgl. zur angelsächsischen Forschung Gordon S. Wood, The Creation of the American Republic 1776-1787, Chapel Hill 1969, John G. Pocock, The Machiavellian Moment. Florentine Political Thought and the Atlantic Republican Tradition, Princeton 1975, ders., Der bürgerliche Humanismus und seine Rolle im anglo-amerikanischen Denken, in: ders. Die andere Bürgergesellschaft. Zur Dialektik von Tugend und Korruption, Frankfurt/M. 1993, Quentin Skinner, Liberty before Liberalism, Cambridge 1998, Philip Pettit, Republicanism. A Theory of Freedom and Government, Oxford 1997, Martin van Gelderen, Quentin Skinner (Hg.), Republicanism. A Shared European Heritage, 2 Bde., Cambridge 2002 und Cecile Laborde, John Maynor (Hg.), Republicanism and Political Theory, Oxford 2008.

[9] Vgl. für erste solche Versuche Paul Nolte, Bürgerideal, Gemeinde und Republik. Klassischer Republikanismus im frühen deutschen Liberalismus, in: Historische Zeitschrift 254 (1992), S. 609-656, ders., Gemeindebürgertum und Liberalismus in Baden 1800-1850: Tradition, Radikalismus, Republik, Göttingen 1994, Hans Erich Bödeker, The Concept of the Republic in Eighteenth-Century German Thought, in: Jürgen Heideking, James A. Henretta (Hg.), Republicanism and Liberalism in America and the German States 1750-1850, Cambridge 2004, S. 35-52, und Otto Dann, Kant's Re-

binern lässt sich aber aus meiner Sicht mit der angelsächsischen Republikanismusforschung verknüpfen und produktiv ins Gespräch bringen, auch wenn sie häufig stark politisch vom Ost-West-Konflikt gefärbt war.[10] Woran es jedoch vor allem mangelt, das sind umfassende Darstellungen jüngeren Datums, die versuchen, einen systematischen Zugriff auf das ganze Spektrum des politischen Denkens nach 1789 in Deutschland und seine Entwicklung zu gewinnen. Das ist das Ziel der vorliegenden Untersuchung.

In der Forschungsliteratur finden sich vier Darstellungen, die sich speziell mit dem hier anvisierten Thema befassen und besondere Erwähnung verdienen.[11] Die erste dieser Untersuchungen ist Reinhold Aris' »History of Political Thought in Germany from 1789 to 1815« aus dem Jahre 1936. Es versteht sich fast von

---

publicanism and Its Echoes, in: Jürgen Heideking, James A. Henretta (Hg.), Republicanism and Liberalism in America and the German States 1750-1850, Cambridge 2004, S. 53-72 sowie meine eigenen Untersuchungen Philipp Hölzing, Republikanismus und Kosmopolitismus. Eine ideengeschichtliche Studie, Frankfurt/M. 2011, ders., Romantischer Republikanismus. Der Fall Friedrich Schlegel, in: Zeitschrift für Kulturphilosophie 1 (2011), S. 195-208 und ders., Von Kant zu Schlegel. Georg Forsters Republikanismus, in: Archiv für Rechts- und Sozialphilosophie 1 (2013), S. 29-41, die in unterschiedlicher Form hier eingeflossen sind. Vgl. zur neueren deutschsprachigen Rezeption der Cambridge School zuletzt etwa Martin Mulsow, Andreas Mahler (Hg.), Die Cambridge School der Politischen Ideengeschichte, Berlin 2010.

[10] Vgl. Heinrich Scheel, Süddeutsche Jakobiner: Klassenkämpfe und republikanische Bestrebungen im deutschen Süden Ende des 18. Jahrhunderts, Berlin 1962, Inge Stephan, Literarischer Jakobinismus in Deutschland (1789-1806), Stuttgart 1976, Walter Grab, Ein Volk muß seine Freiheit selbst erobern. Zur Geschichte der deutschen Jakobiner, Frankfurt/M. 1984, Helmut Reinalter, Die Französische Revolution und Mitteleuropa. Erscheinungsformen und Wirkungen des Jakobinismus. Seine Gesellschaftstheorien und politischen Vorstellungen, Frankfurt/M. 1988.

[11] Vgl. neben diesen vier im Folgenden behandelten zentralen Studien, die im engeren Sinne das politische Denken in Deutschland nach 1789 behandeln, die ältere Studie von G.P. Gooch, Germany and the French Revolution, London 1920, sowie die weitergefassten Untersuchungen von Richard Kroner, Von Kant bis Hegel, 2 Bde. Tübingen 1921-1924, Alfred Stern, Der Einfluß der Französischen Revolution auf das deutsche Geistesleben, Stuttgart 1928, Jürgen Gebhardt (Hg.), Die Revolution des Geistes. Politisches Denken in Deutschland 1770-1830, München 1968, Richard Brinkmann et al., Deutsche Literatur und Französische Revolution. Sieben Studien, Göttingen 1974, Elisabeth Fehrenbach, Deutschland und die Französische Revolution, in: Geschichte und Gesellschaft, Sonderheft 2 (1976), S. 232-253, Viktor Lange, Das klassische Zeitalter der deutschen Literatur 1740-1815, München 1982, Jürgen Voss (Hg.), Deutschland und die Französische Revolution, Düsseldorf 1983, Gerhard Schulz, Die deutsche Literatur zwischen Französischer Revolution und Restauration, 2 Bde., München 1983-1989, Dieter Henrich, Die Französische Revolution und die klassische deutsche Philosophie, in: Goethe Jahrbuch 107 (1990), S. 102-114, Arseni Gulyga, Die klassische deutsche Philosophie. Ein Abriß, Leipzig 1990, Dieter Henrich, Between Kant and Hegel, Harvard 2003 und Terry Pinkard, German Philosophy 1760-1860. The Legacy of Idealism, Cambridge 2002.

selbst, dass diese Arbeit nicht mehr dem neuesten Forschungsstand entspricht. Inhaltlich zeigt sich dies vor allem an der Übernahme der bereits von Madame de Stael in ihrem Buch »De l'allemagne«[12] vorgebrachten These der unpolitischen Deutschen nach 1789,[13] die etwas später in ähnlicher Weise auch von Heine und Marx aufgegriffen wurde. »Man vergleiche nur die Geschichte der französischen Revolution mit der Geschichte der deutschen Philosophie«, so Heine, »und man sollte glauben: die Franzosen, denen so viel wirkliche Geschäfte oblagen, wobei sie durchaus wach bleiben mußten, hätten uns Deutsche ersucht, unterdessen für sie zu schlafen und zu träumen, und unsre deutsche Philosophie sei nichts anders als der Traum der französischen Revolution.«[14] Und Marx erklärte, die Deutschen hätten in der Politik nur »gedacht, was die anderen Völker getan haben«.[15] Diese Behauptungen sind durch die Forschung insbesondere auch zu den deutschen Jakobinern längst korrigiert und nicht mehr haltbar. Hinzu kommt Aris' Ablehnung des Kosmopolitismus, den er ähnlich wie Friedrich Meinecke in seinem wirkmächtigen Buch »Weltbürgertum und Nationalstaat«[16] als Grund der unpolitischen Haltung der deutschen Intellektuellen sieht, während ihm der Nationalismus eine politische Haltung zu implizieren scheint. Das wird man heute nach zwei Weltkriegen, in Zeiten der Globalisierung, der Vereinten Nationen und der Europäischen Union sicher ganz anders einschätzen müssen und gerade in den kosmopolitischen Haltungen der damaligen Zeit einige wegweisende politische Momente erblicken.[17] Im Übrigen fehlt Aris' Darstellung jede systematische Unterscheidung von politischen Strömungen, und er geht in gewisser Weise einfach chronologisch die von ihm behandelten Jahre durch.

Eine erste systematische Differenzierung hat Jacques Droz 1949 in seinem Werk »L'Allemagne et la revolution francaise« versucht, in dem er auf breiter Quellenbasis fünf Reaktionstypen auf die Französische Revolution in Deutschland herausarbeitet: liberale, moralistische, humanistische, empiristische und

---

[12] Vgl. Madame de Stael (1813), Über Deutschland, hg. v. Monika Bosse, Frankfurt/M. 1984.

[13] Vgl. Reinhold Aris, History of Political Thought in Germany from 1789 to 1815, New York 1968 (Reprint der Ausgabe von 1936), S. 43.

[14] Heinrich Heine (1831), Einleitung zu »Kahldorf über den Adel«, in: ders., Sämtliche Schriften in 12 Bänden, hg. v. Klaus Briegleb, Bd. 3, München 1976, S. 655.

[15] Vgl. Karl Marx (1843), Zur Kritik der Hegelschen Rechtsphilosophie, in: ders., Werke, Bd. 1, Darmstadt 1962, S. 496.

[16] Vgl. Friedrich Meinecke, Weltbürgertum und Nationalstaat, Darmstadt 1969 (1. Auflage 1907).

[17] Vgl. dazu exemplarisch Georg Schmidt, Wandel durch Vernunft. Deutsche Geschichte im 18. Jahrhundert, München 2009, S. 14 f.

pietistische.[18] Das sind allerdings keine konsequent in politische Begriffe gefassten Reaktionstypen. Vielmehr handelt es sich um eine eher verwirrende Ver-
mengung von Kategorien politischer, ethischer, wissenschaftstheoretischer und
religiöser Provenienz. Zudem teilt Droz mit Aris die Einschätzung der unpolitischen Deutschen nach 1789, die heute so nicht mehr haltbar ist.

Eine plausible systematische Unterscheidung politischer Strömungen in
Deutschland nach 1789 hat erst Fritz Valjavec in seinem Buch »Die Entstehung
der politischen Strömungen in Deutschland 1770-1815« im Jahre 1951 vorgelegt.
Valjavecs Studie ist bis heute die maßgebliche Gesamtdarstellung zu der hier
interessierenden Fragestellung. Er verfolgt die Herausbildung der politischen
Strömungen bis in die 1770er Jahre zurück, betont jedoch zugleich den besonderen Einfluss der Französischen Revolution und sieht drei zentrale Strömungen
sich herausbilden: »Ich glaube als Ergebnis meiner Untersuchungen feststellen zu
können, daß seit den siebziger Jahren des 18. Jahrhunderts allmählich Strömungen zutage treten, die im Sinne der Aufklärung den Ideen des Fortschritts auch
auf politischem Gebiet Geltung zu verschaffen suchten. Sie teilen sich bereits von
Anfang an in eine gemäßigte, auf friedliche Reformen gerichtete, und in eine
radikale Richtung, die nicht nur Freiheit, sondern auch Gleichheit verlangt. Auch
in der Folgezeit lassen sich trotz vielfacher Überschichtung zwei Richtungen
unterscheiden, aus denen etwa seit der Zeit der französischen Revolution die
liberale und die demokratische Bewegung hervorgegangen sind, obschon sie sich
in Deutschland ihrer Eigenart und ihres Gegensatzes erst seit dem Vorabend der
Februarrevolution bewußt zu werden begannen. Die Anfänge des Konservatismus reichen gleichfalls über 1789 zurück. Sie werden in den achtziger Jahren
durch den Kampf gegen die Aufklärung und die geheimen Gesellschaften ausgelöst. Das Erlebnis der Revolution sowie Impulse der romantischen Bewegung
haben dann zur weiteren Ausprägung der konservativen Bestrebungen geführt.«[19] Freilich ist auch seit dem Erscheinen von Valjavecs Werk nun bereits
einige Zeit vergangen, sodass hier ebenfalls dem neueren Forschungsstand Rech-
nung getragen werden muss. Während mir die Betonung des zentralen Einflusses
der Französischen Revolution und die Differenzierung von drei politischen
Strömungen bis heute richtig zu sein scheint, wird man zum einen zur Vorgeschichte, die Valjavec um 1770 beginnen lässt, unterschiedliche Positionen der

---

[18] Vgl. Jacques Droz, L'Allemagne et la revolution francaise, Paris 1949.
[19] Fritz Valjavec, Die Entstehung der politischen Strömungen in Deutschland 1770-1815, Frank-
furt/M. 1978 (Unveränderter Nachdruck der Ausgabe von 1951), S. 11.

neueren Forschung zu berücksichtigen haben. Es ist zudem mehr als fraglich, ob man vor 1789 bereits von einer vollständigen Herausbildung der von Valjavec benannten Strömungen in Deutschland sprechen kann, auch wenn sich viele Ideen, die diese dann aufgreifen, bereits zuvor finden. Erst das Ereignis der Französischen Revolution und die offenbar unvermeidliche Positionierung gegenüber diesem Ereignis haben zur jeweils spezifischen Bündelung dieser Ideen in Form der drei Strömungen geführt, so möchte ich hier behaupten. Zum anderen scheint mir bei der Differenzierung in Liberalismus, Demokratismus und Konservatismus der Begriff des »Demokratismus« unglücklich gewählt, da es sich um einen durch die zeitgenössischen Quellen wenig gestützten Begriff handelt. Die spätere Forschung hat dann den zeitgenössisch verbreiteteren Begriff des »Jakobinismus« bevorzugt, der aber häufig eher von außen, von Gegnern, an die damit bezeichneten Akteure herangetragen wurde und eine pejorative Konnotation besaß.[20] Von Kant und Fichte über Forster bis zum jungen Schlegel findet sich jedoch als positiv angeeigneter und theoretisch durchdachter Begriff bei den Akteuren selbst vor allem der der »Republik« beziehungsweise des »Republikanismus«, der allerdings nicht durchgehend mit einer radikaldemokratischen oder jakobinischen Stoßrichtung versehen ist. Die Einführung des Republikanismus als dritter Strömung ermöglicht somit, die Komplexität des politischen Denkens nach 1789 in Deutschland besser zu erfassen. Sie verweist darauf, dass es nicht einfach eine liberale, eine demokratische und eine konservative Strömung gibt, sondern dass es interne Differenzierungen innerhalb der einzelnen Strömungen gibt, wie etwa die zwischen einem eher reformistischen Republikanismus und einem revolutionären radikaldemokratischen Republikanismus.[21] Mit diesem Perspektivwechsel vom Demokratismus und Jakobinismus zum Republikanismus lässt sich zudem an die angelsächsische Republikanismusforschung anschließen, die den Einfluss des republikanischen Vokabulars auf die großen transatlantischen Revolutionen nachgewiesen hat. Es ist zu untersuchen, welche Form das republikanische Vokabular als Reaktion auf die Französische Revoluti-

---

[20] Vgl. Helmut Reinalter, Der Jakobinismusbegriff in der neueren Forschung, in: ders., Die Französische Revolution und Mitteleuropa. Erscheinungsformen des Jakobinismus. Seine Gesellschaftstheorien und seine politischen Vorstellungen, Frankfurt/M. 1988, S. 39-60.
[21] Vgl. für eine solche begriffliche Umstellung auch Hans-Ulrich Wehler, Deutsche Gesellschaftsgeschichte Bd. 1. Vom Feudalismus des Alten Reichs bis zur Defensiven Modernisierung der Reformära 1700-1815, München 1987, S. 356: »[...] weit besser trifft als gemeinsamer Nenner [...] ›Republikaner‹ zu.« Ebenso bereits Jost Hermand, Vorbemerkung, in: ders., Von deutscher Republik 1775-1795. Texte radikaler Demokraten, Frankfurt/M. 1975, S. 9-27.

on in Deutschland nach 1789 annimmt.[22] Insofern werde ich hier Valjavecs Differenzierung durch die Unterscheidung zwischen Liberalismus, Republikanismus und Konservatismus ersetzen.

Die letzte Gesamtdarstellung zur Entstehung des politischen Denkens in Deutschland nach 1789 hat schließlich 1992 Frederick Beiser mit seinem Buch »Enlightenment, Revolution, and Romanticism. The Genesis of Modern German Political Thought 1790-1800« vorgelegt. Beisers Arbeit überzeugt durch eine genaue Kenntnis der philosophischen beziehungsweise theoretischen Hintergründe und ist vor allem auf Philosophen und philosophische Schriftsteller fokussiert. Aus systematischer Perspektive nimmt jedoch Beiser eine eigenartige Differenzierung politischer Strömungen vor, die nicht überzeugen kann: »If we wish to study the origins of modern German political thought, the 1790s deserve our closest attention. The reaction to the French Revolution, which took place during this decade, led to the formation of three antithetical political traditions in Germany: liberalism, conservatism and romanticism.«[23] Die Romantik wird hier also selbst als eine politische Tradition begriffen, die sogar »antithetisch« zum Liberalismus und Konservatismus steht. Das ist schon allein deshalb wenig überzeugend, weil die Romantiker sich seit etwa 1800 dem Konservatismus zuwenden, ohne deshalb weniger Romantiker zu sein. Die politische Entwicklung der Romantiker, die ich hier nachzeichnen werde, von der frühen republikanischen Phase zur späteren konservativen, kann Beiser so systematisch gar nicht fassen. Man wird hier wohl von einem Kategorienfehler in Beisers Differenzierung sprechen dürfen, da sie eine literarisch-künstlerische Strömung als eine politische auffasst. Darüber hinaus muss Beiser durch seine unglückliche Differenzierung alle anderen politischen Denker, die nicht konservativ oder romantisch sind, nun in seine extrem weite Kategorie des Liberalismus aufnehmen, die dabei alle begriffliche Schärfe verliert. Republikaner und Anhänger der Französischen Revo-

---

[22] Vgl. in diese Richtung gehend bereits Monika Neugebauer-Wölk, Verfassungsideen in praktischer Absicht? Entwürfe für eine deutsche Republik 1792-1799, in: Comparativ. Leipziger Beiträge zur Universalgeschichte und vergleichenden Gesellschaftsforschung 4 (1992), S. 62-84 und dies., Reich oder Republik? Pläne und Ansätze zur republikanischen Neugestaltung im Alten Reich 1790-1800, in: Heinz Duchhardt, Andreas Kunz (Hg.), Reich oder Nation? Mitteleuropa 1780-1815, Mainz 1998, S. 21-50 sowie Axel Kuhn, Republikvorstellungen deutscher Jakobiner, in: Helmut Reinalter (Hg.), Republikbegriff und Republiken seit dem 18. Jahrhundert im europäischen Vergleich, Frankfurt/M. 1999, S. 83- 100.
[23] Frederick Beiser, Enlightenment, Revolution, and Romanticism. The Genesis of Modern German Political Thought 1790-1800, Harvard 1992, S. vii.

lution wie Forster sind bei ihm wie Humboldt, der für eine konstitutionelle Monarchie eintritt und die Französische Revolution ablehnt, in gleicher Weise Liberale. Gegen Beiser wird aus diesen Gründen hier daher in der oben genannten Form an die von Valjavec angeregte, streng politische Dreiteilung angeschlossen, aber mit der erwähnten Modifikation, dass nun zwischen Liberalismus, Republikanismus und Konservatismus unterschieden wird.

Dass sich das politische Denken nach 1789 in Deutschland als Reaktion auf die Französische Revolution in diese drei Strömungen, in Liberalismus, Republikanismus und Konservatismus, ausdifferenziert, ist die *zentrale These* der vorliegenden Untersuchung. Eine *zweite These*, die der synchronen Gegenüberstellung der drei Strömungen eine diachrone Perspektive hinzufügt, besagt, dass sich bei allen drei Strömungen im Zuge der Koalitionskriege gegen die französischen Revolutionsarmeen und dann vor allem der napoleonischen Eroberungen ein Wandel von eher kosmopolitischen Haltungen nach 1789 hin zu eindeutig nationalistischen nach 1800 verfolgen lässt. Ich werde die Ergebnisse dieser Untersuchung im Hinblick auf diese beiden Thesen am Schluss in einer Typologie zusammenführen.

Die drei benannten Strömungen sollen nun kurz in ihren zentralen Merkmalen idealtypisch umrissen und der Gang der Untersuchung skizziert werden. Im Sinne Max Webers lässt sich ein Idealtypus »durch einseitige Steigerung eines oder einiger Gesichtspunkte und durch Zusammenschluß einer Fülle von diffus und diskret, hier mehr, dort weniger, stellenweise gar nicht, vorhandenen Einzelerscheinungen [...] zu einem in sich einheitlichen Gedankenbilde« gewinnen.[24] Ich möchte hier als zwei Gesichtspunkte den Freiheitsbegriff und das Verfassungsmodell heranziehen, um Liberalismus, Republikanismus und Konservatismus in einem ersten Zugriff zu unterscheiden. Unter diesen Gesichtspunkten lässt sich erkennen, dass die liberale Strömung beziehungsweise ihr politisches Vokabular nach 1789 idealtypisch geprägt ist durch eine Konzentration auf einen negativen Freiheitsbegriff, auf Abwehrrechte gegenüber dem Staat beziehungsweise bürgerliche Freiheitsrechte. Erstrebt wird damit der Rechtsstaat. Das bevorzugte liberale Verfassungsmodell ist die rechtsstaatlich eingehegte, also konstitutionelle Monarchie. Der Republikanismus setzt dagegen auf einen positiven Freiheitsbegriff, auf politische Teilnahmerechte. Erstrebt wird somit eine Demokratisierung. Das favorisierte Verfassungsmodell ist die Republik. Das konserva-

---

[24] Max Weber, Die Objektivität sozialwissenschaftlicher und sozialpolitischer Erkenntnis, in: ders., Gesammelte Aufsätze zur Wissenschaftslehre, hg. v. Johannes Winckelmann, Tübingen 1985, S. 191.

tive Vokabular weist hingegen einen ständischen Freiheitsbegriff auf: Freiheiten und Privilegien sind nach Ständen ungleich verteilt. Erstrebt wird die Bewahrung oder – wenn nötig – sanfte Reform der organisch gewachsenen Verfassung, das heißt in Deutschland nach 1789 des Reichs beziehungsweise der traditionellen Monarchie.[25]

	Liberalismus	*Republikanismus*	*Konservatismus*
Freiheitsbegriff	negativ: bürgerliche Abwehrrechte	positiv: politische Teilnahmerechte	ständisch: Freiheiten und Privilegien
Verfassungsmodell	konstitutionelle Monarchie	Republik	Reich, traditionelle Monarchie

Diese so idealtypisch gefassten politischen Strömungen sollen anhand einer Reihe von exemplarischen zeitgenössischen Autoren, politischen Denkern und Praktikern, die auf unterschiedliche Weise am politischen Diskurs in Deutschland nach 1789 teilnehmen, empirisch überprüft und angereichert werden, um das jeweilige politische Vokabular, das sich um diese Freiheits- und Verfassungsbegriffe herum bildet, plastischer hervortreten zu lassen.

Bevor wir uns jedoch den drei so umrissenen Strömungen auf diese Weise zuwenden, soll in einem *ersten Teil* zunächst noch etwas genauer auf das bisher nur angedeutete methodische Vorgehen eingegangen werden. Daneben werden die sozialontologischen Prämissen der Untersuchung im Hinblick auf das Zusammenspiel von Akteuren, Ideen und Strukturen offengelegt. Im Anschluss wird dann der Versuch unternommen, die Tendenz des Zeitalters, in dem die hier untersuchte Kristallisation politischer Strömungen nach 1789 stattfindet, zu fassen. Dabei sollen vor allem die mittel- und langfristig wirksamen Strukturen der Politik, Wirtschaft und Kultur, der Entstehung des modernen Staates, der bürgerlichen Gesellschaft und Öffentlichkeit sowie der Aufklärung herausgearbeitet werden, die den Kontext bilden, indem sich die zu untersuchenden Individuen bewegen. Schließlich werden mit Lessing, Kant und Herder drei zentrale

---

[25] Vgl. für eine ähnliche Differenzierung zwischen ständischen, bürgerlichen und politischen Freiheitsbegriffen Jürgen Schlumbohm, Freiheit – Die Anfänge der bürgerlichen Emanzipationsbewegung in Deutschland im Spiegel ihres Leitworts 1760-1800, Düsseldorf 1975.

Gestalten der deutschen Aufklärung dargestellt, die das politische Denken nach 1789 entscheidend prägen.

In einem *zweiten Teil* beginne ich dann die Untersuchung der drei Strömungen mit dem Liberalismus, wobei als die zentrale Gründungsfigur des deutschen Frühliberalismus Wilhelm von Humboldt präsentiert wird. In seinen »Ideen zu einem Versuch, die Grenzen der Wirksamkeit des Staates zu bestimmen« wird der negative Freiheitsbegriff des modernen Liberalismus in paradigmatischer Form eingeführt. Unter dem Eindruck der Ideen der Französischen Revolution zielt Humboldts Staatstheorie auf die Freiheit der Menschen vor staatlichen Eingriffen, um sich so frei der individuellen Selbstbildung hingeben zu können. In Hegels »Rechtsphilosophie«, die rund zwanzig Jahre nach den »Ideen« durch Humboldts Fürsprache an der von diesem gegründeten Berliner Universität entsteht, wird diese Bildung zur Freiheit nun so gewendet, dass sie sich erst im modernen Nationalstaat verwirklichen kann. Hegel transformiert somit Humboldts Liberalismus zu einem nationalen Liberalismus.

Im *dritten Teil* wende ich mich dann der Strömung des Republikanismus zu und zeige, dass wir bei Kant einen reformistischen, kosmopolitischen Republikanismus im politischen Denken nach 1789 angelegt finden, der dann auf dem Weg über den Mainzer Republikaner Georg Forster und über Schillers politische Ästhetik bei dem Frühromantiker Friedrich Schlegel zu einem revolutionären, demokratischen kosmopolitischen Republikanismus radikalisiert wird. Der Republikanismus transformiert sich nach 1800 ebenfalls zu einem nationalen Republikanismus, wie ich abschließend exemplarisch am Beispiel von Johann Gottlieb Fichte nachweisen werde. Durch die Französische Revolution zunächst politisch tief geprägt, entwickelt Fichte nach 1800 seinen nationalen Republikanismus gerade gegen Frankreich und die Franzosen.

Der *vierte Teil* der vorliegenden Studie ist schließlich der Strömung des Konservatismus gewidmet. Er setzt mit Goethes kosmopolitischem Konservatismus ein, der in vielen Teilen noch einen sich bereits in Auseinandersetzung mit der Aufklärung formierenden Konservatismus der Reichpublizistik vor 1789 fortsetzt, ihn aber durch die Metamorphosenlehre naturphilosophisch grundiert. In der politischen Publizistik von Friedrich Gentz wandelt sich dieser bei Goethe anzutreffende ältere kosmopolitische Konservatismus mit seinem organizistischen Verständnis der Verfassung des Reichs zu einem rationalen Reformkonservatismus, der unter dem Druck der Französischen Revolution und der napoleonischen Eroberungen zunehmend auf den modernen Einzelstaat und ein internationales Mächtegleichgewicht setzt. Aber auch der Reformkonservatismus begreift die Verfassungsentwicklung des modernen Staates als organisch und plädiert für organische Reformen. Jedwede Revolution in Deutschland wird weiterhin abgelehnt. Bei dem preußischen Reformer Stein verbindet sich dieser Reformkonservatismus dann mit einem leidenschaftlichen Nationalismus, der die Eigenart des deutschen Volksgeistes gegenüber den französischen Entwicklungen betont. In den Wiederbelebungsversuchen ständischer Repräsentationen und der Verklärung mittelalterlicher Lebensformen äußert sich bei Stein zuletzt ein romantisch gefärbter nationaler Konservatismus.

Damit ist der Gang der Untersuchung kurz umrissen. Im Detail findet sich der gesamte Argumentationsgang in den jeweiligen Kapiteln ausgeführt und soll hier nicht weiter vorweggenommen werden. Versucht wurde, sine ira et studio allen behandelten Individuen und Strömungen Gerechtigkeit widerfahren zu lassen, auch wenn der Autor selbst bestimmte politische Vorlieben hegt, die hier und da durchscheinen mögen.

I. Individuum und Zeitalter

2. Akteure, Ideen, Strukturen

Einer der Väter der modernen Geschichtswissenschaft, Leopold von Ranke, wollte in Abwehr der Hegelschen Geschichtsphilosophie das Hauptaugenmerk des Historikers darauf lenken, »wie die Menschen in einer bestimmten Periode gedacht und gelebt haben«, um dadurch zu erkennen, dass »jede Epoche ihre besondere Tendenz« hat.[1] Dies sei philosophisch wie historisch geboten, da man sonst »die menschliche Freiheit geradezu aufhebt und die Menschen zu willenlosen Werkzeugen stempelt«.[2] Dennoch konstatiert auch Ranke strukturelle Zusammenhänge zwischen den einzelnen Epochen, die für ihn in der Objektivation der großen leitenden Ideen der Geschichte zum Ausdruck kommen. Der Historismus als Produkt der Spätaufklärung, der wissenschaftlichen, industriellen und politischen Revolutionen des ausgehenden 18. und beginnenden 19. Jahrhunderts sah in der Nachfolge Rankes daher eine der vordringlichsten Aufgaben des Historikers in der historischen Darstellung dieses Durchbruchs der Ideen zur Wirklichkeit.[3]

Auch nach der Kritik und Krise des Historismus in der ersten Hälfte des 20. Jahrhunderts[4] ist die moderne Geschichtswissenschaft in Form der Struktur-, Sozial- oder Kulturgeschichte oder der Geschichte der *longue dureé* weiterhin mit den Problemen des Verhältnisses von Determination und Freiheit, Struktur und Akteur oder Faktizität und Idee konfrontiert. Wie bereits Jacob Burckhardt durch seine drei Potenzen, so haben auch seine Nachfolger versucht, die großen strukturellen Kräfte der Politik, Wirtschaft und Kultur zu erfassen, die auf einer allgemeinen, an langfristigen Gesetzlichkeiten orientierten Ebene den Lauf der

---

[1] Leopold von Ranke, Über die Epochen der neueren Geschichte, München / Wien 1971, S. 61.
[2] Ebd., S. 55.
[3] Vgl. Karl-Georg Faber, Ausprägungen des Historismus, in: Historische Zeitschrift 228 (1979), S. 1-22 und Jörn Rüsen, Historisches Erzählen zwischen Kunst und Wissenschaft. Zwei Bemerkungen zur Geschichtsschreibung und ein Blick auf Ranke, in: ders., Konfigurationen des Historismus. Studien zur deutschen Wissenschaftskultur, Frankfurt/M. 1993, S. 114-138.
[4] Vgl. auch dazu Faber, Ausprägungen des Historismus, und Rüsen, Konfigurationen des Historismus.

Geschichte bestimmen.[5] Und wie Burckhardt in seiner berühmten Vorlesung zur historischen Größe drängt sich einem auch heute wieder die Frage nach der Rolle des Individuums und dessen Einwirkung auf diese großen historischen Potenzen auf. Für Burckhardt bestand die Möglichkeit der Einwirkung des einzelnen Individuums in der Neigung der Geschichte, »sich auf einmal in einem Menschen zu verdichten […]. Diese großen Individuen sind die Koinzidenz des Allgemeinen und des Besonderen, des Verharrenden und der Bewegung in einer Persönlichkeit. Sie resumieren Staaten, Religionen, Kulturen und Krisen«.[6] Nachdem seit den 1960er Jahren der Tod des Subjekts verkündet wurde, lässt sich in den letzten Jahren eine Tendenz beobachten, gegen die einseitige Betrachtung historischer Totalität das Individuum beziehungsweise das intentionale Handeln in der Geschichtstheorie zu rehabilitieren.[7]

Damit muss aber nicht unmittelbar eine pathetische Erhöhung einzelner Personen zu historischer Größe verbunden sein. Vielmehr gilt es, ganz nüchtern die Mechanismen zu verstehen, durch die einzelne Personen oder einzelne Gruppen besonderen Einfluss auf den Gang der Ereignisse gewinnen. Wiederum von Jacob Burckhardt ausgehend lässt sich vermuten, dass in Krisen oder revolutionären Situationen die Möglichkeit des Einflusses von Individuen oder einzelnen Gruppen auf den Gang der Ereignisse steigt.[8] Diese Möglichkeit scheint sich noch zu steigern, wenn wir es mit einer stark hierarchisch gegliederten Gesellschaftsordnung zu tun haben, wie es das hier untersuchte Deutsche Reich ja zweifellos noch bei Ausbruch der Französischen Revolution ist. Vollends scheint die Möglichkeit gegeben, wenn sich das in Frage kommende Individuum oder

---

[5] Vgl. etwa Jürgen Kocka, Sozialgeschichte – Strukturgeschichte – Gesellschaftsgeschichte, in: Archiv für Sozialgeschichte 15 (1975), S. 1-42 und Peter Burke, Was ist Kulturgeschichte?, Frankfurt/M. 2005.

[6] Jacob Burckhardt, Weltgeschichtliche Betrachtungen, Stuttgart 1955, S. 229. Vgl. zur Vermittlung von allgemeinen Zeittendenzen und Besonderem bei Burckhardt: Martin Ruehl, Das Allgemeine und sein Bild. Zur Geschichtsphilosophie Jakob Burckhardts, in: Historische Zeitschrift 1 (2013), S. 49-83.

[7] Vgl. zur Rückkehr des Individuums etwa Thomas Welskopp, Die Sozialgeschichte der Väter. Grenzen und Perspektiven der Historischen Sozialwissenschaft, in. Geschichte und Gesellschaft 24 (1998), S. 173-198, Stefan Jordan, Theorien und Methoden der Geschichtswissenschaft, Paderborn 2008, S. 148 ff. und Doris Gerber, Analytische Metaphysik der Geschichte, Berlin 2012.

[8] Vgl. Burckhardt, Weltgeschichtliche Betrachtungen. Vgl. dazu auch Daniel L. Byman, Kenneth M. Pollack, Let Us Now Praise Great Man. Bringing the Statesman Back In, in: International Security 25 (2001), S. 107-145: »In times of tremendous change, individuals often assume greater importance. Individuals, in contrast to large bureaucracies or unwieldy parliaments, can act decisively and purposefully.« (S. 142)

die Gruppe in leitender beziehungsweise machtvoller oder einflussreicher Stellung in dieser Ordnung befindet.

Bei diesem Einwirken von Individuen oder kleinen Gruppen auf den Gang der Ereignisse in Krisensituationen kann, wie die philosophische Handlungstheorie nahelegt, mit guten Gründen angenommen werden, dass neben ihren Interessen und Leidenschaften ihre Ideen und Überzeugungen eine entscheidende Rolle für ihre Handlungen spielen.[9] Das gilt umso mehr, wenn es sich um politische Ideen, um Begründungen und Modelle der Revolution, Reform oder Restauration von politischen Institutionen handelt, die zweifellos eine kognitive und sachhaltige Dimension enthalten. Die durch Ideen beziehungsweise Proeinstellungen verursachten Handlungen können je nach Machtstellung alleine oder im Verbund mit Handlungen anderer Personen zur kurzfristigen oder längerfristigen Wandlung von Institutionen und geschichtlichen Tendenzen führen. Andererseits wirken die sich zumeist über längere Zeiträume etablierenden geschichtlichen Strukturen der Gesellschaft, Wirtschaft, Politik und Kultur aber auf die Vorstellungswelt der handelnden Menschen ein, so dass hier eine zeitliche Dimension ins Spiel kommt, eben die Geschichte, in welcher ein wechselseitiger, dynamischer Prozess der Beeinflussung zwischen Akteuren, Ideen und Strukturen abläuft.[10] Individuen werden in Strukturen hineingeboren, deren Persistenz sie entweder durch eine kumulative, den etablierten Normen entsprechende Praxis gewährleisten oder die sie durch eine kumulative, von den Normen abweichende Praxis transformieren. Durch letztere können also neue Strukturen entstehen.[11]

Politische Ideengeschichte

Welche Rolle politische Ideen in diesem Prozess spielen, ist die zentrale Frage der Politischen Ideengeschichte.[12] Dabei wurden in den letzten Jahren vor allem zwei

---

[9] Vgl. zu dieser Annahme Donald Davidson, Handlungen, Gründe, Ursachen, in: ders., Handlung und Ereignis, Frankfurt/M. 1990, S. 19-42 und Gerber, Analytische Metaphysik der Geschichte.

[10] Vgl. Anthony Giddens, Agency, Institution and Time-space Analysis, in: Karin Knorr-Cetina, Aaron V. Cicourel (Hg.), Advances in Social Theory and Methodology. Toward an Integration of Micro- and Macro- Sociologies, Boston 1981, S. 161-174 und ders., Die Konstitution der Gesellschaft, Frankfurt/M. 1988 sowie Robert C. Lieberman, Ideas, Institutions, and Political Order: Explaining Political Change, in: American Political Science Review 4 (2002), S. 697-712.

[11] Vgl. Giddens, Die Konstitution der Gesellschaft, und Welskopp, Die Sozialgeschichte der Väter.

[12] Vgl. Donald R. Kelley, The Descent of Ideas: A History of Intellectual History, Aldershot 2002, und Harald Bluhm, Jürgen Gebhardt (Hg.), Politische Ideengeschichte im 20. Jahrhundert. Konzepte und

Ansätze intensiv diskutiert, derjenige der Begriffsgeschichte und derjenige der Cambridge School.[13]

Die von Reinhart Koselleck entwickelte Begriffsgeschichte reagierte auf den Siegeszug der Sozialgeschichte und des Strukturalismus, der tendenziell alle Ideen zu Überbau- beziehungsweise Epiphänomenen der sozioökonomischen Basis erklärt hatte. Dagegen versuchte Koselleck, die Bedeutung von politisch-sozialer Sprache und von deren Grundbegriffen sowohl als Indikatoren wie auch als Initiatoren für gesellschaftlichen Wandel zu erweisen. In ihrer methodischen Ausarbeitung bei Koselleck verbindet sich die Begriffsgeschichte mit der Sozial-geschichte, ohne dass erstere auf letztere reduzierbar wäre. Beide stehen vielmehr in einem Ergänzungsverhältnis beziehungsweise in Wechselwirkung, wie ich es in den obigen Überlegungen zum Zusammenspiel von Akteuren, Ideen und Strukturen bereits angedeutet hatte. Eine neue politische Sprache beziehungswei-se neue politische Ideen können zum einen Ausdruck einer gewandelten sozialen Praxis sein und zum anderen deren Initiator. »Daß eine historische Klärung der jeweils verwendeten Begriffe nicht nur auf die Sprachgeschichte, sondern ebenso auf sozialgeschichtliche Daten zurückgreifen muß«, so Koselleck, »ist selbstver-ständlich, denn jede Semantik hat es mit außersprachlichen Inhalten zu tun.«[14] Die Begriffsgeschichte versucht so, den semantischen Wandel politisch-sozialer Grundbegriffe über die Zeit nachzuvollziehen und dadurch geschichtlichen Wandel zu erfassen. Im maßgeblich auf Kosellecks methodische Überlegungen zurückgehenden großen Lexikon der »Geschichtlichen Grundbegriffe« wird auf diese Weise der Wandel von der tausendjährigen Feudalordnung hin zur moder-nen Welt nachvollzogen. Dieser Wandel spitzt sich im Säkulum zwischen 1750 und 1850, das Koselleck als »Sattelzeit« bezeichnet, durch eine Politisierung und Verzeitlichung der politisch-sozialen Sprache und ihrer Grundbegriffe zu.[15]

Insbesondere an Kosellecks wegweisendes Verständnis politisch-sozialer Sprache als Indikator und Initiator von geschichtlichem Wandel sowie an seine Verbindung von Begriffs- und Sozialgeschichte soll hier im Folgenden ange-

---

Kritik, Baden-Baden 2006, sowie Luise Schorn-Schütte, Historische Politikforschung. Eine Einfüh-rung, München 2006.

[13] Harald Bluhm, Politische Ideengeschichte im 20. Jahrhundert. Einleitung, in: ders., Gebhardt (Hg.), Politische Ideengeschichte im 20. Jahrhundert. Konzepte und Kritik, Baden-Baden 2006, S. 9-30.

[14] Reinhart Koselleck, Begriffsgeschichte und Sozialgeschichte, in: ders., Vergangene Zukunft. Zur Semantik geschichtlicher Zeiten, Frankfurt/M. 1989, S. 114.

[15] Vgl. zu Koselleck Hans Joas, Peter Vogt (Hg.), Begriffene Geschichte. Beiträge zum Werk von Reinhart Koselleck, Berlin 2011.

schlossen werden. Ebenso teile ich seine Einschätzung, dass dem Säkulum zwischen 1750 und 1850 für die Herausbildung der modernen politisch-sozialen Sprache und der modernen Welt in Deutschland eine zentrale Bedeutung zukommt. Ich möchte hier jedoch kleinteiliger vorgehen und die Herausbildung der zentralen modernen politischen Strömungen in Deutschland als Reaktion auf die Französische Revolution im Zeitraum zwischen 1789 und 1820 untersuchen. Dabei soll zum einen auf einzelne Schriftsteller, Philosophen, Publizisten und Staatsmänner fokussiert und zum anderen das zwischen ihnen bestehende soziale Netzwerk beziehungsweise der diskursive Kontext betrachtet werden, in dem sie ihre Ideen oder ein bestimmtes politisches Vokabular entwickeln und zu verbreiten suchen. D.h. der Fokus liegt weniger auf der semantischen Wandlung von Begriffen, als auf der Herausbildung neuer politischer Vokabulare, die sich freilich um einige zentrale Begriffe und deren semantische Neubesetzung herum herauskristallisieren.

Mein Ansatz nähert sich durch diese Fokussierung auf einzelne Akteure und auf Vokabulare methodischen Überlegungen der Cambridge School um John Pocock und Quentin Skinner.[16] Die Cambridge School steht für die Konzentration auf die Analyse von politischen Ideen und Texten als intentionale Sprechakte einzelner Individuen in bestimmten historischen Kontexten. Diese Sprechakte haben immer auch eine praktische, rhetorische Dimension, die auf Wirkung und Veränderung in einem ganz konkreten Kontext zielt. Für Quentin Skinner ist die Aufgabe der Politischen Ideengeschichte daher: »Reconstructing political thought as discourse: that is, as a sequence of speech acts performed by agents within a context furnished ultimately by social structures and historical situations.«[17]

Mich interessiert im Rahmen dieser Untersuchung an der Cambridge School aber vor allem John Pococks Konzentration auf die Herausbildung spezifischer politischer Vokabulare als zentralem Forschungsgegenstand der Politischen Ideengeschichte, da man politische Strömungen wie Liberalismus, Republikanismus und Konservatismus so verstehen und zu fassen versuchen könnte, dass

---

[16] Vgl. zu einer Skinner und Koselleck vergleichenden Untersuchung Kari Palonen, Die Entzauberung der Begriffe. Das Umschreiben der politischen Begriffe bei Quentin Skinner und Reinhart Koselleck, Münster 2004.

[17] Zitiert nach Olaf Asbach, Von der Geschichte politischer Ideen zur »History of Political Discourse«? Skinner, Pocock und die Cambridge School, in: Zeitschrift für Politik 12 (2002), S. 641 f. Vgl. auch Quentin Skinner, Meaning and Understanding in the History of Ideas, in: History and Theory 8 (1969).

sie sich durch ein bestimmtes Vokabular auszeichnen und gegeneinander abgrenzen. Laut Pocock besteht die »erste Aufgabe eines Historikers [...] also darin, die ›Sprache‹ beziehungsweise das ›Vokabular‹, in dem sich der Autor bewegt, zu bestimmen und zu zeigen, wie diese Sprache durch ihre Paradigmen vorgibt, was er damit sagen konnte und wie er es sagen konnte.«[18] Als methodische Herangehensweise an diese Vokabulare schlägt er eine genaue empirische Untersuchung und eine Art historisches Sprachenlernen vor: »Wenn uns jemand an diesem Punkt der Argumentation nun die Frage stellt, wie wir denn wissen können, ob die so skizzierten Sprachen wirklich existiert haben und woran wir sie denn erkennen, wenn wir sie sehen, sollten wir jetzt in der Lage sein, eine empirische Antwort zu geben: nämlich dass die Sprachen einfach da sind, dass sie unterschiedliche Muster und Stile aufweisen und dass wir sie erkennen, indem wir sie sprechen lernen, das heißt lernen, in ihren Mustern und Stilen zu denken, bis wir sicher sind, dass wir die Sprache beherrschen, und voraussehen können, wohin uns dieses Wissen führt. Von hier aus können wir sie nun eingehender betrachten, ihre kulturellen und sozialen Wurzeln sowie die in ihnen enthaltenen und vermittelten sprachlichen und politischen Annahmen, Implikationen und Mehrdeutigkeit aufdecken.«[19]

Methodisch lässt sich dieses Lernen und Herausarbeiten eines politischen Vokabulars aus meiner Sicht mit Max Webers Konzept des »Idealtypus« noch etwas genauer erfassen. Für Weber wird, wie wir bereits gesehen haben, ein Idealtypus »durch einseitige Steigerung eines oder einiger Gesichtspunkte und durch Zusammenschluß einer Fülle von diffus und diskret, hier mehr, dort weniger, stellenweise gar nicht, vorhandenen Einzelerscheinungen [...] zu einem in sich einheitlichen Gedankenbilde [gewonnen].«[20] In ebendieser idealtypischen Weise möchte ich hier empirisch die Stile und Muster von Liberalismus, Republikanismus und Konservatismus als Vokabulare unter Hervorhebung bestimmter zentraler Gesichtspunkte bzw. Begriffe herausarbeiten. Erneut werde ich jedoch viel kleinteiliger als Pocock – der häufig Vokabulare, wie das atlantische republikani-

---

[18] John G. A. Pocock, Sprachen und ihre Implikationen: Die Wende in der Erforschung des politischen Denkens, in: Martin Mulsow, Andreas Mahler (Hg.), Die Cambridge School der politischen Ideengeschichte, Berlin 2010, S. 88-126, S. 110

[19] Ebd., S. 110 f.

[20] Max Weber, Die Objektivität sozialwissenschaftlicher und sozialpolitischer Erkenntnis, in: ders., Gesammelte Aufsätze zur Wissenschaftslehre, hg. v. Johannes Winckelmann, Tübingen 1985, S. 191. Vgl. Pietro Rossi, Vom Historismus zur historischen Sozialwissenschaft. Heidelberger Max Weber-Vorlesungen 1985, Frankfurt/M. 1987, S. 45 ff..

sche Vokabular, über lange Zeiträume hinweg betrachtet[21] – die Herausbildung dieser Vokabulare in einem eng umgrenzten Zeitraum und geographischen Raum anhand einer Reihe von Individuen und deren Grenzziehungsarbeit, mit der sie sich von anderen Vokabularen sowie deren Verwendern abzusetzen suchen, idealtypisch rekonstruieren.

Diskursanalyse, Kulturgeschichte des Politischen

Bei diesem Versuch kann zudem an methodische Ansätze der von Foucault inspirierten Diskursanalyse[22] und der Politischen Kulturgeschichte[23] angeschlossen werden, die anstreben, die Politische Geschichte aus ihrer klassischen Fixierung auf den Staat, Staatsmänner und die Diplomatie zu lösen, indem sie den klassischen Politikbegriff im Hinblick auf den politischen Diskurs und die politische Kultur erweitern, in denen das Politische überhaupt erst konstituiert wird. Dadurch tritt die diskursive Konstruktion des Politischen in den Fokus der Analyse und die Umkämpftheit der Beschreibung der politisch-sozialen Wirklichkeit, mit der zugleich immer auch diese Wirklichkeit produziert, reproduziert oder transformiert wird. Die diskursanalytisch informierte Politische Kulturgeschichte geht daher von folgender Grundannahme aus: »Sämtliche Praktiken, Kommunikationen, Rituale, Symbole, Aussagen etc., die sich in der einen oder anderen Weise auf die Fragen der Einrichtung des Sozialen beziehen, sind Teil entsprechender Diskurse und konstituieren damit das Politische. In diesen Diskursen werden Relationen zwischen verschiedenen Einheiten hergestellt, werden Differenzen und Abgrenzungen etabliert und wird versucht festzulegen, welchen Praktiken und strukturellen Verdichtungen die Qualität der Wahrheit und Wirklichkeit zuerkannt wird. Diskurse etablieren mit anderen Worten die Ordnun-

---

[21] Vgl. John G. A. Pocock, The Machiavellian Moment. Florentine Political Thought and the Atlantic Republican Tradition, Princeton 1975.

[22] Vgl. etwa Michel Foucault, Nietzsche, die Genealogie, die Historie, in: ders., Von der Subversion des Wissen, Frankfurt/M. 1987, S. 69-90, Philipp Sarasin, Geschichtswissenschaft und Diskursanalyse, Frankfurt/M. 2003. Martin Saar, Genealogie als Kritik. Geschichte und Theorie des Subjekts nach Nietzsche und Foucault, Frankfurt/M. 2007.

[23] Vgl. Thomas Mergel, Überlegungen zu einer Kulturgeschichte der Politik, in: Geschichte und Gesellschaft 28 (2002), S. 574-606 und Achim Landwehr, Diskurs – Macht – Wissen. Perspektiven einer Kulturgeschichte des Politischen, in: Archiv für Kulturgeschichte 85 (2003), S. 71-117. Vgl. auch Ute Daniel, Kompendium Kulturgeschichte. Theorien, Praxis, Schlüsselwörter, Frankfurt/M. 2001 und Barbara Stollberg-Rilinger (Hg.), Was heißt Kulturgeschichte des Politischen?, Berlin 2005.

gen, die schließlich als politisch (oder auch explizit als nicht-politisch) wahrgenommen werden.«[24] Gerade für den hier untersuchten Zeitraum des politischen
Denkens in Deutschland nach 1789, in dem überhaupt zum ersten Mal so etwas
wie eine moderne politische Öffentlichkeit entsteht, die sich von der feudalen
repräsentativen Öffentlichkeit abspaltet und weitere gesellschaftliche Kräfte und
Gruppen zu Wort kommen lässt,[25] erscheint diese Herangehensweise an politische Geschichte als besonders aufschlussreich. Und die hier behauptete Aufspaltung in drei politische Strömungen spricht ja, sofern sie richtig ist, dafür, dass
spätestens seit dieser Zeit das Politische essenziell umkämpft ist, dass der diskursive Raum ein Raum des Kampfes um die Durchsetzung spezifischer politischer
Freiheitsbegriffe und Verfassungsmodelle geworden ist, ein Raum des Kampfes
verschiedener Rechtfertigungsnarrative und -vokabulare, die sich jeweils in Reaktion auf bestimmte Ereignisse und konkurrierende Vokabulare bilden, fortentwickeln und nach Hegemonie streben.[26]

   Die sozialontologische und methodologische Anlage dieser Untersuchung
versucht also zu erfassen, dass Individuen sowohl durch sozioökonomische
Strukturen geprägt werden, die etwa in der gesellschaftlichen und religiösen
Zugehörigkeit der Familie zum Ausdruck kommen, als auch durch politisch-
kulturelle Strukturen, zu denen neben institutionellen Settings politisch-
ideologische Strömungen, das heißt Vokabulare gehören. Diese Strukturen beziehungsweise Vokabulare sind in Diskursen präsent. Die Individuen greifen
diese Vokabulare bei Gelegenheit – zum Beispiel in einer Ausbildungssituation
oder aber auch in Krisensituationen als Orientierungswissen – auf und modifizieren sie zuweilen, wenn sie verschiedene auf sie wirkende politische Strömungen oder Vokabulare neu miteinander kombinieren. Oder sie entwickeln ganz
neue Beschreibungen und Vokabulare, die ihnen für ihre krisenhafte Situation

---

[24] Landwehr, Diskurs – Macht – Wissen, S. 106.
[25] Vgl. Jürgen Habermas, Strukturwandel der Öffentlichkeit. Untersuchungen zu einer Kategorie
bürgerlicher Gesellschaft. Frankfurt/M. 1990 (1962) und Peter Uwe Hohendahl et al. (Hg.), Öffentlichkeit. Geschichte eines kritischen Begriffs. Stuttgart 2000. Vgl. dazu Philipp Hölzing, Öffentlichkeit
und Privatheit. Rekonstruktion einer Unterscheidung am Beispiel der Theorie von Jürgen Habermas,
in: Diskurs 1 (2012), S. 34-65.
[26] Vgl. zur Konzentration auf Rechtfertigungsnarrative Rainer Forst, Klaus Günther, Die Herausbildung normativer Ordnungen. Zur Idee eines interdisziplinären Forschungsprogramms, in: dies.
(Hg.), Die Herausbildung normativer Ordnungen, Frankfurt/M. 2011, S. 11-30 sowie mit allgemeinerer philosophischer Fundierung Rainer Forst, Das Recht auf Rechtfertigung. Elemente einer konstruktivistischen Theorie der Gerechtigkeit, Frankfurt/M. 2007 und ders., Kritik der Rechtfertigungsverhältnisse. Perspektiven einer kritischen Theorie der Politik, Frankfurt/M. 2012.

einzig angemessen erscheinen. Indem sie diese neue Kombination oder diese neuen Vokabulare dann in die Praxis umsetzen beziehungsweise in Schriften für eine solche Umsetzung werben, können sie, wenn es ihnen gelingt, eine einflussreiche soziale Position zu erreichen, neue politische Strömungen oder Vokabulare hervorbringen und neue Diskurse prägen oder zumindest bestehenden eine neue Richtung geben. Dies kann als Folge dann eine neue Praxis beziehungsweise strukturellen gesellschaftlichen Wandel hervorbringen.

Dabei ist allerdings zu beachten, dass solche erfolgreichen Vokabulare auch nur partiell hegemonial sein können und in Konkurrenz zu anderen Vokabularen stehen. Der politische Diskurs einer Gesellschaft zu einer bestimmten Zeit kann eine Reihe miteinander streitender politischer Sprachen aufweisen, die um die Definition des Politischen ringen. Gerade in der Aufmerksamkeit dafür zeigt sich meiner Ansicht nach die Fruchtbarkeit einer Verbindung begriffs- beziehungsweise ideengeschichtlicher Ansätze mit solchen der Diskursanalyse und Kulturgeschichte. Während die Begriffs- beziehungsweise Ideengeschichte die Identifikation bestimmter politischer Sprachen und bestimmter semantischer politischer Wandlungen zu ihrem Ziel hat, versucht die Diskursanalyse beziehungsweise die Kulturgeschichte den Diskurs und die Kultur zu erfassen, mit dem das Politische zu einer bestimmten Zeit konstituiert wird.

In Kombination beider Ansätze lässt sich eine Geschichte des Zeitraums zwischen 1789 und 1820 schreiben, die den politischen Diskurs beziehungsweise die politische Kultur dieser Zeit von drei politischen Sprachen bestimmt sieht: Liberalismus, Republikanismus und Konservatismus. Als Laboratorium der Moderne könnte man diesen Zeitraum dann auch deshalb bezeichnen, weil alle drei Vokabulare bestimmte semantische Festlegungen und Wandlungen erproben, ohne das sie absolut hegemonial für den Diskurs werden und eine eindeutige politische Kultur für diese Zeit in Deutschland prägen können. Auf der noch ganz abstrakten Ebene dieser Überlegungen könnte auch ein Ausbleiben eines Überschwappens der Revolution von Frankreich nach Deutschland damit begründet werden, dass es zu keinem Zeitpunkt einen politischen Diskurs beziehungsweise eine breitere politische Kultur in jener Zeit in Deutschland gab, die eindeutig von einem revolutionsfreundlichen, republikanischen politischen Vokabular beherrscht waren. Vielmehr war der politische Diskurs von drei miteinander konkurrierenden Sprachen geprägt. Mit dem Vokabular der Revolution konkurrierten wirkmächtige Vokabulare der Reform und der Restauration.

Mit Hilfe dieser Überlegungen möchte ich mich nun sozialontologisch und methodisch reflektiert dem politischen Denken in Deutschland zwischen Französischer Revolution und Restauration zuwenden. Zunächst wird über den Versuch einer historischen Einordnung die Tendenz des Zeitalters genauer beschrieben. Dadurch sollen die erwähnten Strukturen, Diskurse und Vokabulare, die auf die im Mittelpunkt der Untersuchung stehenden Individuen einwirkten, verdeutlicht werden.

3. Tendenz des Zeitalters

Bei der Beschreibung der allgemeinen Tendenz des Zeitalters, in dem sich das politische Denken im Deutschen Reich nach 1789 entfaltet, bietet es sich an, dieses Burckhardt folgend in verschiedene Potenzen beziehungsweise strukturelle Kräfte aufzufächern. Dies sollte allerdings nicht darüber hinwegtäuschen, dass diese strukturellen Kräfte in einem wechselseitigen Verhältnis zueinander stehen. Eine Art Klammer um diese strukturellen Kräfte bietet das bereits erwähnte Modell der »Sattelzeit« von Reinhart Koselleck, welches versucht, die grundlegende Tendenz des Säkulums von 1750 bis 1850 zu erfassen. In ihm ist durch die Idee der Gleichzeitigkeit des Ungleichzeitigen eine Übergangsphase gedacht, in der Strukturen der alten, tausendjährigen, agrarisch geprägten Feudalordnung weiterwirken, während die modernen bürgerlich-demokratischen und kapitalistisch-industriellen Strukturen noch nicht voll ausgebildet sind, sich aber bereits entschieden zur Geltung bringen. Dies zeigt sich vor allem an den semantischen Wandlungen politisch-sozialer Grundbegriffe.[1] Durch das Ereignis der Französischen Revolution angestoßen, spitzt sich dieser Wandel in der Zeit zwischen 1789 und 1820 zu, weshalb wir für diese Zeit auch in besonderer Weise von einem Laboratorium der Moderne sprechen können. Die an der Tradition ausgerichteten Erfahrungen und die daraus resultierenden Erwartungen der Menschen an die Zukunft erfahren einen Bruch. Da ihre Erwartungen nun nicht mehr unhinterfragt auf die traditionellen Erfahrungen bauen können, beginnen sie sich zunehmend an neuen, begründungsbedürftigen moralischen und politischen Ideen zu orientieren. Befreit von den Ketten der Vergangenheit erscheinen vielen Menschen in dieser Situation die Möglichkeiten potenziert und erwecken das Gefühl einer rauschhaften Beschleunigung.[2] Daher kann unser hier ins Auge

---

[1] Vgl. Reinhart Koselleck, Einleitung, in: Otto Brunner, Werner Conze, Reinhart Koselleck (Hg.), Geschichtliche Grundbegriffe Bd. 1, Stuttgart 1972, S. XVff.

[2] Am Rande sei auf die Musik Rossinis (1792-1868) verwiesen, die durch stetige Halbierung der Noten versucht, ein Gefühl der rauschhaften Geschwindigkeit zu erzeugen. Seine Opern kreisen thematisch häufig um Gefangenschaft und Freiheit. Man nannte ihn *Monsieur Crescendo*.

gefasstes Zeitalter zwischen 1789 und 1820 auch in allgemeinster Form als ein
Zeitalter der Beschleunigung gekennzeichnet werden.[3]

Auch die drei das Zeitalter bestimmenden und miteinander ringenden politischen Prozesse der Revolution, der Reform und der Restauration enthalten eine
auf Geschwindigkeit verweisende Konnotation. So wäre die Revolution als ein
Wandel mit hoher Geschwindigkeit zu verstehen, die Reform als Wandel mit
gedrosselter, kontrollierter Geschwindigkeit und die Restauration als Stillstand
oder sogar als eine Zurückbewegung.[4]

Politik, Wirtschaft, Kultur

Um aber auf die Auffächerung der geschichtlichen Entwicklungstendenzen zu-
rückzukommen, so kann diese in einer horizontalen und einer vertikalen Dimension vorgenommen werden. Nimmt man als drei grundlegende historische Potenzen die Politik, die Wirtschaft und die Kultur in den Blick, so wäre dies eine
horizontale Auffächerung. Vertikal kann von einer globalen zu einer lokalen
Ebene aufgefächert werden. Hier sollen allerdings zunächst nur die zentralen
Entwicklungstendenzen kurz umrissen werden.

Die Politik der Zeit ist Ende des 18. Jahrhunderts auf globaler Ebene bestimmt
vom Gegensatz zwischen der Seemacht England und der Landmacht Frankreich,
die um Kolonien konkurrieren. Auf einer atlantischen Achse verlaufen die politisch-sozialen Revolutionen in Nordamerika und Frankreich, die die alte Feudalordnung erschüttern und unter Berufung auf die natürlichen Freiheitsrechte und
die Volkssouveränität erstmals demokratische, schriftlich fixierte Verfassungen
verabschieden, die einen Katalog von Menschen- und Bürgerrechten enthalten.[5]
In Folge der Französischen Revolution geht in Europa die Pentarchie der Groß-

---

[3] Vgl. Reinhart Koselleck, Fortschritt und Beschleunigung, in: ders., Der Traum der Vernunft. Vom
Elend der Aufklärung, Darmstadt / Neuwied 1985, S. 73-103, und Werner K. Blessing, Gedrängte
Evolution. Bemerkungen zum Erfahrungs- und Verhaltenswandel in Deutschland um 1800, in:
Helmut Berding, Etienne Francois, Hans-Peter Ullmann (Hg.), Deutschland und Frankreich im
Zeitalter der Französischen Revolution, Frankfurt a. M 1989., S. 426-451.
[4] Vgl. dazu die weiteren Bedeutungsebenen: Reinhart Koselleck, Revolution, in: Otto Brunner, Wer-
ner Conze, Reinhart Koselleck (Hg.), Geschichtliche Grundbegriffe Bd. 5, Stuttgart 1984, S. 653-788,
und Eike Wolgast, Reform, in: ebd., S. 313-360, schließlich Panajotis Kondylis, Restauration, in: ebd.,
S. 179-230.
[5] Vgl. Robert R. Palmer, Das Zeitalter der demokratischen Revolution, Frankfurt/M. 1970.

mächte in das napoleonische Imperium über.[6] In Deutschland befinden sich 1789 zwischen den Großmächten Österreich und Preußen die rund 300 Kleinstaaten des Reichs, die von den französischen Revolutionsarmeen in den 1790er Jahren hinweggefegt werden. Die Folge ist der Reichsdeputationshauptschluss 1803, die Säkularisation und die Gründung des Rheinbundes. Schließlich findet sich auf der lokalen Ebene neben den häufig noch ganz rückständigen weltlichen und geistlichen Kleinstaaten der friderizianische, absolutistische Militär- und Machtstaat, der, auf eine Neutralitätspolitik setzend, zuletzt doch im Konflikt mit Napoleon 1806 unterliegt.[7] Preußen verliert große Teile seines Herrschaftsgebietes und wird zu hohen Kontributionszahlungen an Frankreich verpflichtet. Der aufgeklärte Absolutismus Friedrichs des Großen hatte bis dato im Inneren bereits erste Reformen angestoßen.[8] Hieran werden die preußischen Reformen eines Stein und Hardenberg ab 1806 anknüpfen, und die Figur Friedrichs II. und die Reformen seines aufgeklärten Absolutismus – wie auch dann die Friedrichs Beispiel folgenden Reformen Josephs II. – sind für den politischen Diskurs in Deutschland nach 1789 ein zentrales Thema. Immer wieder wird man sich auf diese bereits vor der Französischen Revolution in Deutschland vollzogenen Reformen berufen. So wurde 1791/94 das noch von Friedrich II. initiierte Allgemeine Landrecht eingeführt, mit ersten Ansätzen für Freiheit und Gleichheit.[9] Auf den königlichen Domänen wurde die Bauernbefreiung in Angriff genommen. Bei der Bauernbefreiung auf adligen Grundherrschaften stieß man allerdings auf unüberwindliche Widerstände. Ebenso beim Versuch, die Steuerprivilegien des Adels zu beseitigen. Im Rahmen der staatlichen Bürokratie entstand jedoch ein außerhalb der tertiären Struktur der ständischen Gesellschaft stehendes, adlig-bürgerliches Beamtentum, das Träger einer aufgeklärt-fortschrittlichen und zugleich staatstreuen Gesinnung war. Wir werden die entscheidende sozialgeschichtliche Bedeutung des aufgeklärten Beamtentums, der »verstaatlichten

---

[6] Vgl. Eberhard Weiss, Der Durchbruch des Bürgertums 1776-1847. Propyläen Geschichte Europas Bd. 4, Berlin 1981, S. 222 ff.
[7] Vgl. Max Braubach, Von der Französischen Revolution zum Wiener Kongreß, in: Herbert Grundmann (Hg.), Gebhardt. Handbuch der deutschen Geschichte Bd. 3, Stuttgart 1970, S. 2-94, S. 2-50.
[8] Vgl. klassisch dazu Otto Hintze, Preußische Reformbestrebungen vor 1806, in: ders., Regierung und Verwaltung, Göttingen 1967, S. 504-529 und zum aufgeklärten Absolutismus Friedrichs II. Theodor Schieder, Friedrich der Große. Ein Königtum der Widersprüche, Berlin 1982 und Johannes Kunisch, Friedrich der Große. Der König und seine Zeit, München 2005.
[9] Vgl. Reinhart Koselleck, Preußen zwischen Reform und Revolution. Allgemeines Landrecht, Verwaltung und soziale Bewegung 1791-1848, Stuttgart 1967.

Intelligenz«, für den politischen Diskurs in Deutschland nach 1789 bei fast allen im Folgenden behandelten Akteuren wieder antreffen. Das Bürgertum selbst war politisch zwar machtlos. Einzelne oder Gruppen von Gleichgesinnten konnten aber durch Schriften die sich allmählich politisierende Öffentlichkeit beeinflussen, als Professoren in der Ausbildung der Beamten wirken oder selbst als Beamte ihre Ideen im ihnen jeweils zugeteilten Bereich umzusetzen suchen.[10]

Aus wirtschaftlicher Perspektive beginnt von England ausgehend der Siegeszug der liberalen Wirtschaftstheorie und der industriellen Revolution. Er bringt neue Erfindungen, etwa die berühmte Dampfmaschine, die den Bergbau revolutioniert, und neue rationalisierte Produktionsformen, durch das Verlagswesen, durch Manufakturen und dann durch Fabriken. Im Reich finden sich zu dieser Zeit überwiegend noch alte, agrarische Gesellschaften und nur vereinzelt entstehen erste moderne Industrien. Selbst das fortschrittliche Preußen ist noch stark von alten agrarischen Wirtschaftsstrukturen geprägt. Erste industrielle Produktionsstätten, wie die Seidenmanufakturen und der Bergbau, werden von staatlicher Seite im Geiste des Kameralismus betrieben. Die liberalen Theorien eines Adam Smith beginnen aber bereits in gebildeten Schichten Fuß zu fassen, die über die staatliche Bürokratie dann Einfluss gewinnen sollten. Allerdings ist die in England die industrielle Revolution tragende soziale Schicht, die nicht-adlige, quasi-bürgerliche Gentry und Yeomanry, im Deutschen Reich zahlenmäßig schwach und durch den absolutistischen Staat eingeschränkt, wie überhaupt die deutsche Gesellschaft mit der englischen kaum zu vergleichen ist.[11] Zuletzt wird durch die agrarischen Strukturen und den Bauernschutz die Freisetzung großer Arbeiterheere, die die Industrie benötigt, verhindert. Auf die politisch-militärische Niederlage gegen Napoleon folgt auf wirtschaftlicher Seite ab 1806 die Kontinentalsperre.[12]

---

[10] Vgl. insgesamt dazu Hans-Ulrich Wehler, Vom Feudalismus des Alten Reichs bis zur Defensiven Modernisierung der Reformära 1700-1815. Deutsche Gesellschaftsgeschichte Bd. 1, München 1987 und Elisabeth Fehrenbach, Vom Ancien Regime zum Wiener Kongreß, München 1993, S. 52-91 sowie James J. Sheehan, Der Ausklang des alten Reiches. Deutschland seit dem Ende des Siebenjährigen Krieges bis zur gescheiterten Revolution, 1763 bis 1850. Propyläen Geschichte Deutschlands Bd. 6, Berlin 1994.

[11] Vgl. Robert von Friedeburg, Europa in der frühen Neuzeit, Frankfurt/M. 2012, S. 365ff.

[12] Vgl. Fehrenbach 1993, S. 5-17, und Ulrich Wengenroth, Deutsche Wirtschafts- und Technikgeschichte seit dem 16. Jahrhundert, in: Martin Vogt (Hg.), Deutsche Geschichte, Frankfurt/M. 2002, S. 297-396, S. 325-344.

Die Aufklärung und das Entstehen einer bürgerlichen Öffentlichkeit werden im 18. Jahrhundert in ganz Europa zur treibenden kulturellen Kraft.[13] Sie verharren jedoch im Reich, im Schatten der größeren und kleineren Herrschaften, zunächst noch weitgehend im Schöngeistigen und Metaphysischen, ohne konkretes politisches Anliegen. Im Zuge der transatlantischen Revolutionen, aber insbesondere der Französischen Revolution und der dann folgenden Koalitionskriege setzt jedoch eine Politisierung und Revolutionierung der Ideen bei den die aufgeklärte Öffentlichkeit bestimmenden Intellektuellen ein, die hier im Mittelpunkt steht. Sie werden durch die Revolution politisiert und einige entwickeln eine starke nationale Gesinnung durch den französischen Einfluss, aber gegen Frankreich.[14] Andere streben dagegen im Zuge der französischen Erklärung der Menschenrechte eine kosmopolitische politische Ordnung an. Durch diese Politisierung und Revolutionierung des Geistes kristallisieren sich im Verbund mit dem Nationalismus und Kosmopolitismus die zentralen modernen politischen Strömungen des Liberalismus, Republikanismus und Konservatismus in ihrer grundlegenden Gestalt in Deutschland heraus. Denn während einige die Revolution begeistert begrüßen und auch nach der Eskalation des Terrors an ihren Zielen festhalten, wenden sich andere entsetzt ab und empfehlen vorsichtige Reformen oder sehen in der Revolution gar einen einzigen Irrweg, der nicht beschritten werden darf.

Bevor wir uns diesem so in einem ersten Zugriff umrissenen Gegenstand unserer Untersuchung zuwenden, möchte ich jedoch noch etwas genauer auf zwei langfristige strukturelle Entwicklungen eingehen, die für die geschichtliche Situation und das politische Denken der Zeit von besonderer Bedeutung sind: auf die Herausbildung des modernen Staates und der bürgerlichen Gesellschaft. Im Anschluss möchte ich die Strukturen der bürgerlichen Öffentlichkeit in Deutschland um 1789 und der deutsche Aufklärung vor 1789 noch etwas genauer herausarbeiten.

---

[13] Vgl. Ulrich Im Hof, Das Europa der Aufklärung, München 1993.
[14] Vgl. Arnold Berney, Reichstradition und Nationalstaatsgedanke 1789-1815, in: Historische Zeitschrift 140 (1929), S. 57-86 sowie insgesamt zum Nationalismus Ernest Gellner, Nations and Nationalism, Oxford 1983, Benedict Anderson, Imagined Communities. Reflections on the Origin and Spread of Nationalism, London 1992, Eric Hobsbawm, Nationen und Nationalismus. Mythos und Realität seit 1780, Frankfurt/M. 1991, und Dieter Langewiesche, Nation, Nationalismus, Nationalstaat in Deutschland und Europa, München 2000.

Staat und bürgerliche Gesellschaft

Der moderne Staat mit seiner Monopolisierung der Gewalt über ein klar um-
grenztes Territorium bildet sich zu Beginn der frühen Neuzeit allmählich heraus,
indem die Trennung von geistlicher und weltlicher Macht, von Domänenbesitz
und öffentlichem Besitz und die Zurückdrängung feudaler beziehungsweise
ständischer Abhängigkeitsgefüge, Rechte und Privilegien vollzogen wird. Ein
stehendes Heer, eine durch regelmäßig erhobene Steuern finanzierte Staatstätigkeit und Bürokratie sowie eine damit einhergehende Sozialdisziplinierung durch
»gute Policey«, durch Gesundheits- und Hygienemaßnahmen, Bildungs-, Popu-
lations-, Infrastruktur- und Wirtschaftspolitik sind die zentralen Antriebskräfte
der Entwicklung des modernen Staates.[15] Der in der Forschung mittlerweile umstrittene Begriff des »Absolutismus« diente lange Zeit zur Kennzeichnung dieser
weltgeschichtlich bedeutsamen Epoche der Herausbildung des modernen Staates,
die der Französischen Revolution vorausgeht.[16] Aber auch wenn die Konzentration auf den Absolutismus zur Kennzeichnung dieser Epoche so nicht mehr
haltbar scheint und das einflussreiche Fortbestehen sowie die Beteiligung ständischer Korporationen am Prozess der modernen Staatsbildung in der jüngeren
Forschung hervorgehoben wurden, so wird man dennoch weiterhin eine in vielen europäische Ländern sich vollziehende Herrschaftsverdichtung und -zen-
tralisierung als zentrales Merkmal dieser Zeit nicht in Abrede stellen können.[17]
Geistig wurde dieser Vorgang bereits von Machiavelli zu Beginn des 16. Jahrhunderts vorbereitet, indem er den Gedanken der Staatsräson anregte, der die
Schaffung und Erhaltung einer staatlichen Einheit mit allen Mitteln rechtfertig-

---

[15] Vgl. Andrea Iseli, Gute Policey. Öffentliche Ordnung in der frühen Neuzeit, Stuttgart 2009, Wolfgang Reinhard, Geschichte der Staatsgewalt. Eine vergleichende Verfassungsgeschichte Europas von
den Anfängen bis zur Gegenwart, München 2000, S. 47 ff. und Arthur Benz, Der moderne Staat.
Grundlagen der politologischen Analyse, München 2008, S. 19 ff. Zur Sozialdisziplinierung Gerhard
Oestreich, Strukturprobleme des europäischen Absolutismus, in: Vierteljahreshefte für Sozial- und
Wirtschaftsgeschichte 55 (1968), S. 329-347 sowie Michel Foucault, Geschichte der Gouvernementalität I. Sicherheit, Territorium, Bevölkerung. Vorlesung am Collège de France 1977 / 1978, Frank-
furt/M. 2004.

[16] Vgl. Oestreich, Strukturprobleme des europäischen Absolutismus, Johannes Kunisch, Absolutismus. Europäische Geschichte vom Westfälischen Frieden bis zur Krise des Ancien Regime, Göttingen
1986, Rudolf Vierhaus, Deutschland im Zeitalter des Absolutismus, Göttingen 1984 und Heinz
Duchhardt, Barock und Aufklärung, München 2007, S. 169 ff.

[17] Vgl. etwa Hagen Schulze, Staat und Nation in der europäischen Geschichte, München 1994, S. 19-
87.

te.[18] Zum Ende des 16. Jahrhunderts fügte Jean Bodin diesem Gedanken den der Souveränität hinzu, der den staatlichen Machthaber als höchste, unbeschränkte und somit absolute Quelle aller Gesetze einführte.[19] Thomas Hobbes entwickelte schließlich Mitte des 17. Jahrhundert in Reaktion auf den englischen Religions- und Bürgerkrieg die vertragstheoretische Rechtfertigung der unumschränkten und absoluten Macht des staatlichen Souveräns, der zum Zwecke des Schutzes von Leib und Leben von seinen Untertanen eingesetzt wird.[20] Es ist dieser Staat, der sich zunehmend von der Person des Herrschers trennt und von dem dann Friedrich II. im 18. Jahrhundert sagen konnte, er sei nur noch dessen erster Diener, den das politische Denken im Deutschen Reich nach 1789 vorfindet und den es zu reformieren, revolutionieren oder restaurieren versucht. So heißt es bei Friedrich II.: »Man präge sich dies wohl ein: Die Aufrechterhaltung der Gesetze war der einzige Grund, der die Menschen bewog, sich Obrigkeiten zu geben; denn das bedeutet den wahren Ursprung der Herrschergewalt. Ihr Inhaber war der erste Diener des Staates.«[21]

Parallel zu dieser Entwicklung des modernen Staates verlaufen der Aufstieg des Bürgertums zur sozial bestimmenden Schicht und damit die Herausbildung der bürgerlichen Gesellschaft. Ausgehend von den Städten des Spätmittelalters und der frühen Neuzeit breiten sich Handel und Gewerbe aus, und mit den Anfängen der Industrialisierung entstehen die ersten größeren kapitalistischen Unternehmungen.[22] Diese bürgerliche Schicht wurde zunehmend zum Gegenstand der absolutistischen wirtschaftspolitischen Maßnahmen, die auf die Hebung des allgemeinen Wohlstandes abzielten. Die Vertrags- und Gewerbefreiheit waren dabei zwei entscheidende Instrumente bei der Durchsetzung einer bürgerlich-

---

[18] Vgl. Nicolo Machiavelli (1532), Der Fürst, Frankfurt/M. 2001 und Herfried Münkler, Machiavelli. Die Begründung des politischen Denkens der Neuzeit aus der Krise der Republik Florenz, 2. Auflage 2004.

[19] Vgl. Jean Bodin (1576), Sechs Bücher über den Staat, München 1983 / 1986 und Helmut Quaritsch, Souveränität. Entstehung und Entwicklung des Begriffs in Frankreich und Deutschland vom 13. Jahrhundert bis 1806, Berlin 1986 sowie Dieter Grimm, Souveränität. Herkunft und Zukunft eines Schlüsselbegriffs, Berlin 2009.

[20] Vgl. Thomas Hobbes (1651), Leviathan oder Stoff, Form und Gewalt eines kirchlichen und bürgerlichen Staates, Frankfurt/M. 1996.

[21] Friedrich der Große (1777), Regierungsformen und Herrscherpflichten, in: Ausgewählte Werke Friedrichs des Großen in deutscher Übersetzung, hg. v. Gustav Berthold Volz, Bd. II/2, Berlin 1918, S. 26. Vgl. dazu auch Eckhart Hellmuth, Enlightenment and Government, in: Martin Fitzpatrick et al. (Hg.), The Enlightenment World, New York 2004, S. 442-456.

[22] Vgl. Michael Schäfer, Geschichte des Bürgertums, Köln, Weimar, Wien 2009.

kapitalistischen Gesellschaft. Daneben erzeugte der gestiegene Bedarf des Staates an Beamten in der Bürokratie und im Bildungswesen ein bürgerliches Beamtentum. Es verband sich mit Handel, Gewerbe und Industrie zu der bürgerlichen Schicht von Bildung und Besitz. In Deutschland war ihr Anteil an der Gesamtbevölkerung allerdings zum Ende des 18. Jahrhunderts noch relativ gering und es herrschte weiterhin die ständische Gesellschaftordnung vor, an deren Spitze immer noch Adel und Klerus standen. Der ungefähr 13-17% der Gesamtbevölkerung ausmachende Teil des »gemeinen« Bürgertums bestand aus Handwerkern, kleinen Kaufleuten und Gastwirten, die äußerst traditionell eingestellt waren. Die fortschrittlichen Teile des Bürgertums befanden sich in dem zahlenmäßig noch geringen »höhern« Bürgertum der Akademiker, Beamten, Großkaufleute und Manufakturunternehmer.[23] John Locke hat den Ansichten dieser aufstrebenden höheren bürgerlichen Schicht Ende des 17. Jahrhunderts umfassend philosophisch Ausdruck verliehen, indem er ihre natürlichen Rechte auf Leben, Freiheit und Eigentum begründete, die er im Gegensatz zu Hobbes als unverlierbar versteht. Der Staat darf diese bürgerlichen Rechte nicht verletzen, wodurch der absolute Machtanspruch der frühneuzeitlichen Monarchie konstitutionell eingehegt wird.[24] Damit zeichnet sich die nun einsetzende Differenzierung von Staat und Gesellschaft ab, die aristotelisch imprägnierte umfassende »societas civilis« transformiert sich zur bürgerlichen Gesellschaft und trennt sich vom Staat.[25] Mit wachsender ökonomischer Bedeutung wollte diese bürgerliche Gesellschaft zudem nicht nur Gegenstand staatlicher Politik sein, sondern auch deren Akteur. Die englischen Republikaner um Milton und Harrington, die in der ersten englischen Revolution von 1649 den König gestürzt und enthauptet hatten, strebten zur Gewährleistung der Rechte und der Freiheit des Volkes sogar republikanische Repräsentationsorgane an, die zum Teil eine radikal antimonarchische Ten-

---

[23] Vgl. Ute Frevert, »Tatenarm und gedankenvoll«? Bürgertum in Deutschland 1780-1820, in: Helmut Berding, Etienne Francois, Hans-Peter Ullmann (Hg.), Deutschland und Frankreich im Zeitalter der Französischen Revolution, Frankfurt/M. 1989, S. 265-291, S. 268. Vgl. auch Lothar Gall, Von der ständischen zur bürgerlichen Gesellschaft, München 1993 und Peter Lundgren (Hg.), Sozial- und Kulturgeschichte des Bürgertums, Göttingen 2000.

[24] Vgl. John Locke (1689), Zwei Abhandlungen über die Regierung, Frankfurt/M. 1977, Crawford B. Macpherson, Die politische Theorie des Besitzindividualismus. Von Hobbes zu Locke, Frankfurt/M. 1990 und Walter Euchner, Naturrecht und Politik bei John Locke, Frankfurt a. M 1979.

[25] Vgl. Michael Stolleis, Untertan – Bürger – Staatsbürger. Bemerkungen zur juristischen Terminologie im späten 18. Jahrhundert, in: ders., Staat und Staatsräson in der frühen Neuzeit. Studien zur Geschichte des öffentlichen Rechts, Frankfurt/M. 1990, S. 299-339.

denz aufwiesen. John Locke hat dagegen im Zuge der zweiten, moderateren liberalen englischen Revolution von 1688/1689 politische Repräsentationsorgane vorgeschlagen, die mit einer konstitutionellen Monarchie vereinbar waren und sich in England zum Ende des 17. Jahrhunderts auch faktisch herausbilden.[26] In der bürgerlichen Intelligenz, etwa bei Montesquieu im »Geist der Gesetze« (1748) und unter anderem über diesen vermittelt auch im Deutschen Reich, entsteht in der Folge eine Begeisterung für das englische politische System (Anglophilie), das als vorbildlich angesehen wird.[27] Der Montesquieu-Leser konnte dabei aber auch eine scharfe Unterscheidung zwischen Republik, als Freistaat beziehungsweise Nicht-Monarchie, und Monarchie und Despotismus nachvollziehen, die über das liberale, locksche englische Paradigma einer konstitutionellen Monarchie hinauswies und an die republikanische Tradition anschloss. »Republikanisch ist diejenige Regierung, bei der das Volk als Körperschaft beziehungsweise bloß ein Teil des Volkes die souveräne Macht besitzt. Monarchie ist diejenige Regierung, bei der ein einzelner Mann regiert, jedoch nach festliegenden und verkündeten Gesetzen, wohingegen bei der despotischen Regierung ein einzelner Mann ohne Regel und Gesetz alles nach seinem Willen und Eigensinn abrichtet.«[28] Jean-Jacques Rousseau wird dann in seinem »Contrat Social« 1762 die bodinsche absolute Souveränität des Monarchen auf die absolute Souveränität des Volkes umstellen, die für ihn nun die einzig legitime Quelle aller Gesetze einer Republik ist.[29] Sowohl für Montesquieu als auch für Rousseau war jedoch die Republik noch eine Regierungsform für kleine Staaten beziehungsweise

---

[26] Vgl. John Milton (1660), Der Gerade und leichte Weg zur Konstitution einer freien Republik, in: Elfriede Walesca Tielsch (Hg.), John Milton und der Ursprung des neuzeitlichen Liberalismus. Studienausgabe der politischen Hauptschriften, Hildesheim 1980, S. 353-380, James Harrington (1656), Oceana, hg. v. Hermann Klenner und Klaus Udo Szudra, Stuttgart 1991, Locke (1689), Zwei Abhandlungen über die Regierung, und Hans-Christoph Schröder, Die Revolution Englands im 17. Jahrhundert, Frankfurt/M. 1986 sowie Philipp Hölzing, Republikanismus und Kosmopolitismus. Eine ideengeschichtliche Studie, Frankfurt/M. 2011.

[27] Vgl. Michael Maurer, Aufklärung und Anglophilie in Deutschland, Göttingen 1987, Hans-Christof Kraus, Englische Verfassung und politisches Denken im Ancien Régime 1689 bis 1789, München 2006, S. 169 ff. sowie Rudolf Vierhaus, Montesquieu in Deutschland, in: ders., Deutschland im 18. Jahrhundert, Göttingen 1987, S. 9-33 und Georg Schmidt, Wandel durch Vernunft. Deutschland 1715-1806, München 2009, S. 98

[28] Montesquieu (1748), Vom Geist der Gesetze, übersetzt und hg. v. Kurt Weigand, Stuttgart 1994, S. 106.

[29] Vgl. Jean-Jacques Rousseau (1762), Vom Gesellschaftsvertrag oder Grundsätze des Staatsrechts, Stuttgart 2010 und Iring Fetscher, Rousseaus politische Philosophie. Zur Geschichte des demokratischen Freiheitsbegriffs, Frankfurt/M. 1975.

Stadtstaaten, die auf der Tugend ihrer Bürger beruhte. Die amerikanische Revolution wird jedoch dann die Möglichkeit einer großen, einen ganzen Kontinent umfassenden Republik aufzeigen und die Französische Revolution erprobt wenig später ebenfalls eine große, flächenstaatliche Republik. Der Begriff der Republik wird durch diese Übertragung auf flächen- und bevölkerungsmäßig große politische Einheiten einer konzeptuellen Transformation unterzogen, ohne jedoch seine traditionellen Implikationen oder die Bindung an die Volkssouveränität zu verlieren.[30] Sieyès setzt zu Beginn der Revolution als legitimen Vertreter der rousseauschen Volkssouveränität im republikanischen Flächenstaat schließlich den dritten, bürgerlichen Stand ein.[31] Die Republikaner in Deutschland werden sich nach 1789 insbesondere an diesem französischen Republikanismus orientieren, weniger an der atlantischen republikanischen Tradition. Aber über die Montesquieu-Rezeption und die Anglophilie sowie über die Rezeption der amerikanischen Revolution, die wir bei Kant beobachten werden, und über die der Schriften von Thomas Paine, die wir bei Forster erkennen können, wirkt auch das angelsächsische Verfassungsdenken mit auf den politischen Diskurs in Deutschland ein.[32]

Öffentlichkeit und Aufklärung

Geistig begleitet und vorangetrieben wurde die politische Formierung der bürgerlichen Gesellschaft durch die europäische Aufklärung – wie wir anhand der Beispiele Locke, Montesquieu und Rousseau bereits kurz angedeutet haben –, deren Medium wiederum eine spezifisch bürgerliche Öffentlichkeit war. Die öffentlichen Orte, von denen aus die bürgerlichen Schichten das Zwiegespräch mit der öffentlichen Verwaltung des Absolutismus aufnehmen, sind die Kaffeehäuser und Salons. Dieser Konstitutionsprozess bürgerlicher Öffentlichkeit beginnt in England und Frankreich zum Ende des 17. Jahrhunderts; in Deutschland sind seit Beginn des 18. Jahrhunderts zudem die Akademien, die gelehrten und patriotischen Gesellschaften und die Lesegesellschaften der Ort des räsonieren-

---

[30] Vgl. Andreas Kalyvas, Ira Katznelson, The Republic of the Moderns: Paine's and Madison's Novel Liberalism, in: Polity 38 (2006), S. 447-477.

[31] Vgl. Emmanuel Joseph Sieyes (1789), Was ist der dritte Stand?, in: ders., Politische Schriften 1788-1790, hg. v. Eberhard Schmitt und Rolf Reichardt, Darmstadt, Neuwied 1975, S. 117-196.

[32] Vgl. Horst Dippel, Die englischen Wurzeln des amerikanischen Republikanismus und seine Auswirkungen auf Europa, in: Helmut Reinalter (Hg.), Republikbegriff und Republiken seit dem 18. Jahrhundert im europäischen Vergleich, Frankfurt/M. 1999, S. 27- 46.

den Publikums. Seit 1770 zählt man rund 500 solcher Lesegesellschaften, die mit 20 000 bis 30 000 Mitgliedern die größten bürgerlichen Assoziationen darstellen.[33] Eine weitere Form bürgerlicher Assoziationen bilden die Geheimbünde der Freimaurer und Illuminaten, gegen die dann insbesondere nach der Französischen Revolution Verbote ergehen, aber auch bereits zuvor.[34] Es kam zu einer regelrechten Verschwörungstheorie, nach der die Geheimbünde verantwortlich für die Revolution seien, zu deren hysterischer Verbreitung vor allem die konservativen Publizisten Johann August Starck und Leopold Alois Hoffmann in der »Wiener Zeitschrift« und in der Zeitschrift »Eudämonia« beitrugen.[35]

Bei der aus diesem bürgerlichen Assoziationswesen hervorgehenden Öffentlichkeit handelte es sich zu Beginn jedoch noch um eine weitgehend »literarische Öffentlichkeit«. Man räsoniert über Literatur, Kunst und Musik. Diese literarische Öffentlichkeit bringt etwas hervor, das mit den Begriffen »public opinion«, »opinion publique« oder »öffentliche Meinung« umschrieben wird, in Zeitungen und Zeitschriften seinen Ausdruck findet und sich von der Öffentlichkeit der öffentlichen Verwaltung der absolutistischen Monarchien abspaltet.[36] Jürgen Habermas hat drei Charakteristika dieser literarischen Öffentlichkeit hervorgehoben: »*Zunächst* ist eine Art gesellschaftlichen Verkehrs gefordert, der nicht etwa die Gleichheit des Status voraussetzt, sondern von diesem überhaupt absieht. [...] Die Diskussion in einem solchen Publikum setzt *zweitens* die Problematisierung von Bereichen voraus, die bislang nicht als fragwürdig galten. [...] Der gleiche Vorgang, der Kultur in Warenform überführt und sie damit zu einer diskussionsfähigen Kultur überhaupt erst macht, führt *drittens* zur prinzipiellen Unabgeschlossenheit des Publikums. [...] Alle müssen dazu gehören *können*.«[37] Das ist sicherlich eine stark idealisierte Beschreibung der bürgerlichen Öffent-

---

[33] Vgl. Walter Demel, Reich, Reformen und sozialer Wandel 1763-1806. Gebhardt. Handbuch der deutschen Geschichte Bd. 12, Stuttgart 2005, S. 143 sowie Otto Dann, Die Anfänge der politischen Vereinsbildung in Deutschland, in: Ulrike Engelhardt, Volker Sellin, Horst Stuke (Hg.), Soziale Bewegung und politische Verfassung, Stuttgart 1976, S. 197-232.

[34] Vgl. Peter Christian Ludz (Hg.), Geheime Gesellschaften, Heidelberg 1979 und Richard van Dülmen, Die Gesellschaft der Aufklärer. Zur bürgerlichen Emanzipation und aufklärerischen Kultur in Deutschland, Frankfurt/M. 1986, S. 55ff. sowie Horst Möller, Fürstenstaat oder Bürgernation. Deutschland 1763-1815, Berlin 1994, S. 503 ff.

[35] Vgl. Epstein, Die Ursprünge des Konservatismus, S. 538 ff.

[36] Vgl. Jürgen Habermas, Strukturwandel der Öffentlichkeit. Untersuchungen zu einer Kategorie bürgerlicher Gesellschaft, Frankfurt / M. 1990 (1962), S. 94 ff. und Peter-Uwe Hohendahl et al., Öffentlichkeit. Geschichte eines kritischen Begriffs, Stuttgart 2000.

[37] Habermas, Strukturwandel der Öffentlichkeit, S. 97.

lichkeit des 18. Jahrhunderts, aber sie trifft dennoch einige zentrale bürgerliche Ideale. In Deutschland ist im 18. Jahrhundert jedoch, wie bereits gesehen, die diese Öffentlichkeit tragende »höhere« bürgerliche Schicht im Vergleich zu England und Frankreich relativ klein, worin häufig der Grund für das Ausbleiben einer bürgerlichen Revolution im Reich gesehen wurde. Man hat errechnet, dass um 1790 herum rund 7000 Publizisten und Schriftsteller in Deutschland um die Aufmerksamkeit des Lesepublikums konkurrierten, bei einer Gesamtbevölkerung von etwa 28 Millionen, die aber zu 80% noch im landwirtschaftlichen Sektor tätig war.[38] Das Lesepublikum der zahlreichen Zeitschriften (etwa 1225 in den Jahren 1781-1790) lässt sich auf vielleicht 300 000 bis 500 000 Leser beziffern. Die etwa 250 Zeitungsunternehmen im letzten Jahrzehnt des 18. Jahrhunderts hatten zum Beispiel eine Gesamtauflage von ca. 300 000 Exemplaren.[39] Die die Öffentlichkeit bildende Schicht dürfte also nicht viel mehr als 1% der Gesamtbevölkerung umfasst haben, wobei in ihrem Mittelpunkt die etwa 7000 Publizisten und Schriftsteller stehen. Die Zahl der jährlichen Neuerscheinungen steigerte sich von rund 2200 Werken um 1780 auf rund 4000 um 1800. Autoren wurden zu Vertragspartnern der um 1785 bereits ca. 300 Verleger. Die Schriftstellerei wurde zu einem »Brotberuf«, von dem allerdings nur die wenigsten ihren kompletten Lebensunterhalt finanzieren konnten. Sie waren darüber hinaus auf Zusatzeinkünfte aus Pfarr- oder Hofmeisterstellen oder Anstellungen im öffentlichen Dienst angewiesen.[40] Diese allgemeine soziale und ökonomische Situation des Schriftstellers oder Publizisten werden wir bei vielen der im Folgenden behandelten Autoren antreffen.

Die Bewegung der Aufklärung als Folge der von Paul Hazard so genannten »Krise des europäischen Geistes«[41] setzt in Deutschland mit dem Rationalismus von Gottfried Wilhelm Leibniz und Christian Wolff und der praktischen Philosophie von Christian Thomasius zum Ende des 17. Jahrhunderts ein. Die Aufklärung in Deutschland zeichnet sich zu Beginn durch eine positive Haltung zur Religion (Protestantismus, Calvinismus, Pietismus) und zum aufgeklärten absolutistischen Staat aus sowie durch ihre Bindung an die Universitäten. Deutsche

---

[38] Vgl. Inge Stephan, Literarischer Jakobinismus in Deutschland (1789-1806), Stuttgart 1976, S. 30.
[39] Vgl. Franklin Kopitzsch, Sozialgeschichte der Aufklärung in Deutschland, in: Helmut Berding, Etienne Francois, Hans-Peter Ullmann (Hg.), Deutschland und Frankreich im Zeitalter der Französischen Revolution, Frankfurt/M. 1989, S. 373-390, S. 384.
[40] Vgl. Walter Demel, Reich, Reformen und sozialer Wandel, S. 147 ff.
[41] Vgl. Paul Hazard, Die Krise des europäischen Geistes 1680-1715, Hamburg 1939.

Aufklärer waren zunächst Universitätsprofessoren, im Gegensatz zum *gentleman philosopher* in England und den *philosophes* in Frankreich, und ihre Philosophie daher Fach- beziehungsweise Schulphilosophie.[42] Sie standen damit dem System-geist, dem »esprit de système«, der universitären Scholastik noch näher als dem offenen, empiristischen »esprit systématique«, den Ernst Cassirer als bestimmend für die »Denkform« der europäischen Aufklärung herausgearbeitet hat.[43]

Christian Thomasius, seit 1694 Professor an der neugegründeten Universität Halle, versuchte in seiner praktischen Philosophie im Anschluss an die Natur-rechtslehre von Grotius und Pufendorf die Gültigkeit überpositiver, naturrechtli-cher Normen für die zweckmäßige Einrichtung des Staates zu begründen, wobei bei ihm noch Gott und nicht die Vernunft als Urheber dieser natürlichen Nor-men gilt und die menschliche Vernunft nach dem Sündenfall nicht zur Erkennt-nis des göttlich erschaffenen Naturrechts fähig ist. Der von Leidenschaften be-stimmte Mensch könne aber zumindest bewusst wählen, welchen Leidenschaften er folgen wolle; und in einem zweckmäßig eingerichteten Staat könnten diese Leidenschaften im Sinne des Gemeinwohls kanalisiert werden.[44] Thomasius führte unter anderem die von Kant dann aufgegriffene Unterscheidung zwischen erzwingbarem Recht und nicht erzwingbarer Moral ein und versuchte, Staat und Recht von einem direkten Einfluss der Religion zu trennen.[45] Thomasius war darüber hinaus der erste Philosoph, der Vorlesungen auf Deutsch hielt und eine monatlich erscheinende deutsche Zeitschrift herausgab, die »Monatsgespräche«,

---

[42] Vgl. Werner Schneiders, Das Zeitalter der Aufklärung, München 1997, S. 89 und Max Wundt, Die deutsche Schulphilosophie im Zeitalter der Aufklärung, Tübingen 1945.

[43] Vgl. Ernst Cassirer, Philosophie der Aufklärung, Hamburg 2007 (1932), Erstes Kapitel. Vgl. auch für eine zweite einflussreiche, etwas anders angelegte Gesamtdarstellung, die den Paganismus der Aufklärung betont, Peter Gay, The Enlightenment: An Interpretation, 2 Bde., New York 1966-1969 und den Überblick von Franklin Kopitzsch, Die Aufklärung in Deutschland. Zu ihren Leistungen, Grenzen und Wirkungen, in: Archiv für Sozialgeschichte 1 (1976), S. 1-21 sowie Panajotis Kondylis, Die Aufklärung im Rahmen des neuzeitlichen Rationalismus, Stuttgart 1981. Vgl. zudem für eine kontextspezifische, pluralistische Sicht Roy Porter, Mikulas Teich (Hg.), The Enlightenment in Nati-onal Context, Cambridge 1981.

[44] Vgl. Wilhelm Schmidt-Biggemann, Theodizee und Tatsachen. Das philosophische Profil der deut-schen Aufklärung, Frankfurt/M. 1988, S. 41ff. und Knud Haakonssen, German Natural Law, in: Mark Goldie, Robert Wokler (Hg.), The Cambridge History of Eighteenth-Century Political Thought, Cambridge 2006, S. 251-290.

[45] Vgl. Christian Thomasius (1705), Fundamenta iuris naturae et gentium, Aalen 1963 und Klaus Luig, Christian Thomasius, in: Michael Stolleis (Hg.), Staatsdenker im 17. und 18. Jahrhundert. Reichspublizistik, Politik, Naturrecht, Frankfurt/M. 1987, S. 227-256.

wodurch seine Ambition auf eine breitere, praktische und aufklärerische Wirkung deutlich wird.

Mit Christian Wolff kam seit 1707 an der Universität Halle eine an den Rationalismus des 17. Jahrhunderts – insbesondere Leibniz' – und seine mathematische Deduktion aus höchsten Grundsätzen anknüpfende Philosophie auf. Auch Wolff schrieb zunächst in deutscher Sprache und veröffentlichte zwischen 1713 und 1721 streng rationalistische Werke zur Logik, Metaphysik, Ethik und Politik, die bis zu Kants kritischer Philosophie einen dominierenden Einfluss auf die deutsche Aufklärungsphilosophie hatten. In seiner politischen Philosophie versuchte Wolff deduktiv aus höchsten Vernunfteinsichten zu zeigen, dass die Verfassung eines politischen Gemeinwesens mit dem rationalistischen Naturrecht übereinstimmen müsse, da es ansonsten nicht als ein Gemeinwesen gelten und auch kein Gemeinwohl und somit Glückseligkeit hervorbringen könne. Laut Wolff hat die Obrigkeit »alle ihre Kräfte und ihren Fleiß dahin anzuwenden, daß sie zur Beförderung der gemeinen Wohlfahrt und Sicherheit diensame Mittel erdenke, und zu deren Ausführung nöthige Anstalten mache: hingegen die Unterthanen versprechen dargegen, daß sie willig seyn wollen alles dasjenige zu thun, was sie für gut befinden wird.«[46]

Weder Thomasius noch Wolff haben letztlich eine andere als eine traditionelle monarchische Regierungsform verfochten,[47] auch wenn es nicht zuletzt bei Wolff, aber auch in Thomasius' Unterscheidung von Recht und Moral durchaus Ansätze liberaler Rechtsstaatlichkeit gibt und beide dadurch als frühe Vorläufer des Liberalismus in Deutschland gelten können.[48] Eine starke, unangefochtene Obrigkeit schien ihnen der beste Weg, um die Sicherheit und Glückseligkeit der Untertanen zu befördern, und ein vorbildlicher Vertreter war ihnen Friedrich I. von Preußen, der die Berliner Akademie und die Universität Halle gegründet hatte, an der sie beide lehrten.

---

[46] Christian Wolff (1721), Vernünfftige Gedancken von dem Gesellschaftlichen Leben der Menschen und insonderheit dem gemeinen Wesen (Deutsche Politik), in: ders., Werke Bd. 5, hg. v. Hans Werner Arndt, Hildesheim 1965 ff., §§ 230. Vgl. Werner Schneiders (Hg.), Christian Wolff 1679-1754. Interpretation zu seiner Philosophie und deren Wirkung, Hamburg 1983.

[47] Vgl. Wolfgang Kersting, Politics, in: Knud Haakonssen (Hg.), The Cambridge History of Eighteenth-Century Philosophy, Cambridge 2006, S. 1026-1068, S. 1026-1035.

[48] Vgl. Marcel Thomann, Christian Wolff, in: Michael Stolleis (Hg.), Staatsdenker im 17. und 18. Jahrhundert. Reichspublizistik, Politik, Naturrecht, Frankfurt/M. 1987, S. 257-283. Zu den Differenzen zwischen Thomasius und Wolff Ian Hunter, Rival Enlightenments. Civil and Metaphysical Philosophy in Early Modern Germany, Cambridge 2001.

Unter dem Eindruck von Wolffs Rationalismus unternahm die an der Göttinger Universität aufblühende Reichsstaatsrechtsschule um Johann Stephan Pütter, Gottfried Achenwall und August Ludwig Schlözer dann eine naturrechtlich gestützte, rationale Ordnung und Reform des historisch gewachsenen Reichs- und Landesrechts, die dem aufgeklärten Absolutismus zuarbeitete und weitere Impulse für eine in Ansätzen liberale Rechtsstaatlichkeit hervorbrachte. Achenwall und Pütter legten unter anderem ein Lehrbuch des Naturrechts vor, das auch Kant noch gerne heranzog,[49] während Schlözer mit seinen »Staatsanzeigen« publizistisch bis in die Revolutionsjahre hinein für eine vertragstheoretisch begründete konstitutionelle Monarchie nach englischem Vorbild wirbt.[50]

Ebenfalls im Anschluss an den Wolffschen Rationalismus entwickelte Alexander Gottlieb Baumgarten 1750 seine epochemachende »Ästhetik« als Theorie der sinnlichen Erkenntnis, wobei er gegen den Wolffschen Rationalismus einwandte, dass auch den sinnlichen Erkenntnisvermögen des Menschen ein eigengesetzliches, vernunftanaloges Erkenntnispotenzial innewohnt.[51] Baumgartens »Ästhetik« enthält in dieser Betonung der Eigengesetzlichkeit der sinnlichen Erkenntnis bereits ein über Wolff und die Schulphilosophie hinausweisendes Moment, das die großen Kunst- und Geniediskussionen bei Lessing, Winckelmann, im Sturm und Drang, in der Weimarer Klassik und der Romantik in der zweiten Hälfte des 18. Jahrhunderts in Deutschland vorbereitet.[52] Erst Kant wird allerdings in seiner dritten Kritik die vollständige Gleichwertigkeit ästhetischer Erkenntnis gegenüber der Verstandeserkenntnis zu begründen suchen. Da im ästhetischen Spiel der Erkenntnisvermögen Freiheit erfahren wird, kann die Kunst als eine Einübung in die praktische beziehungsweise politische Freiheit verstanden werden,

---

[49] Vgl. Gottfried Achenwall, Johann Stephan Pütter (1750), Anfangsgründe des Naturrechts, hg. v. Jan Schröder, Frankfurt/M. 1995 und Christoph Link, Johann Stephan Pütter, in: Michael Stolleis (Hg.), Staatsdenker im 17. und 18. Jahrhundert. Reichspublizistik, Politik, Naturrecht, Frankfurt/M. 1987, S. 310-331.
[50] Vgl. Arnold Berney, August Ludwig von Schlözers Staatsauffassung, in: Historische Zeitschrift 132 (1925), S. 43-67 und James van Horn Melton, From Enlightenment to Revolution. Hertzberg, Schlözer, and the Problem of Despotism in the Late Aufklärung, in: Central European History 12 (1979), S. 103-123, sowie insgesamt zum Naturrecht im 18. Jahrhundert Diethelm Klippel, Politische Freiheit und Freiheitsrechte im deutschen Naturrecht des 18. Jahrhunderts, Paderborn 1976.
[51] Vgl. Alexander Gottlieb Baumgarten (1750), Theoretische Ästhetik. Die grundlegenden Abschnitte aus der »Aesthetica«, Hamburg 1988.
[52] Vgl. Peter-André Alt, Aufklärung, Stuttgart 2001, S. 99.

wird dann Schiller in seiner politischen Ästhetik in den 1790er Jahren behaupten.[53]

Um die Jahrhundertmitte entwickelte sich zudem gegen den Rationalismus und die Schulphilosophie in der deutschen Aufklärung eine an den britischen Empirismus und die schottische Common-Sense-Philosophie anknüpfende Popularphilosophie, die sich neben der Ästhetik auch verstärkt der Psychologie zuwandte. Deren bekannteste Vertreter sind Hermann Samuel Reimarus, dessen religionskritische Fragmente Lessing in den 1770er Jahren publizieren wird,[54] Moses Mendelssohn, der zentrale Vertreter der jüdischen Aufklärung (Haskala) und Freund von Lessing,[55] sowie Christian Garve, dem wir später als engem Familienfreund des Konservativen Friedrich Gentz wieder begegnen werden.[56] Im Anschluss an Rousseaus Entdeckung der Kindheit in seinem »Emile« entwickelte sich in diesem Zusammenhang außerdem die aufklärerische Pädagogik in Deutschland, die vor allem von Johann Bernhard Basedow und Johann Heinrich Campe geprägt wurde und zu Schulgründungen neuen Typs führte, wie dem Philantropinum in Dessau 1774.[57]

Seit der Mitte des 18. Jahrhunderts entstand so allmählich eine öffentliche, kritische Auseinandersetzung mit den politischen, sozialen und kulturellen Verhältnissen durch Philosophie, Rechtswissenschaft, Kunst und Pädagogik, die dann durch den amerikanischen Unabhängigkeitskampf in den siebziger und frühen achtziger Jahren sowie die Illuminatenverfolgung in Bayern und die Zensur des Wöllnerschen Religionsedikts in den 1780er Jahren weiter forciert wurde.[58] Dabei bildeten sich auch erste patriotische Bestrebungen heraus, denen

---

[53] Vgl. zu diesem politischen Moment der von Baumgarten initiierten »Ästhetik« Terry Eagleton, Ästhetik. Geschichte ihrer Ideologie, Stuttgart 1994, S. 14 ff.

[54] Vgl. Horst Möller, Vernunft und Kritik. Deutsche Aufklärung im 17. und 18. Jahrhundert, Frankfurt/M. 1986, S. 83 ff.

[55] Vgl. Shmuel Feiner, Moses Mendelssohn. Ein jüdischer Denker in der Aufklärung, Göttingen 2009.

[56] Vgl. Claus Altmayer, Aufklärung als Popularphilosophie. Bürgerliches Individuum und Öffentlichkeit bei Christian Garve, Saarbrücken 1992.

[57] Vgl. Jörn Garber, »Die Stammmutter aller guten Schulen«. Das Dessauer Philanthropinum und der deutsche Philanthropismus 1774-1793, Tübingen 2008.

[58] Vgl. Horst Dippel, Germany and the American Revolution 1770-1800. A Sociohistorical Investigation of Late Eigteenth-Century Political Thinking, Wiesbaden 1973, Zwi Batscha, Jörn Garber, Einleitung, in: dies. (Hg.), Von der ständischen zur bürgerlichen Gesellschaft. Politisch-soziale Theorien im Deutschland der zweiten Hälfte des 18. Jahrhunderts, Frankfurt/M. 1981, S. 9-38 und Rudolf Vierhaus, Politisches Bewußtsein in Deutschland vor 1789, in: ders., Deutschland im 18. Jahrhundert, Göttingen 1987, S. 183-201.

jedoch die leidenschaftliche Ausschließlichkeit des späteren Nationalismus noch ganz abging und die immer in den Kosmopolitismus der Aufklärung eingebunden blieben, den der Abbé de Saint-Pierre mit seinem »Projet pour rendre la paix perpétuelle en Europe« bereits 1713 in der Idee eines Völkerbundes wirkmächtig konkretisiert hatte.[59] »Der Aufklärungspatriotismus, in dem das Motiv der bürgerlichen Selbstversicherung und Selbstbestätigung eine oft beherrschende Rolle spielte, konnte gerade wegen seiner stark moralischen Prägung den Raum des konkreten ›Vaterlandes‹, also der Stadt oder des Staates überschreiten. Er konnte sich auf das Reich als geschichtliche und auf die Nation als kulturelle Gemeinschaft richten; je stärker er jedoch moralisch-politische Haltung und Bildungsstand war, um so leichter erweiterte er sich zum Weltbürgertum.«[60] Eine durchschlagende Politisierung und dann Nationalisierung setzt erst nach der Französischen Revolution ein. So erklärte etwa der Schriftsteller Friedrich Christian Boie Ende 1789 in seiner Zeitschrift »Neues Deutsches Museum« zur Französischen Revolution: »Wie ein elektrischer Schlag, der von Paris ausging, wirkte sie auf die Nazionen. [...] Auf kein Land wirkte sie aber stärker, als auf unser Deutschland. [...] Ist es Gallomanie? Ist der Deutsche dazu bestimmt, der Nachbeter der Franzosen zu sein? Ist die deutsche Nazion weiter gekommen? Lernt sie die Rechte freier Menschen kennen? [...] Bis in die kleinsten deutschen Dörfer drang dieser Schlag [...]. Wenige deutsche Staaten werden es gewesen sein, in denen nicht Gährungen entstanden sind.« Und der Journalist Johann Wilhelm von Archenholz stellte fest: »Eine von den vielen Folgen, die die französische Revolution für Deutschland gehabt hat, ist die große Menge neuentstandener politischer Schriftsteller, Blattschreiber und Buchmacher, die aus Zeitungsblättern [...] ihre Kenntnisse schöpfen, und dann sogleich die Feder in die Hand nehmen, um ihre Urtheile über die großen Begebenheiten des Tages der Welt mitzutheilen.«[61]

Neben den rationalistischen und empiristischen Bewegungen, die klassisch mit dem Bild der Aufklärung verknüpft werden, sind im Anschluss an Isaiah Berlin in den letzten Jahren zunehmend die »irrationalistischen« Momente der

---

[59] Vgl. Olaf Asbach, Die Zähmung der Leviathane. Die Idee einer Rechtsordnung zwischen Staaten bei Abbé de Saint-Pierre und Jean-Jacques Rousseau, Berlin 2002.
[60] Vierhaus, Politisches Bewußtsein in Deutschland vor 1789, S. 189. Vgl. auch Helga Schultz, Mythos und Aufklärung. Frühformen des Nationalismus in Deutschland, in: Historische Zeitschrift 263 (1996), S. 31-67.
[61] Beide zitiert nach Rolf F. Reichardt, Das Blut der Freiheit. Französische Revolution und demokratische Kultur, Frankfurt/M. 1998, S. 266 und 300.

Aufklärung hervorgehoben worden.[62] Berlin sah insbesondere in den Philoso-
phien von Hamann, Vico und Herder eine solche »Gegenaufklärung« am Werk,
die gegen das rationale, nach universellen Gesetzen und Prinzipien strebende
Denken der Aufklärung die expressiven, sich historisch entfaltenden singulären
Aspekte des individuellen und kulturellen Lebens betont.[63] Darüber hinaus wurde in der jüngeren Forschung auf die teilweise stark rassistischen Elemente der
aufklärerischen Anthropologie – zum Beispiel in Christoph Meiners 1790 veröf-
fentlichter Abhandlung »Über die Natur des afrikanischen Negers«[64] – und das
Fortleben alchemistischer und naturmystischer Vorstellungen im Herzen der
Aufklärungspublizistik verwiesen, wie sie etwa im »animalischen Magnetismus«
des Wiener Arztes Franz Anton Messmer, in der Geisterseherei Emanuel von
Swedenborgs oder im Fall des Grafen Cagliostro zum Ausdruck kommen. Solche
Vorstellungen finden sich dann auch in den Praktiken mancher Geheimbünde
der Aufklärung wieder,[65] und Motive dieser »Gegenaufklärung« werden dann
insbesondere im nach 1800 aufkommenden Nationalismus wieder aufgegriffen.

Neue Impulse erhielt die Aufklärungsforschung in den letzten Jahren zudem
durch die Forschungen von Jonathan Israel, der in einem originellen und monumentalen dreibändigen Werk zu zeigen versucht, dass die gesamte Aufklärungsbewegung von dem Gegensatz einer moderaten und einer radikalen Aufklärung bestimmt ist. Während Israel zur moderaten Aufklärung Philosophen
wie Voltaire, Hume und Kant zählt, die letztlich auf politische Reformen gesetzt
hätten, sei die radikale Aufklärung in der Nachfolge von Spinozas ontologischem
Monismus das Projekt revolutionärer, klandestiner Radikaldemokraten gewesen.[66] Im Hinblick auf Kant und das politische Denken in Deutschland nach 1789

---

[62] Vgl. Angela Borgstedt, Das Zeitalter der Aufklärung, Darmstadt 2004, S. 90 ff.

[63] Vgl. die von Henry Hardy zusammengestellte Ausgabe der beiden zentralen Werke: Isaiah Berlin, Three Critics of the Enlightenment. Vico, Hamann, Herder, Princeton 1997.

[64] Vgl. Christoph Meiners (1790), Über die Natur des afrikanischen Negers und die davon abhangen-de Befreyung, oder Einschränkung der Schwarzen, Hannover 2000.

[65] Vgl. Demel, Reich, Reformen und sozialer Wandel, S. 170 f. und Monika Neugebauer-Wölk (Hg.): Aufklärung und Esoterik. Rezeption – Integration – Konfrontation, Tübingen 2009 sowie Iain McCalman, Der letzte Alchimist. Die Geschichte des Grafen Cagliostro, Frankfurt/M. 2004.

[66] Vgl. Jonathan Israel, Radical Enlightenment. Philosophy and the Making of Modernity 1650-1750, Oxford 2001, ders., Enlightenment Contested. Philosophy, Modernity, and the Emancipation of Man 1670-1752, Oxford 2006 sowie ders., Democratic Enlightenment. Philosophy, Revolution, and Hu-man Rights 1750-1790, Oxford 2011. Eine kompakte Version der zentralen Thesen findet sich in ders., A Revolution of the Mind. Radical Enlightenment and the Making of Modern Democracy, Oxford 2009. Vgl. zur Diskussion ders., Martin Mulsow (Hg.), Radikalaufklärung, Berlin 2013 und zu

ist das allerdings zu grobflächig gezeichnet. Wie ich zeigen möchte, sind in Kants kritischer Philosophie – aber auch schon bei Lessing und dann bei Herder – sowohl reformistische, liberale als auch revolutionäre, republikanische Momente angelegt, die sich dann jeweils bei unterschiedlichen, an das Kantsche Denken anschließenden Autoren Bahn brechen. Insofern knüpfe ich zwar mit der Differenzierung zwischen Liberalismus und Republikanismus an Israels Unterscheidung eines moderaten und radikalen politischen Denkens an, erzähle aber für deren Entstehung zumindest im deutschen Rahmen eine etwas andere Geschichte. Denn in der deutschen Spinoza-Rezeption, die vor allem durch den »Pantheismusstreit« bestimmt ist, der durch Friedrich Heinrich Jacobis 1785 publizierte Briefe »Über die Lehre des Spinoza« ausgelöst wird, besteht kein direkter Zusammenhang zwischen Spinozismus beziehungsweise einer spinozistischen Ontologie oder Naturanschauung und radikalen politischen Ansichten, wie etwa das Beispiel Goethe zeigt.[67] Kants kritische Philosophie als Philosophie der Freiheit stellt zudem selbst bereits eine Überwindung des Denkens der deutschen Aufklärung dar, wie in seiner berühmten »Beantwortung der Frage: Was ist Aufklärung?« aus der »Berlinischen Monatsschrift« 1784 deutlich wird: »Aufklärung ist der Ausgang des Menschen aus seiner selbst verschuldeten Unmündigkeit. Unmündigkeit ist das Unvermögen, sich seines Verstandes ohne Leitung eines anderen zu bedienen. Selbstverschuldet ist diese Unmündigkeit, wenn die Ursache derselben nicht am Mangel des Verstandes, sondern der Entschließung und des Mutes liegt, sich seiner ohne Leitung eines anderen zu bedienen. Sapere aude! Habe Mut, dich deines eigenen Verstandes zu bedienen! ist also der Wahlspruch der Aufklärung.«[68] In dieser Aufforderung an jedes Individuum, als souveräner Herr seiner selbst zu denken, steckt eine auch in einem politischen Sinne radikale Pointe, die über das naturrechtliche, dem Absolutismus zugewandte schulphilosophische Denken der deutschen Aufklärung hinausgeht.[69]

Spinoza radikaldemokratischem Denken insbesondere Martin Saar, Die Immanenz der Macht. Politische Theorie nach Spinoza, Berlin 2013.

[67] Vgl. Walter Jaeschke, Andreas Arndt, Die klassische deutsche Philosophie nach Kant. Systeme der reinen Vernunft und ihre Kritik 1785-1845, München 2012, S. 24 ff. und Eckart Förster, Die 25 Jahre der Philosophie. Eine systematische Rekonstruktion, Frankfurt/M. 2011, S. 87-111.

[68] Immanuel Kant (1784), Beantwortung der Frage: Was ist Aufklärung?, in: ders., Werke Bd. XI, hg. v. Wilhelm Weischedel, Frankfurt/M. 1977, S. 53.

[69] Vgl. zu dieser politischen Dimension des „Sapere aude!" Franco Venturi, Utopia and Reform in the Enlightenment, Cambridge 1971, S. 5-9 und Nicolao Merker, Die Aufklärung in Deutschland, München 1982, S. 19ff.

Bevor wir uns der kritischen Philosophie Kants und ihrer kopernikanischen Revolution zuwenden, möchte ich jedoch mit Gotthold Ephraim Lessing den Kant vorausgehenden ersten »Kritiker« der deutschen Aufklärung kurz vorstellen. Wie Ernst Cassirer schreibt, verdankt die deutsche Aufklärung Lessing den Anstoß, »die Kritik wieder ins Leben zurückzuwenden und sie zum unentbehrlichen Werkzeug für das Leben, für die Entfaltung und die ständige Selbsterneuerung des Geistes zu gestalten und zu gebrauchen«.[70]

---

[70] Cassirer, Die Philosophie der Aufklärung, S. 375. Vgl. zu dieser Einschätzung Lessings auch Merker, Die Aufklärung in Deutschland, S. 8 und S. 32ff..

4. Lessing

»Lessing ist der zeitlich erste säkulare Denker, dessen Sprache heute noch mühelos zugänglich ist«, so Hugh Barr Nisbet in seiner monumentalen und wegweisenden Lessing-Biographie. Für Nisbet ist Lessing die »zentrale und repräsentative Gestalt der deutschen Aufklärung«.[1] Lessing gehört somit zweifellos, selbst wenn er 1781, also noch vor der Französischen Revolution, verstorben ist, neben Kant und Herder zu den zentralen, unmittelbar das politische Denken nach 1789 vorbereitenden Gestalten der deutschen Aufklärung. Bereits vor Erscheinen von Kants kritischer Philosophie und Herders anschließender Metakritik der kantischen Philosophie hatte Lessing mit den Mitteln der Literatur und Kritik, aber auch durch eigene philosophische Abhandlungen zentrale Themen der um 1789 einsetzenden politischen Debatten angestoßen, insbesondere in der Kritik der Feudalordnung und des aufgeklärten Absolutismus. Er hat mit seinen religionskritischen Schriften die feudale Weltordnung, wenn auch häufig noch versteckt, ganz grundsätzlich attackiert und mit seinem bürgerlichen Trauerspiel, seinen politischen Dialogen und seiner geschichtsphilosophischen Fortschrittserzählung die Perspektive einer Emanzipation der bürgerlichen Gesellschaft in liberaler bzw. republikanischer Hinsicht für ein deutsches Publikum eröffnet. Diesen Momenten seines Werkes wollen wir hier nachgehen, indem wir uns zunächst ein grobes Bild von Leben und Person Lessings machen. Im Anschluss diskutiere ich kurz das reife bürgerliche Trauerspiel »Emilia Galotti« und seine kaum versteckten republikanischen Motive. Schließlich wenden wir uns den politischen Dialogen »Ernst und Falk« und Lessings Fortschrittserzählung in »Die Erziehung des Menschengeschlechts« zu.

»Das sklavischste Land von Europa«

Gotthold Ephraim Lessing wird am 22. 1. 1729 in eine Familie protestantischer Theologen hineingeboren. Biographisch zeigt sich so in der familiären Herkunft

---

[1] Hugh Barr Nisbet, Lessing. Eine Biographie, München 2008. Vgl. zum Lessingbild auch Wilfried Barner, Gunter E. Grimm, Helmuth Kiesel, Martin Kramer, Lessing. Epoche, Werk, Wirkung, München, 6. Auflage 1998.

bereits bei der repräsentativen Gestalt Lessing die für die deutsche Aufklärung sozialgeschichtlich bedeutsame Rolle der höheren bürgerlichen Berufe im protestantischen Pfarrhaus, dessen Rolle Robert Minder in der deutschen Literaturgeschichte eigens hervorgehoben hat.[2] Die Familie lebt in der kleinen Stadt Kamenz in Sachsen; der Vater ist dort Diakon. Der talentierte Sohn wird zunächst auf die Lateinschule im Ort geschickt, darf aber bald mit kurfürstlicher Unterstützung die Fürstenschule St. Afra in Meißen besuchen, wo er bei harter Zucht und karger Nahrung eine umfassende Bildung erwirbt.

Aufgrund seiner hervorragenden Leistungen kann Lessing bereits 1746 auf die Universität Leipzig wechseln. Auf Wunsch des Vaters beginnt er ein Theologie-Studium. Indessen verliert er bald das Interesse an der Theologie. In Leipzig entdeckt er die Welt der schönen Literatur und des Theaters für sich. Der Mutter schreibt er: »Ich legte die ernsthaften Bücher eine zeitlang auf die Seite, um mich in denjenigen umzusehen die weit angenehmer, und vielleicht ebenso nützlich sind. Die Comoedien kamen mir zur erst in die Hand. Es mag unglaublich vorkommen, wem es will, mir haben sie sehr große Dienste getan. Ich lernte daraus eine artige und gezwungene, eine grobe und natürliche Aufführung unterscheiden. Ich lernte wahre und falsche Tugenden daraus kennen, und die Laster eben so sehr wegen ihres lächerlichen als wegen ihrer Schändlichkeit fliehen« (Werke 11 / 1, S. 15 f.).[3] Damit ist sein weiterer Lebensweg vorgezeichnet. Er will nun Schriftsteller werden und sich aus der protestantischen väterlichen Welt lösen.

Lessing bricht sein Studium ab und geht 1748 nach Berlin, das Friedrich II. gerade zur Hauptstadt des aufgeklärten Absolutismus in Europa macht. Einerseits findet Lessing dort den streng durchorganisierten preußischen Militär- und Machtstaat repräsentiert, der durch eine skrupellose Kriegs- und Eroberungspolitik zur europäischen Großmacht aufsteigt. Aber andererseits versucht der neue Monarch der Aufklärung und einer aufgeklärten Öffentlichkeit ein Forum im Deutschen Reich zu gewähren. Dieser in Preußen sichtbare Zwiespalt zwischen Aufklärung und Absolutismus wird Lessings politisches Denken sein ganzes Leben hindurch beschäftigen. In der Rückschau von 1769 schreibt Lessing über

---

[2] Robert Minder, Das Bild des Pfarrhauses in der deutschen Literatur von Jean Paul bis Gottfried Benn, in: ders., Kultur und Literatur in Deutschland und Frankreich. Fünf Essays, Frankfurt/M. 1977, S. 46-75.

[3] Die Schriften Lessings werden im laufenden Text unter Angabe von Bandnummer und Seitenzahl zitiert nach der Ausgabe Gotthold Ephraim Lessing, Werke und Briefe, 12 Bde., hg. von Wilfried Barner u. a., Frankfurt/M. 1985-2003.

die aufgeklärte Freiheit in Friedrichs Preußen, diese »reduciert sich einzig und allein auf die Freiheit, gegen die Religion so viel Sottisen zu Markte zu tragen, als man will. Und dieser Freiheit muß sich der rechtliche Mann nun bald zu bedienen schämen. Lassen Sie es aber doch einmal einen in Berlin versuchen, über andere Dinge so frei zu schreiben [...], lassen Sie es ihn versuchen, dem vornehmen Hofpöbel [...] die Wahrheit zu sagen [...]; lassen Sie einen in Berlin auftreten, der für die Rechte der Untertanen, der gegen Aussaugung und Despotismus seine Stimme erheben wollte, wie es itzt sogar in Frankreich und Dänemark geschieht: und Sie werden bald die Erfahrung haben, welches Land bis auf den heutigen Tag das sklavischste Land von Europa ist« (Werke 11 / 1, S. 622 f.). Hier findet man bereits bei Lessing ein kritisches politisches Denken angelegt, das nach ihm, insbesondere dann im Zuge der Französischen Revolution, in Deutschland immer mehr um sich zu greifen beginnt.

Zwischen 1751 und 1752 schließt Lessing kurzerhand ein Medizinstudium in Wittenberg ab und kehrt dann wieder nach Berlin zurück. Dort verkehrt er in den Berliner Kaffee- und Weinhäusern, kommt mit Voltaire in Kontakt, der am Hofe Friedrichs weilt, lernt den Verleger Friedrich Nicolai kennen, eine zentrale Figur der Berliner Aufklärung, und den Verleger Christian Friedrich Voss, in dessen Zeitung erste Artikel und Gedichte von ihm erscheinen.[4]

Eine enge Freundschaft entsteht in dieser Zeit insbesondere mit dem jüdischen Philosophen Moses Mendelssohn, dem zentralen Repräsentanten der jüdischen Aufklärung (Haskala). Mit ihm wird Lessing die Arbeit an seinen Werken eingehend diskutieren und sich darüber hinaus über alle intellektuellen und politischen Vorgänge der Zeit austauschen. Die judenfeindlichen Angriffe, denen sich sein Freund Mendelssohn im publizistischen Kampf um die bürgerliche Emanzipation der Juden wiederholt ausgesetzt sah, haben zur Entstehung von Lessings großem Lehrstück »Nathan der Weise« über religiöse Toleranz beigetragen.[5] Nach seinem Tod wird Mendelssohn Lessing in einem bald berühmten Streit dann umgekehrt gegen Friedrich Heinrich Jacobi öffentlich zu verteidigen suchen. Jacobi hatte in seinen Briefen »Über die Lehre des Spinoza« behauptet, Lessing habe ihm bei einem Gespräch 1780 in Wolfenbüttel eröffnet, ein Anhän-

---

[4] Vgl. Horst Möller, Aufklärung in Preußen. Der Verleger, Publizist und Geschichtsschreiber Friedrich Nicolai, Berlin 1974.
[5] Vgl. zu Mendelssohn: Shmuel Feiner, Moses Mendelssohn. Ein jüdischer Denker in der Aufklärung, Göttingen 2009 und zur jüdischen Aufklärung Christoph Schulte, Die jüdische Aufklärung, München 2002.

ger der Philosophie Spinozas und damit wohl Atheist zu sein – eine zur damaligen Zeit immer noch beziehungsweise nach dem Wöllnerschen Religionsedikt 1788 dann wieder gefährliche Position. Die Auseinandersetzung zwischen Jacobi und Mendelssohn spitzte sich in den 1780er Jahren zum großen Spinoza- bzw. Pantheismusstreit zu, an dem zahlreiche Intellektuelle der damaligen deutschen Öffentlichkeit teilnahmen und der zu einer Spinoza-Renaissance führte, was nicht zuletzt auch in Goethes Naturanschauung dann seinen Niederschlag finden sollte.[6] In dieser Auseinandersetzung – wie auch in der nicht minder die damalige deutsche Öffentlichkeit erregenden, die Lessing noch selbst in den 1770er Jahren mit dem Hamburger Pastor Goeze über die von ihm publizierten Reimarus-Fragmente führte – kommt seine aufgeklärte, kritische Haltung gegenüber der Religion zum Ausdruck.[7] Lessing plädierte Zeit seines Lebens für ein »Christenthum der Vernunft«, wenn er nicht insgeheim sogar Atheist war, wie Jacobi vermutete.

Lessings weiterer Lebensweg nach der Berliner Zeit zeigt ihn zunächst viel auf Reisen und bei Ortswechseln. Er geht wieder nach Leipzig, von dort nach Breslau und dann nach Hamburg, bis er schließlich seine letzte dauerhafte Anstellung als Bibliothekar und Nachfolger Leibniz' in Wolfenbüttel findet.

Das bürgerliche Trauerspiel

Während dieser bewegten Zeiten der Reisen und Ortswechsel steigt Lessing zum gefeierten Bühnenautor und Literaten auf. Mit Stücken wie »Miss Sara Sampson«, »Minna von Barnhelm« und »Emilia Galotti« hat er sich in der Theatergeschichte verewigt. Er hat damit zugleich das »bürgerliche Trauerspiel« für ein deutsches Publikum überhaupt erst geschaffen, das von politischen Intentionen getragen ist und die Emanzipation des Bürgertums zu befördern sucht.[8] »Die Namen von Fürsten und Helden können einem Stück Pomp und Majestät geben; aber zur Rührung tragen sie nichts bei. Das Unglück derjenigen, deren Umstände

---

[6] Vgl. Friedrich Heinrich Jacobi (1785), Über die Lehre des Spinoza in Briefen an den Herrn Moses Mendelssohn, Hamburg 2000 und Eckhart Förster, Die 25 Jahre der Philosophie, Eine systematische Rekonstruktion, Frankfurt/M., S. 87-111, sowie Heinrich Scholz, Die Hauptschriften zum Pantheismusstreit zwischen Jacobi und Mendelssohn, Berlin 1916.

[7] Vgl. Peter Michelsen, Der Streit um die religiöse Wahrheit. Lessing, mit den Augen Goezes gesehen, in: Lessing Yearbook 24 (1992), S. 1-24.

[8] Vgl. Hinrich C. Seeba, Die Liebe zur Sache. Öffentliches und privates Interesse in Lessings Dramen, Tübingen 1973.

den unsrigen am nächsten kommen, muß natürlicherweise am tiefsten in unsere
Seele dringen«, so Lessing im Hinblick auf seine dramaturgischen Prämissen und
sein bürgerliches Zielpublikum (Werke 6, S. 251).[9]

Die politische Intention des bürgerlichen Trauerspiels wird insbesondere in
seinem reifen Werk »Emilia Galotti« deutlich.[10] Es ist 1772 in Braunschweig
uraufgeführt worden und war ein großer Erfolg. Lessing greift für sein Stück auf
die alte römische Virginia-Legende zurück, wie sie durch Livius überliefert wurde. In der frühen römischen Republik verliebt sich der Diktator Claudius in das
plebejische Mädchen Virginia und versucht, sie mit Gewalt an sich zu binden.
Ihr Vater, der Offizier Lucius Virginius, eilt herbei und ersticht die Tochter, um
ihre Freiheit und Ehre zu retten. Der ganze Vorgang führt zu großem Aufruhr in
der Stadt und auf dem Forum und schließlich zum Rücktritt des Diktators sowie
zur Wiederherstellung der Republik. Es ist wichtig, diesen Hintergrund der
»Emilia Galotti« im Blick zu haben, da durch die Anknüpfung an diese Legende
das Stück eine kaum versteckte politische Pointe, die Wiederherstellung der
Republik, bekommt, auch wenn Lessing selbst diese Konsequenz nicht explizit
zieht. Aber es ist eben eine mögliche gedankliche Konsequenz, die Lessings Publikum ziehen konnte: Der Sturz des Despoten Hettore Gonzaga und seines
Handlangers Marinelli, die versuchen, das bürgerliche Mädchen Emilia in ihre
Gewalt zu bringen, um sie zu verführen, und ihren Verlobten ermorden lassen.
Auch bei Lessing sieht Emilias Vater nur den Ausweg, sein Tochter zu ermorden,
um ihre Ehre zu retten.

Bezeichnend ist die Szene, mit der Lessing den Herzog in seinem ganzen
selbstsüchtigen, gedankenlosen und grausamen Despotismus bloßstellt. In dieser
legt der Minister Camillo Rota dem allein an seinen erotischen Gelüsten interes-
sierten Prinzen ein Todesurteil zur Entscheidung vor: »*Camillo Rota*: Ein Todesurteil wäre zu unterschreiben./ *Der Prinz*: Recht gerne. – Nur her! Ge-
schwind./ *Camillo Rota stutzig und den Prinzen starr ansehend*: Ein Todesurteil
sagt'ich./ *Prinz*: Ich hör ja wohl. – Es könnte schon geschehen sein. Ich bin eilig«
(Werke 7, S. 307). Der Despotismus des absoluten Herrschers wird hier gnaden-
los entlarvt. Und an anderer Stelle wird eindeutig eine alternative, auf Wahl ba-
sierende Regierungsform ins Spiel gebracht, die an die republikanische Konsequenz des römischen Urstoffs anknüpft, wenn Appiani erklärt: »Der Befehl des

---

[9] Vgl. Christian Rochow, Das bürgerliche Trauerspiel, Stuttgart 1999.
[10] Vgl. zu den diversen Interpretationsansätzen Monika Fick, Lessing-Handbuch. Leben–Werk–
Wirkung, Stuttgart 2004, S. 317.

Herrn? – des Herrn? Ein Herr, den man sich selber wählt, ist unser Herr so eigentlich nicht« (Werke 7, S. 323 f.). Damit ist in den 1770er Jahren von Lessing eine politische Thematik wieder aufgenommen und in literarische Form gegossen, der wir schon bei seiner Kritik an Friedrichs II. aufgeklärtem Absolutismus begegnet sind. Als ideengeschichtlichen Hintergrund kann man auch Montesquieus Unterscheidung zwischen Republik, Monarchie und Despotismus vermuten, die, wie erwähnt, enorm wirkmächtig in der deutschen Aufklärung war.

Mit seinem bürgerlichen Trauerspiel hatte also bereits Lessing mit künstlerischen Mitteln zum Angriff auf die feudale Ordnung angesetzt. Der Sturm und Drang und dann das politische Denken nach 1789 konnten hier fortsetzen, was durch Lessing schon vorbereitet wurde.

Bürgerliche Gesellschaft und Fortschritt

Diese politische Thematik findet sich ebenfalls in den ab 1778 erscheinenden Dialogen »Ernst und Falk«, in denen zwei Intellektuelle über die Rolle des auch für die deutsche Aufklärungsbewegung wichtigen Geheimbunds der Freimaurer diskutieren und dabei immer wieder auf prinzipielle staatstheoretische Fragen zu sprechen kommen. Dort lässt Lessing sogar seine beiden Protagonisten darüber sinnieren, ob es nicht auch eine Ordnung oder Regierung geben könne, »wenn jedes einzelne sich selbst zu regieren weiß« (Werke 10, S. 23). Ganz offen ausgesprochen läuft die hier durch den Freimaurer Falk präsentierte Staatstheorie auf eine »bürgerliche Gesellschaft« hinaus. Der Staat wird dabei im Sinne der aufgeklärten Naturrechtslehre in der Nachfolge von Thomasius und Wolff als Mittel zur Beförderung der Glückseligkeit der Untertanen aufgefasst. »Die Staaten vereinigen die Menschen, damit durch diese und in dieser Vereinigung jeder einzelne Mensch seinen Teil von Glückseligkeit desto besser und sichrer genießen kann. – Das Totale der einzeln Glückseligkeiten aller Glieder, ist die Glückseligkeit des Staats. Außer dieser giebt es gar keine. Jede andere Glückseligkeit des Staats, bei welcher auch noch so wenig einzelne Glieder leiden, und leiden *müssen*, ist Bemäntelung der Tyrannei« (Werke 10, S. 24). Bei diesen Zeilen mag man im Hintergrund auch die Vertragstheorien der englischen Aufklärung am Werk sehen, die den Staat als ein von Menschen geschaffenes Mittel betrachten, um ihren individuellen Zwecken, dem Überleben, der Freiheit und dem Streben nach Glück, zu dienen. Jedenfalls zeigt sich Lessing hier nun eher als bürgerlicher frühliberaler Denker und weniger als Republikaner in einem römischen Sinne, wie zunächst die Aufnahme des Virginia-Stoffes vermuten ließ. Denn er lässt in den Dialogen Falk eine generelle Skepsis gegenüber dem Staat äußern, welche Verfassung er auch immer habe. Niemals wird er vollkommen seinem Zweck, der Beförderung der Glückseligkeit von jedem einzelnen Teil, gerecht. Immer wird es Elemente von Tyrannei und sozialer Ungleichheit geben. Hierin zeigt sich eine gewisse frühliberale Staatsskepsis, die Zurückhaltung bei der staatlichen Planung und Regulierung des gesamten Lebens anmahnt, wie wir sie dann etwas später bei Wilhelm von Humboldt wieder antreffen.

Ein weiteres Thema, das wir bei Lessing in »Ernst und Falk« anklingen sehen, ist der Kosmopolitismus, der dann in den politischen Diskursen nach 1789, insbesondere bei Kant und Schlegel, eine wichtige Rolle spielen wird. Lessing hält dort einerseits einen Weltstaat für unmöglich: »Ein solcher Staat würde keiner Verwaltung fähig sein. Er müßte sich also in mehrere kleine Staaten verteilen« (Werke 10, S. 28). Aus dieser Ablehnung des Weltstaats folgt aber, wie Lessing klar sieht, die Akzeptanz des Naturzustands zwischen den Staaten, in dem alle ihren jeweils eigenen Interessen nachgehen, notfalls mit Waffengewalt wie das Preußen Friedrichs II. Zugleich entsteht dadurch eine Trennung unter den Menschen und eine Feindschaft unter den Völkern. »Wenn itzt ein Deutscher einem Franzosen, ein Franzose einem Engländer, oder umgekehrt, begegnet, so begegnet nicht mehr ein bloßer Mensch einem bloßen Menschen, die vermöge ihrer gleichen Natur gegen einander angezogen werden, sondern ein solcher Mensch begegnet einem solchen Menschen, die ihrer verschiednen Tendenz sich bewußt sind, welches sie gegen einander kalt, zurückhaltend, mißtrauisch macht, noch ehe sie für ihre einzelne Person das geringste miteinander zu schaffen und zu teilen haben« (ebd.). Einen Ausweg aus dieser Problematik deutet Lessing an dieser Stelle über die Freimaurer an, die eine international vernetzte kosmopolitische Avantgarde seien und den Naturzustand und die Feindseligkeit überwinden helfen. »Recht sehr zu wünschen, daß es in jedem Staate Männer geben möchte, die über die Vorurteile der Völkerschaften hinweg wären, und genau wüßten, wo Patriotismus Tugend zu sein aufhöret« (Werke 10, S. 33).

Hier deutet sich eine aufklärerische Fortschrittserzählung an, die Lessing dann in »Die Erziehung des Menschengeschlechts« ausbreiten wird, indem er die Menschheit in drei Zeitaltern von der jüdischen Offenbarung über das christliche Zeitalter bis zu ihrer moralischen Vervollkommnung im Zeitalter eines »neuen Evangeliums«, in dem Vernunft und Religion eins werden, fortschreiten lässt.

»Sie wird kommen, sie wird gewiß kommen, die Zeit der Vollendung, da der Mensch, je überzeugter sein Verstand einer immer besseren Zukunft sich fühlet, von dieser Zukunft gleichwohl Bewegungsgründe zu seinen Handlungen zu erborgen, nicht nötig haben wird; da er das Gute tun wird, weil es das Gute ist, nicht weil willkürliche Belohnungen darauf gesetzt sind, die seinen flatterhaften Blick ehedem bloß heften und stärken sollten, die inneren bessern Belohnungen desselben zu erkennen« (Werke 10, S. 96). Nicht zuletzt mit dieser geschichtsphilosophischen Herleitung eines Zeitalters der Vernunftreligion, in dem die Menschen durch aufgeklärte Einsicht den moralischen Gesetzen folgen werden und nicht mehr aus Furcht vor einer Autorität oder Strafe, hat Lessing tief auf die intellektuellen und politischen Diskurse der Spätaufklärung in Deutschland eingewirkt, bis hin zur Geschichtsphilosophie der Romantik und des deutschen Idealismus.[11]

Lessings Diskurs

Das sind die Themen, die Lessing an die ihm nachfolgende Generation von Intellektuellen in Deutschland weitergibt: eine Kritik der religiösen Orthodoxie, der Feudalordnung und des letztlich despotischen aufgeklärten Absolutismus; dagegen wird die geschichtsphilosophische Perspektive einer Aufklärung und moralischen Veredelung des Menschen, einer bürgerlich-liberalen, ja zuweilen römisch-republikanischen – wie in der »Emilia Galotti« angedeutet – Gesellschaftsordnung und einer kosmopolitischen Völkerfreundschaft gesetzt; auf diese laufe die Geschichte zu und an deren Herstellung sei eine Avantgarde von Aufklärern, international vernetzt in Geheimbünden wie den Freimaurern, beteiligt. Wir werden sehen, wie hier bereits in eigentümlicher Mischung Themen und Motive versammelt sind, aus denen dann insbesondere die liberalen und republikanischen Strömungen in der politischen Debatte der 1790er Jahre schöpfen werden. Mit Lessing zeichnet sich exemplarisch ein literarischer, philosophischer und politischer Diskurs in Deutschland ab, der das dem aufgeklärten Abso-

---

[11] Vgl. Willi Oelmüller, Die unbefriedigte Aufklärung. Beiträge zur Theorie der Moderne von Lessing, Kant und Hegel, Frankfurt/M. 1969, S. 68ff. sowie Martin Bollacher, Lessing: Vernunft und Geschichte. Untersuchungen zum Problem religiöser Aufklärung in den Spätschriften, Tübingen 1973 und ders., Geschichte und Aufklärung. Über den Begriff der Vernunft in Lessings Spätwerk, in: Tijdschrift voor de Studie van de Verlichting en van het Vrije Denken 10 (1982), S. 127 – 140.

lutismus verbundene Denken der deutschen Schulphilosophie zu überschreiten beginnt.[12]

---

[12] Vgl. zur unmittelbaren Wirkungsgeschichte in den 1780er Jahren Wolfgang Albrecht, Den einen Wahrheitssucher, den anderen Irreführer. Zeitschriftenmaterialien zur Wirkung Lessings im Jahrzehnt seines Todes, in: Lessing Yearbook 23 (1991), S. 1-67.

5. Kant

Immanuel Kant ist das Zentralgestirn am geistigen Firmament des Deutschen Reichs in den Jahren nach 1789. Diese herausgehobene Stellung zeigt sich – um nur ein repräsentatives Beispiel zu nennen – etwa in der Äußerung Friedrich Hölderlins, der Kant den »Moses unserer Nation« nennt.[1] Mit seiner kritischen Philosophie wirkt er auf alle Intellektuellen der damaligen Zeit ein, seien sie liberal, republikanisch oder konservativ gesinnt. Ein jeder von ihnen hat sich mit Kants Philosophie auseinandergesetzt. Zudem beginnt Kant ab Mitte der 1780er Jahre auf Basis seiner kritischen Philosophie eine Geschichtsphilosophie und politische Philosophie in weltbürgerlicher Absicht zu entwickeln, die dann nach der Französischen Revolution zahlreiche Anhänger und Gegner finden wird.

Kant selbst hat die Französische Revolution begeistert begrüßt als ein »Geschichtszeichen«, das das »beständige Fortschreiten des menschlichen Geschlechts zum Besseren« bezeuge und nicht mehr in Vergessenheit geraten könne, und er ist auch nach der Eskalation des Terrors nicht von dieser positiven Einschätzung abgewichen.[2] Er spricht sogar von einer »Teilnehmung dem Wunsche nach«, die die »Revolution eines geistreichen Volkes« bei Unbeteiligten ausgelöst habe; und einige deutsche Intellektuelle, wie Campe und der junge Humboldt oder Georg Forster, waren, wie wir noch sehen werden, sogar nach Paris gereist, um Augenzeugen der revolutionären Ereignisse zu werden. In welchem weiteren geschichtsphilosophischen Zusammenhang diese Einschätzung der Revolution bei Kant steht und wie sie mit seinen politischen Anschauungen zusammenhängt, wird sich im Folgenden noch zeigen.[3]

Kant hat nach dem Bericht Jachmanns darüber hinaus nicht nur seine Begeisterung für die Französische Revolution geäußert, sondern auch mit der amerikanischen Revolution einige Jahre zuvor sympathisiert, die eine erste Welle der

---

[1] Brief an den Bruder Karl, 1. 1. 1799, in: ders. Sämtliche Werke und Briefe, Bd. 2, hg. v. Michael Knaupp, München 1992, S. 726.

[2] Immanuel Kant (1798), Der Streit der Fakultäten, in: ders., Werke, Bd. XI, Frankfurt/M. 1977, S. 265-398, S. 357 ff.

[3] Vgl. zu Kants Einschätzung der Revolution Peter Burg, Kant und die Französische Revolution, Berlin 1974.

Politisierung im Deutschen Reich einleitete, wie wir oben gesehen haben. Gegenüber seinem späteren englischen Freund Green hat Kant vehement die amerikanische Revolution verteidigt. Wie Jachmann berichtet, nahm sich Kant zur damaligen Zeit in einer geselligen Runde »der Amerikaner an, verfocht mit Wärme ihre gerechte Sache und ließ sich mit einiger Bitterkeit über das Benehmen der Engländer aus. Auf einmal springt ganz voll Wut ein Mann aus der Gesellschaft auf, tritt vor Kant hin, sagt, daß er Engländer sei, erklärt seine ganze Nation für beleidigt und verlangt in der größten Hitze eine Genugtuung durch einen blutigen Zweikampf. Kant ließ sich durch den Zorn des Mannes nicht im mindesten aus seiner Fassung bringen, sondern setzte sein Gespräch fort und fing an, seine politischen Grundsätze und Meinungen und den Gesichtspunkt darzulegen, aus welchem jeder Mensch als Weltbürger, seinem Patriotismus unbeschadet, dergleichen Weltbegebenheiten beurteilen müsse«.[4] In dieser Anekdote kommt neben der Verteidigung der amerikanischen Revolution der weltbürgerliche, kosmopolitische Zug in Kants politischem Denken zur Sprache. Im Zusammenhang mit seiner Idee einer Weltrepublik wird er in seinen politischen Schriften dann auch auf die amerikanische Revolution und die kontinentale amerikanische Republik eingehen und diese als Modell diskutieren.[5]

Neben diesem Einfluss der beiden großen Revolutionen in Frankreich und Amerika und dem der französischen und angelsächsischen Aufklärung wirkt bei Kant aber auch die deutsche Schulphilosophie eines Leibniz, Thomasius und Wolff fort, selbst wenn ihn Hume nach eigenem Zeugnis aus dem »dogmatischen Schlummer« gerissen hatte. Kant transformiert jedoch den noch politisch-theologisch imprägnierten Rationalismus des Naturrechts der deutschen Schulphilosophie in einen säkularisierten, kritischen politischen Rationalismus. Francis Cheneval hat daneben auf den Einfluss von Leibniz und Wolff auf Kants Kosmopolitismus hingewiesen.[6] Cheneval sieht in Christian Wolff den entscheidenden Transformator der leibnizschen universalen Gottesstaatslehre. Die leibnizsche »Res Publica Universalis« werde bei Wolff zur vernunftrechtlich begrün-

---

[4] L.E. Borowski, R.B. Jachmann und A. Ch. Wasianski, Immanuel Kant. Sein Leben in Darstellungen von Zeitgenossen, Darmstadt 1974, S. 153.

[5] Vgl. etwa Immanuel Kant (1797), Metaphysik der Sitten, in: ders., Werke, Bd. VIII, Frankfurt/M. 1974, im Folgenden abgekürzt MS, S. 475.

[6] Vgl. Francis Cheneval, Philosophie in weltbürgerlicher Bedeutung. Über die Entstehung und die philosophischen Grundlagen des supranationalen und kosmopolitischen Denkens der Moderne, Basel 2002.

deten »Civitas Maxima«. Diese Transformation fände dann in Kants Kosmopolitismus ihre »Vollendung«.[7]

Seine Begeisterung für die beiden Revolutionen und seine Transformation der
deutschen Schulphilosophie haben Kant allerdings nicht zu einem eindeutigen
Befürworter einer Revolution im Deutschen Reich werden lassen. Vielmehr hat
er Reformen vorgezogen, um zu einer Verbesserung der politisch-sozialen Verhältnisse zu gelangen. An dieser Zurückhaltung Kants werden sich dann auch die
liberale und die republikanische Rezeption seines Werkes scheiden. Während für
Liberale wie Humboldt, aber auch für Konservative wie Stein, Reformen hin zum
Rechtsstaat ausreichend waren, streben Republikaner wie Forster, Fichte oder
der junge Schlegel eine radikalere, demokratische Veränderung an. Wie ich zeigen möchte, sind diese beiden Anknüpfungsmöglichkeiten bereits in Kants politischen Schriften selbst angelegt, die liberale und republikanische Motive auf eine
eigentümliche Art und Weise miteinander verknüpfen.

Liberalismus und Republikanismus

Immanuel Kant wird am 22. April 1724 als viertes Kind des Sattlermeisters Johann Georg Kant in Königsberg geboren. Er ist damit der älteste der hier behandelten Autoren, den die Französische Revolution bereits in hohem Alter und auf
dem Höhepunkt seines Ruhms erreicht.

Rein äußerlich ist Kants Leben relativ ereignislos. Er ist aus Königsberg so gut
wie nie herausgekommen. Als junger Mann war Kant jedoch zeitweise als »ele-
ganter Magister« in der Königsberger Gesellschaft bekannt und eine gewisse
Geselligkeit hat er sein ganzes Leben beibehalten. Darüber hinaus war er sein
Leben lang überaus interessiert an den zeitgeschichtlichen Vorgängen und außerordentlich gut informiert über das öffentliche politische und gesellschaftliche
Geschehen seiner Zeit, an dem er über seine Veröffentlichungen auch selbst
engagiert teilnahm; und durch seine Lehrtätigkeit kam er in Kontakt mit einigen
der vielversprechendsten jungen Leute im Deutschen Reich, etwa mit Herder
und Fichte oder mit den späteren preußischen Reformern Schröter und Schön,
die er selbst ausbildete.[8] Philosophisch hat Kant allerdings lange gebraucht, bis er
sich aus der bereits angesprochenen deutschen Schulphilosophie eines Leibniz,
Thomasius und Wolff befreien konnte, die auch in Königsberg gelehrt wurde. Er

---

[7] Ebd. S. 196.
[8] Vgl. zur Biographie Manfred Kühn, Immanuel Kant. Eine Biografie, München 2004.

hat selbst für diese Befreiung vor allem auf Hume und Rousseau als Anreger verwiesen. Sie mündete 1781 in der Veröffentlichung der »Kritik der reinen Vernunft«, einem der bedeutendsten Werke der gesamten Philosophiegeschichte, das die damalige Philosophie auf eine neue Grundlage stellte. Mit ihm wurde Kant weltberühmt und zum Fixpunkt aller philosophischen und politischen Diskussionen im Deutschland der damaligen Zeit.

Kant will dort die »Bedingungen der Möglichkeit von Erkenntnis« klären und entwickelt eine systematische Philosophie des menschlichen »Denkapparats«. Er bezeichnet die dadurch vorgenommene Wende von den Dingen der Erfahrung zu den subjektiven Bedingungen der Möglichkeit von Erfahrung als »kopernikanische Revolution« im Denken. Dabei verbindet er auf originelle Weise Elemente des Empirismus und Rationalismus, die die beiden dominierenden philosophischen Theorieströmungen der europäischen Aufklärung darstellen. Alle Erkenntnis beruht auf sinnlicher Anschauung, so Kant im Anschluss an die Lehre des britischen Empirismus. Anschauungen ohne Begriffe seien aber »blind«, wie er nun umgekehrt in Anknüpfung an den Rationalismus erklärt. Der Verstand müsse daher der Anschauung die nötigen Begriffe liefern sowie die Vernunft wiederum die Verstandeserkenntnis anleite. Zusammengefasst wird diese zentrale Überlegung in der berühmten Formulierung: »Gedanken ohne Inhalt sind leer, Anschauungen ohne Begriffe sind blind.«[9] Mit dieser kritischen Philosophie der Erkenntnis schafft Kant eine ganz neue Grundlegung des modernen Denkens, und zwar nicht nur für die theoretische Philosophie, sondern auch für die praktische beziehungsweise politische Philosophie. Indem er nämlich die Bedingungen der Möglichkeit und zugleich damit die Grenzen der menschlichen Erkenntnis in der »Kritik der reinen Vernunft« herausarbeitet, macht er seines Erachtens Platz für den Glauben und für die Idee der Freiheit als Grundbedingung der praktischen Vernunft. Die »Gesetze der Freiheit«, die freie Selbstbindung des Menschen an Vernunftgesetze im Handeln, werden von ihm vom deterministischen Mechanismus der Natur, die er in der Nachfolge Newtons begreift, geschieden und als Grundlage der Moral und der gesamten praktischen Philosophie eingesetzt. »So aber, da ich zur Moral nichts weiter brauche, als dass Freiheit sich nur nicht selbst widerspreche, und sich also doch wenigstens denken lasse, ohne nötig zu haben, sie weiter einzusehen, dass sie also dem Naturmechanism eben derselben Handlung (in anderer Beziehung genommen) gar kein Hindernis in

[9] Immanuel Kant (1781 / 1787), Kritik der reinen Vernunft, in: ders., Werke, Bd. III, Frankfurt/M. 1974, B 76, S. 98.

den Weg lege: so behauptet die Lehre der Sittlichkeit ihren Platz, und die Natur-
lehre auch den ihrigen, welches aber nicht Statt gefunden hätte, wenn nicht Kritik uns zuvor von unserer unvermeidlichen Unwissenheit in Ansehung der Dinge an sich selbst belehrt, und alles, was wir theoretisch erkennen können, auf
bloße Erscheinungen eingeschränkt hätte.«[10]

Will man Kants politische Anschauungen im Anschluss an diese kopernikanische Revolution nun etwas genauer fassen, so ist es zunächst hilfreich, sich den
Ort der politischen Philosophie in Kants System zu vergegenwärtigen, denn seine
Philosophie zielt auf eine systematische Verortung von theoretischer und praktischer Vernunft sowie Urteilskraft. Er definiert Politik als »ausübende Rechtslehre«.[11] Sie ist somit seiner Rechtslehre systematisch nachgeordnet. Die Rechtslehre
selbst gehört wiederum zur in den 1790er Jahren entworfenen »Metaphysik der
Sitten«, die als kritische, nichtdogmatische Metaphysik auf die 1788 veröffentlichte »Kritik der praktischen Vernunft« folgt. Dadurch erhellt sich als allgemeine Bestimmung, dass Recht und Politik Prinzipien der praktischen Vernunft
folgen sollen. Das ist der rationalistische Zug in Kants politischer Philosophie.[12]

Als Prinzip der praktischen Vernunft hatte Kant in der »Grundlegung zur Metaphysik der Sitten« bereits 1785 den berühmten kategorischen Imperativ eingeführt.[13] Er versteht nun das Prinzip des Rechts, das die politische Philosophie
begründet, als die Anwendung des kategorischen Imperativs auf das äußere Verhältnis der Menschen zueinander, während seine Tugendlehre den Bereich der
rechtlich nicht erzwingbaren, moralischen Motivation umfasst, womit er
Thomasius' Unterscheidung von Recht und Moral aufgreift. Diese Trennung von
Recht und Moral innerhalb der »Metaphysik der Sitten« darf aber nicht darüber
hinwegtäuschen, dass beide Teil derselben sind. Insofern wir uns als freie und
gleiche Menschen nach dem kategorischen Imperativ wechselseitig immer als
Zweck und nicht als Mittel betrachten sollen, so Kants Ableitung des Rechtsprin-

---

[10] Ebd., B XXXIX, S. 32.

[11] Vgl. Volker Gerhardt, Ausübende Rechtslehre. Kants Begriff der Politik, in: Gerhard Schönrich,
Yasushi Kato (Hg.): Kant in der Diskussion der Moderne, Frankfurt/M. 2002, S. 464-488.

[12] Die folgenden Ausführungen basieren auf meinen früheren Arbeiten zu Kant, setzen aber nun den
Akzent stärker auf die Ambivalenz Kants zwischen Liberalismus und Republikanismus. Vgl. Philipp
Hölzing, Kants Theorie des republikanischen Friedens und die republikanische Tradition, in: Philosophisches Jahrbuch 1 (2009), S. 4-21 und ders., Republikanismus und Kosmopolitismus. Eine ideengeschichtliche Studie, Frankfurt/M. 2011.

[13] Vgl. Immanuel Kant (1785), Grundlegung zur Metaphysik der Sitten, in: ders., Werke Bd. VII,
Frankfurt/M. 1974.

zips, ergibt sich für unser äußeres Verhältnis »das strikte Recht [...] als die Möglichkeit eines mit Jedermanns Freiheit nach allgemeinen Gesetzen zusammenstimmenden durchgängigen Zwanges«.[14] Der Zwang ist nach Kant als »Verhinderung eines Hindernisses der Freiheit« mit dem Begriff des Rechts durch den »Satz des Widerspruchs verknüpft«.[15] Die Zwangsbefugnis garantiert, dass »die Willkür des einen mit der Willkür des anderen nach einem allgemeinen Gesetze der Freiheit zusammen vereinigt werden kann«.[16] Er betont, dass dieses Prinzip des Rechts der Vernunft und nicht der Empirie entstammt, denn dort lasse sich angesichts der Vielfalt der Gesetze allein durch Anschauung gar kein allgemeines Kriterium finden, welches angebe, was Recht und Unrecht ist. »Eine bloß empirische Rechtslehre ist (wie der hölzerne Kopf in Phädrus' Fabel) ein Kopf, der schön sein mag, nur schade! daß er kein Gehirn hat.«[17] Mit dieser Ableitung des Rechtsprinzips aus der in der ersten Kritik entwickelten Idee der Freiheit, dem kategorischen Imperativ und dem in der »Kritik der praktischen Vernunft« postulierten Faktum der Vernunft[18] haben wir den Einstieg in Kants Rechts- und Staatsphilosophie gefunden, die auf diesem Weg mit einer apriorischen, rationalistischen Begründung einer freiheitlichen Rechtsstaatlichkeit eröffnet wird. Hierin kann man einen ersten Anknüpfungspunkt für die liberale Kant-Rezeption erblicken.

Den Staat begründet Kant nun in einem nächsten Schritt im Anschluss an die Vertragstheorie und das Naturrecht der Aufklärung als einen Vertrag zwischen mit natürlichen Rechten ausgestatteten, freien und gleichen Menschen, die dadurch aus einem vorstaatlichen Zustand in einen bürgerlichen Zustand übergehen. Die Begründung erfolgt über den Dreischritt Freiheit, Eigentum, Staat und entwickelt zunächst das Privatrecht, zu dessen zwangsbefugter Garantie es dann des öffentlichen Rechts bedürfe. Für Kant gehört das für das Privatrecht zentrale Eigentum zur äußeren Freiheit, da Willkürfreiheit beinhalte, auf Sachen, Leistungen und Zustände in der Welt einzuwirken, sonst wäre Freiheit gegenstandslos. Eigentum werde aber etwas nicht dadurch, dass jemand es gerade

---

[14] MS, S. 339.
[15] MS, S. 338-339.
[16] MS, S. 337.
[17] MS, S. 336.
[18] Vgl. Immanuel Kant (1788), Kritik der praktischen Vernunft, in: ders., Werke, Bd. VII, Frankfurt/M. 1974.

tatsächlich physisch in Besitz nimmt oder hat. Eigentum ist vielmehr für ihn ein Rechtsanspruch, ein »intelligibler Besitz«.

Der vorstaatliche Naturzustand ist für Kant allerdings ein Zustand, in welchem die Erde und alle Dinge auf ihr zunächst allen gemeinsam gehören. Die ursprüngliche Akkumulation von Eigentum verläuft dann zunächst unter dem Motto »Wer zu spät kommt, den bestraft das Leben!« Für Kant kann es hier daher zu Ungleichverteilungen kommen, die als solche aber vollkommen gerecht sind. Der Naturzustand ist für ihn kein Zustand der Ungerechtigkeit, sondern nur der Rechtlosigkeit, da die Freiheits- und Eigentumsrechte noch nicht garantiert sind, an sich aber bereits bestehen. Aufgrund dieser Rechtslosigkeit beziehungsweise der noch nicht bestehenden Garantie der freiheitsnotwendigen Eigentumsrechte besteht laut Kant die vernünftige Pflicht aller Individuen, durch Vereinigung ihres Willens diesen Naturzustand zu verlassen und eine öffentliche Rechtsordnung zu schaffen, die diese Freiheits- und Eigentumsrechte mit Zwang garantiert. Diese durchaus nachvollziehbare Bindung der Freiheit an das Eigentum einerseits und die vernunftnotwendige Transformation der unvernünftigen, naturwüchsigen Ungleichverteilung von Freiheitsmöglichkeiten in eine zwangsbefugte Rechtmäßigkeit andererseits, hat viele Interpreten vor Schwierigkeiten gestellt. Sie scheint entweder widersprüchlich zu sein, da, wenn Freiheit auf Eigentum angewiesen ist, eine extreme Ungleichverteilung sehr verschiedene Grade der Freiheit bis zur vollkommenen Unfreiheit entstehen lässt, an denen dann auch die Verrechtlichung nichts ändert. Oder Kant zielt mit seinem Rechtsprinzip gar nicht darauf ab, dass hier gleiche Freiheit zusammenstimmen können muss. Kant wurde daher als Apologet des Besitzbürgertums charakterisiert. Diese Deutung ist nicht ganz von der Hand zu weisen, wenn man etwa daran denkt, dass er nur Selbständigen den vollen, aktiven Bürgerstatus zugesteht, was ja wiederum dadurch bedingt ist, dass für ihn nur der frei ist, der über Eigentum verfügt.[19] Darüber hinaus unterliegt er in der Frage des Bürgerstatus den Vorurteilen und Wertvorstellungen seiner Zeit, wie die Exklusion der Frauen zeigt; und wir werden sehen, wie in dieser Frage etwa die frühen republikanischen Romantiker explizit über Kant hinausgehen.

Diese bis hier entwickelte Interpretation seiner politischen Anschauungen spricht also für einen liberalen Kant, einen Apologeten des »höhern« Bildungs- und Besitzbürgertums, der insbesondere ein Prinzip der Rechtsstaatlichkeit zu

---

[19] Vgl. Richard Saage, Eigentum, Staat und Gesellschaft bei Kant, Stuttgart 1985.

begründen sucht und an der vertraglichen Sicherung des Eigentums dieses Bürgertums interessiert ist. Dies ist eine Position, die parallel zu Kants politischen Schriften und im Anschluss an Kants kritische Philosophie auch Wilhelm von Humboldt entwickeln wird.

Es lässt sich jedoch noch eine andere, eine republikanische Deutung Kants entwickeln, die an dem bereits erwähnten Übergang vom Naturzustand in den bürgerlichen Zustand ansetzt. Sie nimmt ihren Ausgang von dem, was Kant das »Erlaubnisgesetz« nennt und von seiner Unterscheidung eines provisorischen und eines peremtorischen Besitzes. Die Aneignung von Eigentum im Naturzustand und die damit allen anderen einseitig aufgezwungene Verbindlichkeit ist nämlich nach Kant nur provisorisch erlaubt und verlange zu ihrer peremtorischen Geltung der Anerkennung durch den vereinigten Willen aller. Damit steht aber für Kant »das provisorische Sacheigentum unter der Bedingung der näheren Bestimmung durch den allgemeinen Willen«, wie Reinhard Brandt festgestellt hat.[20] Diese republikanische Deutung verweist auf Kants innovative Leistung, was die Vertragstheorie angeht. Denn wie sich schon aus der Erörterung des Rechtsprinzips erahnen lässt, ist für Kant das Verlassen des Naturzustandes kein Kompromiss zwischen am eigenen Nutzen orientierten Individuen, wie etwa Hobbes das konzipiert hat. Die ganze Vertragskonstruktion ist ein Gedankenexperiment, das veranschaulicht, dass und wie die Herstellung einer Rechtsordnung eine Pflicht für vernunftbegabte Wesen ist. Die kantianische Vertragstheorie zeigt, dass eine zwangsbefugte, öffentliche Ordnung vernünftig ist, und das Rechtsprinzip gibt an, wie diese Ordnung gerecht zu gestalten ist, nämlich so, dass die Freiheit des einen mit der Freiheit jedes anderen unter einem allgemeinen Gesetz zusammenstimmen kann.

Dies sind die Grundvoraussetzungen für den in Kants politischem Denken wichtigen Republikbegriff, mit denen er zwei Vorstellungen der Tradition der politischen Philosophie aufgreift und auf eine höhere Abstraktionsstufe hebt. Zum einen ist es die Vorstellung, dass der Mensch ein *zoon politikon* ist und als solches in einem politischen Gemeinwesen leben soll,[21] das als seinen Zweck das Gemeinwohl und die Glückseligkeit der Bürger hat, wie das auch noch die deut-

---

[20] Reinhard Brandt, Das Erlaubnisgesetz, oder: Vernunft und Geschichte in Kants Rechtslehre, in: ders. (Hg.), Rechtsphilosophie der Aufklärung, Berlin 1982, 223-285, S. 261. Vgl. auch zur Diskussion dieser Problematik Robert B. Pippin, Mine and thine? The Kantian State, in: Paul Guyer (Hg.), The Cambridge Companion to Kant and Modern Philosophy, Cambridge 2006, S. 416-446.

[21] Vgl. Aristoteles, Politik, hg. v. Olof Gigon, München 1998, S. 49 (1253a).

sche Schulphilosophie vertrat und der in der transatlantischen republikanischen Tradition wirkmächtige Bürgerhumanismus. Aber die Begründung verläuft nun bei Kant nicht mehr über ein Wissen über die menschliche oder göttliche Natur, sondern wird aus Prinzipien der praktischen Vernunft heraus entwickelt. Zweitens greift er die naturrechtliche Idee der Herrschaft des Gesetzes auf, die die Freiheit der Bürger garantiert. Das Naturrecht wird aber nun zu einem Vernunftrecht transformiert, insofern es nicht mehr aus einer Erkenntnis der objektiven Natur deduziert, sondern von der Vernunft konstruiert wird. Damit wird der neuzeitlichen, unter anderem auf Locke und die amerikanische Revolution zurückgehenden liberalen Idee des natürlichen Freiheitsrechts eine neue, vernunftrechtliche Wendung gegeben.

Kants politische Philosophie erschöpft sich jedoch, wie bereits die nähere Bestimmung des provisorischen Sacheigentums durch den allgemeinen Willen angedeutet hat, nicht in einem liberalen, die negative Freiheit gewährenden Rechtsprinzip. In seiner 1793 entstandenen Abhandlung »Über den Gemeinspruch: Das mag in der Theorie richtig sein, taugt aber nicht für die Praxis«, auf die eine hitzige Debatte in der »Berlinischen Monatsschrift« über das Verhältnis von Theorie und Praxis folgte,[22] schreibt er: »Alles Recht hängt nämlich von Gesetzen ab. Ein öffentliches Gesetz aber, welches für alle das, was ihnen rechtlich erlaubt oder unerlaubt sein soll, bestimmt, ist der Aktus eines öffentlichen Willens, von dem alles Recht ausgeht, und der also selbst niemand muß unrecht tun können. Hierzu aber ist kein anderer Wille als der des gesamten Volkes (da alle über alle, mithin ein jeder über sich selbst beschließt) möglich; denn nur sich selbst kann niemand unrecht tun«.[23]

Rechtmäßig sind also für Kant nur solche Gesetze, denen die ihnen Unterworfenen auch selbst zugestimmt haben, denn nur sich selbst kann niemand Unrecht tun. Im Anschluss erklärt Kant kurz und bündig, »derjenige nun, welcher das Stimmrecht in einer solchen Gesetzgebung hat, heißt ein Bürger.«[24] Im Begriff des Bürgers – und, wie Kant betont, in dem des *citoyen*, nicht des *bourgeoise*[25] – vereinigen sich negative, liberale und positive, politisch-republikanische Frei-

---

[22] Vgl. Kant, Gentz, Rehberg. Über Theorie und Praxis. Einleitung von Dieter Henrich, Frankfurt/M. 1967.

[23] Immanuel Kant (1793), Über den Gemeinspruch: Das mag in der Theorie richtig sein, taugt aber nicht für die Praxis, in: ders., Werke, Bd. XI, Frankfurt/M. 1977, im Folgenden abgekürzt Gemeinspruch, S. 150.

[24] Gemeinspruch, S. 151.

[25] Ebd.

heitsrechte. Er ist Adressat und Autor der Gesetze. Im Gegensatz zum republikanischen Staatsbürger verfügt der liberale Wirtschaftsbürger nur über die halbierte, negative Freiheit, wenn er zum Beispiel das Glück hat, unter einem dem Rechtsprinzip folgenden Monarchen zu leben, und ist in diesem Sinne unfrei, nur Untertan. Die oben erwähnte Einschränkung auf das Besitzbürgertum scheint Kant hier unter dem Eindruck der Französischen Revolution und deren Begriff des *citoyen* nicht vorzunehmen. Und in seiner Friedensschrift stellt Kant zwei Jahre später fest: »Die erstlich nach Prinzipien der Freiheit der Glieder der Gesellschaft (als Menschen), zweitens nach Grundsätzen der Abhängigkeit aller von einer einzigen Gesetzgebung (als Untertanen), und drittens die nach dem Gesetz der Gleichheit derselben (als Staatsbürger) gestiftete Verfassung, – die einzige, welche aus der Idee des ursprünglichen Vertrages hervorgeht, auf der alle rechtliche Gesetzgebung eines Volkes gegründet sein muß, ist die republikanische.«[26]

Hier kommt nun ganz eindeutig ein demokratischer, republikanischer Zug in Kants politischer Philosophie zur Sprache und damit ein Moment der positiven Freiheit, der Selbstbestimmung. Rousseau und seine Lehre der Volkssouveränität[27] sowie Kants Begeisterung für die Französische Revolution sind hierfür die wichtigsten Impulsgeber gewesen. Auf der hier vertretenen Interpretationslinie zeigt sich der Republikanismus im Deutschen Reich in der Nachfolge Kants zunächst vor allem als ein durch Rousseau und die Französische Revolution beeinflusster Republikanismus.[28]

Wenn wir uns die konkrete institutionelle Ordnung noch etwas genauer verdeutlichen wollen, die Kant für seine Republik vorsieht, dann müssen wir uns seiner Unterscheidung zwischen Herrschaftsform und Regierungsart zuwenden. Herrschaftsformen unterscheidet er, Aristoteles folgend, nach der Zahl der an der Staatsgewalt Beteiligten, nennt aber nur noch drei Formen: Autokratie, Aristokratie und Demokratie. Regierungsarten nennt er zwei, eine republikanische und eine despotische, wobei es ihm hier um die »auf die Konstitution (den Akt des gemeinsamen Willens, wodurch die Menge ein Volk wird) gegründete Art,

---

[26] Immanuel Kant (1795 / 1796), Zum ewigen Frieden, in: ders., Werke, Bd. XI, Frankfurt/M. 1977, im Folgenden abgekürzt als ZeF, S. 204.
[27] Vgl. Jean-Jacques Rousseau, Gesellschaftsvertrag, hg. v. Hans Brockard, Stuttgart 1986.
[28] Vgl. zum Einfluss Rousseaus auf Kant klassisch Ernst Cassirer, Kant und Rousseau, in: ders., Über Rousseau, hg. v. Guido Kreis, Berlin 2012.

wie der Staat von seiner Machtvollkommenheit Gebrauch macht«[29] geht. Damit
führt Kant, wie schon Aristoteles, ein zweites, qualitatives Kriterium ein und
trennt dieses von seiner quantitativen Typologie. Die Unterscheidung der Regierungsarten zielt dabei auf das seit Montesquieu auch in Deutschland diskutierte
Konzept der Gewaltenteilung: republikanisch ist die Verfassung, in der Legislative und Exekutive getrennt sind, despotisch die, in der beide in derselben Hand
liegen. Dies wäre zunächst einfach ein weiteres rein deskriptives Kriterium, aber
Kant lädt die Gewaltenteilung normativ auf. Nur dort, wo Legislative und Exekutive getrennt sind, werde das Recht des Einzelnen gegenüber der Mehrheit geschützt. Kant scheint an dieser Stelle der Friedensschrift dafür allein die Exekutive und nicht auch die Judikative in Anspruch zu nehmen, die wir doch heute
über die Klageeinreichung dafür in Anspruch nehmen würden. In der Rechtslehre der »Metaphysik der Sitten« fügt er aber die Judikative den beiden anderen
Gewalten hinzu, wobei er sich hier ein Geschworenengericht vorstellt.

   Die Regierungsart der Republik besteht somit für Kant in einem gewaltenteiligen System, in dem der Wille des Volkes Quelle der Gesetze ist, in der aber die
Freiheitsrechte des einzelnen Bürgers vor der Tyrannei der Mehrheit durch Exekutive und Judikative geschützt werden. Als solche ist die Republik als Regierungsart für Kant nicht mit der Herrschaftsform Demokratie identisch. In Kombination beider Typologien kann es eine despotische und eine republikanische
Demokratie geben. Kants republikanische Demokratie entspräche vielleicht dem,
was wir heute einen demokratischen Rechtsstaat nennen würden, während der
despotischen Demokratie genau dieses rechtstaatliche Element fehlt, das erst
durch die in der Verfassung verankerten, unverletzbaren Rechte und die Gewaltenteilung garantiert wird, nicht allein durch die Selbstgesetzgebung der Bürger.
Mit dieser freiheitstheoretischen Aufnahme der Gewaltenteilung nimmt Kant
nun neben seinem Bezug auf Rousseau und die Volkssouveränität in seinem
Republikbegriff auch Elemente der über Montesquieu vermittelten angelsächsischen Verfassungstradition auf. Man stößt dadurch in Kants politischem Denken
auf eine Verknüpfung von liberalen und republikanischen Motiven, von Rechtsstaat und Demokratie, die im damaligen politischen Diskurs liberale und republikanische Anschlussmöglichkeiten eröffnet, aber auch Kritik an seiner politischen Philosophie auslöste.

---

[29] Ebd, S. 206.

Die Unterscheidung von Herrschaftsform und Regierungsart hat zudem noch eine zweite antirevolutionäre, reformistische Pointe, die ich abschließend kurz erwähnen will. Sie verweist auf Kants Geschichtsphilosophie und deren Zusammenhang mit seiner eingangs erwähnten Begeisterung für die transatlantischen Revolutionen. Auch wenn letztlich nur die Republik, im soeben explizierten Sinne eines demokratischen, gewaltenteiligen Rechtsstaats, für Kant die einzige vernunftrechtlich legitime Ordnung ist, so können doch auch andere Herrschaftsformen wie etwa Monarchien für ihn eine republikanische Regierungsart zumindest vorgreifend simulieren, indem sie zum Beispiel Presse- und Meinungsfreiheit gewähren und Reformen vorantreiben. Diesen Weg zieht er der revolutionären Umwälzung in Frankreich vor, und er hat damit, wie viele andere im politischen Diskurs nach 1789 in Deutschland, dem aufgeklärten Absolutismus eine gewisse Reformbereitschaft unterstellt, was sich als zweifelhaft erwiesen hat, wie etwa das Wöllnersche Religionsedikt, die Zensur in vielen Staaten gerade nach 1789 und die Verfolgung der Geheimbünde zeigt.

Laut Kants Geschichtsphilosophie[30] laufen allerdings die Natur, der »natürliche Antagonism« oder, wie Kant auch sagt, die »ungesellige Geselligkeit« der Menschen, gewissermaßen von selbst auf den republikanischen Zustand hinaus. Diese Teleologie ist jedoch nach Kants dritter Kritik[31] etwas, das der Mensch in die Geschichte hineinliest, in der vernunftreligiösen Hoffnung, dass es zutrifft.[32] Kant schreibt also seine Geschichtsphilosophie in praktischer, weltbürgerlicher Absicht. Alle existierenden politischen Ordnungen sind für ihn zunächst Resultat von Gewalt. All den gewaltsam entstandenen Herrschaftsformen, seien es Monarchien, Aristokratien oder Demokratien, ist es zum einen vernunftrechtlich geboten, eine republikanische Regierungsart zumindest zu simulieren und sich durch Reformen auf den Weg zur Verwirklichung der Republik zu machen. Zum anderen besteht die Hoffnung, dass die Natur über den erwähnten natürlichen Antagonismus zu dieser Verwirklichung beiträgt. Bei Kant sehen wir so noch viel deutlicher als bei Lessing eine eminent politische Geschichtsphilosophie entfaltet, die ganz entschieden eine politische, republikanische und vor allem auch

---

[30] Vgl. Pauline Kleingeld, Fortschritt und Vernunft. Zur Geschichtsphilosophie Kants, Würzburg 1995.
[31] Vgl. Immanuel Kant (1790), Kritik der Urteilskraft, in: ders., Werke Bd. X, Frankfurt/M. 1977.
[32] Vgl. Immanuel Kant (1793 / 1794), Die Religion innerhalb der Grenzen bloßer Vernunft, in: ders., Werke Bd. VIII, Frankfurt/M. 1977.

kosmopolitische Zielperspektive anvisiert. Dieser wollen wir uns nun noch etwas
genauer zuwenden.

Ewiger Friede

Kants politische Zielperspektive des republikanischen weltbürgerlichen Zustands
und des ewigen Friedens, wie er sie in seiner 1795 erschienenen Schrift »Zum
ewigen Frieden« dargelegt hat und die ich im Anschluss an das zuvor Ausgeführ-
te skizzieren will, umfasst drei notwendige Bedingungen: erstens die Pflicht zur
Republikanisierung aller einzelstaatlichen Verfassungen, wie ich sie im vorherigen Abschnitt bereits herausgearbeitet habe, zweitens die Republikanisierung der
zwischenstaatlichen Verhältnisse, mit dem Ziel einer globalen Republikenrepublik, und drittens schließlich die Institutionalisierung eines Weltbürgerrechts. Ich
werde Kant folgend diese drei Bedingungen in dieser Reihenfolge erläutern.
Damit erhellt sich uns Kants kosmopolitischer Republikanismus in seinem vollen
Umfang, der in den Debatten der 1790er Jahre vielfach aufgegriffen wurde, wie
wir insbesondere am Fall Friedrich Schlegels nachzeichnen werden.[33]

Kant gibt dem ersten Definitivartikel in der Friedensschrift den Titel »Die
bürgerliche Verfassung in einem jeden Staate soll republikanisch sein«. Neben
dem bereits zuvor herausgearbeiteten vernunftrechtlichen Gebot der Republikanisierung hat Kant hierfür noch ein zweites Argument, das enorm einflussreich
war. »Nun hat aber die republikanische Verfassung außer der Lauterkeit ihres
Ursprungs, aus dem reinen Quell des Rechtsbegriffs entsprungen zu sein, noch
die Aussicht in die gewünschte Folge, nämlich den ewigen Frieden; wovon der
Grund dieser ist. -Wenn (wie es in dieser Verfassung nicht anders sein kann) die
Beistimmung der Bürger dazu erfordert wird, um zu beschließen, ›ob Krieg sein
solle oder nicht‹, so ist nichts natürlicher als dass, da sie alle Drangsale des Krieges über sich selbst beschließen müssten [...], sie sich sehr bedenken werden, ein
so schlimmes Spiel anzufangen: Dahingegen in einer Verfassung, wo der Untertan nicht Staatsbürger, die also nicht republikanisch ist, es die unbedenklichste
Sache der Welt ist, weil das Oberhaupt nicht Staatsgenosse, sondern Staatseigen-
tümer ist, [...], durch den Krieg nicht das Mindeste einbüßt, diesen also wie eine
Art Lustpartie aus unbedeutenden Ursachen beschließt«.[34] Kant nimmt hier an,

---

[33] Vgl. Zwi Batscha, Richard Saage (Hg.), Friedensutopien. Kant, Fichte, Schlegel, Görres, Frank-
furt/M. 1979.
[34] ZeF, S. 205.

dass die Republik eine friedensfördernde Wirkung im zwischenstaatlichen Verkehr habe. Er argumentiert also einerseits empirisch, dass eine einzelne Republik friedensfördernd wirke. Der erste Definitivartikel enthält jedoch andererseits als These das vernunftrechtliche Republikanisierungsgebot für alle Staaten. Erst wenn in jedem Staat eine Republik herrscht, so könnte man in der Zusammenfassung beider Argumente folgern, schlägt die friedensfördernde Wirkung der Republik voll durch. Kants Theorie des republikanischen Friedens gibt sich mit dieser Verbindung der empirischen Annahme der friedensfördernden Wirkung der Republik und dem vernunftrechtlichen Republikanisierungsgebot aber nicht zufrieden. Die Republikanisierung der Einzelstaaten ist für ihn eine notwendige, aber keine hinreichende Bedingung für den republikanischen Frieden.

Das Verlassen des zwischenstaatlichen Naturzustandes, wie er zur Zeit der Veröffentlichung der Friedenschrift in den europäischen Koalitionskriegen gegen die französischen Revolutionsarmeen besonders eklatant war, ist der zweite Schritt, womit wir zur zweiten notwendigen Bedingung von Kants Theorie des republikanischen Friedens kommen. Der zweite Definitivartikel der Friedensschrift schließt mit folgenden Worten: »Für Staaten im Verhältnisse untereinander kann es nach der Vernunft keine andere Art geben, aus dem gesetzlosen Zustande, der lauter Krieg enthält, herauszukommen, als dass sie, ebenso wie einzelne Menschen, ihre wilde (gesetzlose) Freiheit aufgeben, sich zu öffentlichen Zwangsgesetzen bequemen und so einen (freilich immer wachsenden) Völkerstaat (civitas gentium), der zuletzt alle Völker der Erde befassen würde, bilden. Da sie dieses aber nach ihrer Idee vom Völkerrecht durchaus nicht wollen, mithin, was in thesi richtig ist, in hypothesi verwerfen, so kann an die Stelle der positiven Idee einer Weltrepublik (wenn nicht alles verloren werden soll) nur das negative Surrogat eines den Krieg abwehrenden, bestehenden und sich immer ausbreitenden Bundes den Strom der rechtscheuenden und feindseligen Neigung aufhalten, doch mit beständiger Gefahr ihres Ausbruchs«.[35] Über diese Schlussfolgerung Kants wurde in der Forschung viel gerätselt.[36] Mir scheint allerdings der Gedankengang letztlich eindeutig zu sein. Indem Kant Staaten mit Menschen im Naturzustand gleichsetzt, haben sie sich genau nach dem gleichen Prinzip des Rechts in eine bürgerliche Verfassung zu begeben, das heißt eine Republik zu generieren, wie es die Rechtslehre expliziert. Das Vernunftrecht gebietet also für

---

[35] ZeF, S. 212.
[36] Vgl. Otfried Höffe, Völkerbund oder Weltrepublik?, in: ders. (Hg.), Zum ewigen Frieden, Berlin 2004, S. 109-132.

Kant, eine Weltrepublik beziehungsweise eine Republik von Republiken zu gründen, die für alle Republiken offen steht. Eine Idee, die wir auf Nordamerika beschränkt etwa auch bei James Madisons Vorschlägen für die amerikanische, föderale Republik antreffen,[37] und wir hatten gesehen, dass sich Kant mit der amerikanischen Revolution befasst und diese verteidigt hat. Kant erklärt aber an dieser Stelle, dass die Völker das »nach ihrer Idee des Völkerrechts« nicht wollen und somit nur der Ausweg eines Völkerbundes bleibe. War Kant also gegen eine Weltrepublik und für einen Völkerbund? Keineswegs, wie mir scheint, es handelt sich hier allenfalls um ein pragmatisches Argument, denn was er von »ihrer Idee des Völkerrechts« hält, sagt er an anderer Stelle äußerst scharf. Er nennt »Grotius, Pufendorf, Vattel u.a.m. (lauter leidige Tröster)«, die stets »treuherzig zur Rechtfertigung eines Kriegsangriffs« herangezogen würden, und deren Recht nicht die »mindeste gesetzliche Kraft« habe, da ihm jede Zwangsgewalt fehle.[38] Das Vernunftrecht gebietet für Kant also ganz eindeutig die Weltrepublik und damit ein zwangsbefugtes Weltinnenrecht. Der Völkerbund kann für ihn nur eine zweitbeste Lösung sein, ein »negatives Surrogat«, »doch mit beständiger Gefahr« eines neuen Kriegsausbruchs. Ziel muss nach den Prinzipien praktischer Vernunft die Republikanisierung des internationalen Staatensystems bleiben. Ein weiterer, von Kant in der Friedenschrift selbst angegebener Einwand, dass ein Weltstaat ein »Kirchhof der Freiheit« sein könnte, folgt wohl eher der Unterscheidung von Herrschaftsform und Regierungsart, dass der Weltstaat, wenn er keine Republik ist, ein Kirchhof der Freiheit, also despotisch sei. Das gilt aber, wie gesehen, für jeden Staat, nicht nur für einen Weltstaat. Die Republik dagegen garantiert für ihn gerade, dass die Freiheit des einen mit der Freiheit jedes anderen nach einem allgemeinen Gesetz zusammenstimmen kann. Sie hat es nur mit den äußeren Verhältnissen der Menschen zu tun, und damit, durch die Analogie von Menschen und Staaten, auch nur mit den äußeren Verhältnissen der Staaten. Die Republikenrepublik garantiert, dass die Freiheit (Souveränität) der einen Republik mit der Freiheit (Souveränität) jeder anderen Republik unter einem allgemeinen, zwangsbefugten Gesetz zusammenstimmen kann. Und gerade der Völkerbund kann dies eben nicht garantieren, da ihm jede Zwangsgewalt fehlt, Staaten also weiterhin andere Staaten unterwerfen können, so Kant. Eine Weltrepublik scheint daher für Kant in der Friedenschrift die zweite notwendige Be-

---

[37] Vgl. Hamilton / Madison / Jay, Die Federalist-Artikel, hg. v. Angela und Willi Paul Adams, Paderborn 1994.
[38] ZeF, S. 210. Vgl. dazu Hölzing, Republikanismus und Kosmopolitismus.

dingung des ewigen Friedens zu sein, und er hat damit eine elektrisierende politische Perspektive in den politischen Diskurs in Deutschland nach 1789 eingespeist, an der sich zahlreiche Anhänger und Gegner abarbeiten werden, wie wir noch sehen werden.[39]

Die dritte notwendige Bedingung des republikanischen Friedens führt Kant schließlich im dritten Definitivartikel ein. »Da es nun mit der unter den Völkern der Erde einmal durchgängig überhand genommenen (engeren oder weiteren) Gemeinschaft so weit gekommen ist, dass die Rechtsverletzung an einem Platz der Erde an allen gefühlt wird: so ist die Idee eines Weltbürgerrechts keine phantastische und überspannte Vorstellungsart des Rechts, sondern eine notwendige Ergänzung des ungeschriebenen Kodex sowohl des Staats- als Völkerrechts zum öffentlichen Menschenrechte überhaupt, und so zum ewigen Frieden, zu dem man sich in der kontinuierlichen Annäherung zu befinden nur unter dieser Bedingung schmeicheln darf.«[40] Unter »Weltbürgerrecht« versteht Kant ein Besuchsrecht, »welches allen Menschen zusteht, sich zur Gesellschaft anzubieten vermöge des Rechts des gemeinschaftlichen Besitzes der Oberfläche der Erde.«[41] Es beinhaltet, dass keinem Menschen, solange er sich friedlich verhält, feindlich begegnet werden darf. Kant verurteilt im dritten Definitivartikel bereits den europäischen Kolonialismus und den Umgang der Europäer mit den Eingeborenen, und wir werden sehen, wie der Weltumsegler und Republikaner Georg Forster trotz mancher Kritik in diesen Punkten mit Kant übereinstimmt. Kant selbst sieht die Welt seiner Zeit durch eine zunehmende Interdependenz aller Erdteile gekennzeichnet und plädiert für eine Verrechtlichung des internationalen Verkehrs. Er betont, dass es ihm um Recht gehe und nicht um »Philanthropie«.[42] Da es Kant ausdrücklich um Recht geht, müsste er eine zwangsbefugte, öffentliche Gewalt nennen, die das Weltbürgerrecht, dass er auch »Menschenrecht« nennt, garantiert. Dies unterlässt er aber an dieser Stelle. Es lässt sich allerdings aus der Formulierung, dass das Weltbürgerrecht eine »notwendige Er-

---

[39] Vgl. für diese Argumentation unter Einbeziehung der Präliminarartikel Matthias Lutz-Bachmann, Kants Friedensidee und das rechtsphilosophische Konzept einer Weltrepublik, in: ders., James Bohmann (Hg.), Frieden durch Recht. Kants Friedensidee und das Problem einer neuen Weltordnung, Frankfurt/M. 1996, S. 25-44 und Pauline Kleingeld, Kants Theory of Peace, in: Paul Guyer (Hg.), The Cambridge Companion to Kant and Modern Philosophy, Cambridge 2006, S. 477-504. Vgl. zur an Kant anschließenden zeitgenössischen Diskussion Batscha, Saage (Hg.), Friedensutopien.
[40] ZeF, S. 216.
[41] ZeF, S. 214.
[42] ZeF, S. 213.

gänzung des ungeschriebenen Kodex *sowohl* des Staats- als Völkerrechts« sei,
schließen, dass im Anschluss an die ersten beiden Definitivartikel sowohl die
einzelnen Republiken, als auch die Republikenrepublik – bei Nichteinhaltung
durch einzelne Mitglieder – das Menschenrecht zu garantieren haben. Hiermit
hat Kant eine Einschränkung der inneren Souveränität der einzelnen Republiken
eingeführt. Nach außen war ihre Souveränität durch die Etablierung der Republikenrepublik bereits so eingeschränkt, aber eben auch garantiert, dass sie mit der
Souveränität jeder anderen Republik unter einem allgemeinen Gesetz zusammenstimmen kann. Allerdings dürfen die Einzelrepubliken nach Kant einen
Besucher durchaus abweisen, aber nur, wenn es »ohne seinen Untergang geschehen kann«.[43] Es gibt also für Kant bereits eine Art Menschenrecht auf Asyl, und
die innere Souveränität der Einzelrepubliken ist in dieser Hinsicht, aber nur in
dieser, tatsächlich eingeschränkt. Er erwartet sich darüber hinaus von dem Weltbürgerrecht als Besuchsrecht ebenfalls eine friedensfördernde Wirkung. Durch
den mit diesem einhergehenden globalen Kommunikations- und Handelsver-
kehr »können entfernte Weltteile miteinander friedlich in Verhältnisse kommen,
die zuletzt öffentlich gesetzlich werden und so das menschliche Geschlecht einer
weltbürgerlichen Verfassung immer näher bringen.«[44]

Das Zentralgestirn Kant

Wie ich betont hatte, ist Kant der zentrale Denker für die politischen Debatten
im Deutschen Reich in den Jahren nach 1789. Mit seiner kritischen Philosophie,
seiner Geschichtsphilosophie und seinen eigenen politischen Schriften bot er
dabei Anknüpfungspunkte sowohl für eine liberale Rezeption, wie wir sie dann
etwa bei Wilhelm von Humboldt finden werden, als auch für eine republikanische Rezeption, wie wir sie dann bei Georg Forster, Johann Gottlieb Fichte und
Friedrich Schlegel entdecken.

    Neben diese beiden Rezeptionslinien hat Kant mit seiner politisch ausgerich-
teten Geschichtsphilosophie zudem bereits seit Mitte der 1780er Jahren auf eine
kosmopolitische Diskussion hingewirkt, die wir dann ebenfalls insbesondere bei
Friedrich Schlegel fortgeführt finden. Kants kosmopolitische Theorie des ewigen
Friedens besteht, wie gezeigt wurde, in einer Triangulation notwendiger Bedingungen: der Republikanisierung der Einzelstaaten, des internationalen Systems

---

[43] ZeF, S. 213.
[44] ZeF, S. 214.

und der Institutionalisierung eines Weltbürgerrechts, die zusammen als hinreichend für einen dauerhaften Frieden vorgestellt werden. Das ist der Kosmopolitismus, den Kant der politischen Debatte der 1790er Jahre vorgibt und in deren Verlauf bis zur Friedensschrift weiter ausarbeitet. Man kann ihn als einen rationalistisch-reformistischen Kosmopolitismus bezeichnen, denn Kant begründet ihn im von der »Kritik der praktischen Vernunft« postulierten Faktum der Vernunft und dem aus der Vernunft gewonnenen Prinzip des Rechts und schlägt zu seiner Umsetzung Reformen zu einer demokratischen, gewaltenteiligen kosmopolitischen Republikenrepublik vor.

Es geht mir im Folgenden nicht zuletzt darum zu zeigen, wie die mit Kants Philosophie eröffneten Problemfelder in den verschiedenen politischen Strömungen nach 1789 aufgenommen werden. Die Herausbildung der politischen Strömungen in Deutschland vollzieht sich nach 1789 immer auch in Auseinandersetzung mit dieser kritischen politischen Philosophie, deren wirkmächtige geistige Verarbeitung der transatlantischen Revolutionen von jedem politischen Schriftsteller und Publizisten der Zeit zur Kenntnis genommen wird.

6. Herder

Neben Lessing und Kant ist Johann Gottfried Herder die dritte prägende Gestalt, die ich hier besonders hervorheben möchte in der Vorbereitung des politischen Denkens nach 1789 in Deutschland. Anders als Lessing und wie Kant hat Herder das epochale Ereignis der Französischen Revolution selbst noch erlebt und durch Schriften kommentierend begleitet. Anders als Kant ist aber Herder kein streng systematischer, sondern eher ein rhapsodischer Denker, dessen Werk sich aus zahlreichen Interessen, Einfällen und Argumenten zusammensetzt. Eine einflussreiche Interpretationslinie sieht in Herder die zentrale Gründungsfigur einer progressiven, bereits auf dem Boden der Aufklärung stehenden Kritik der Aufklärung, die schließlich in der Romantik mündet. Dieser Interpretationslinie werde ich hier folgen, da sie aus meiner Sicht in ideengeschichtlicher und diskursanalytischer Perspektive den überzeugendsten Zugriff auf Herders Werk darstellt. Sie versucht Herders umfassendes und unsystematisches Werk unter einem zentralen Gedanken zu fassen: dem des Ausdrucks, des »Expressivismus«.[1] Herder ist nach dieser Interpretation der Denker, der paradigmatisch für die heraufziehende Moderne den Wert des eigentümlichen sprachlich-expressiven Ausdrucks eines Individuums – eines einzelnen Menschen, eines kollektiven kulturell-ethnischen Subjekts – in den Mittelpunkt seines Denkens rückt, der gegen die Abstraktionen des *esprit systématique* der Aufklärung auf der Nicht-Systematisierbarkeit, der Einzigartigkeit und der Bedeutung des authentischen Ausdrucks jeder singulären oder kollektiven Individualität besteht. Dieses Motiv bildet den Gesichtspunkt, unter dem wir uns Herder nähern wollen und dessen politische Implikationen wir erschließen werden, nachdem wir uns einen kurzen Überblick über seinen Werdegang verschafft haben.

---

[1] Vgl. Isaiah Berlin, »Herder and the Enlightenment«, in: ders., Three Critics of the Enlightenment. Vico, Herder, Hamann, Princeton 1997. Berlin verwendet hier noch den etwas missverständlichen Ausdruck »expressionism« für Herders Grundgedanken. Charles Taylor, Hegel, Frankfurt/M. 1979, schlägt dagegen die bessere Formulierung »Expressivismus« vor, an die ich anschließe.

Von Mohrungen nach Weimar

Herder wird am 25. August 1744 im ostpreußischen Mohrungen geboren.[2] Sein Vater, der Küster und Schullehrer Gottfried Herder, ist in zweiter Ehe mit Herders Mutter Anna Elisabeth verheiratet. Auch bei Herder lässt sich, wie zuvor bei Lessing, am Ursprung das deutsche Pfarrhaus erkennen. Die Eltern waren stark durch den Pietismus geprägt und haben diesen dem Sohn früh vermittelt. Die Schule des Vaters befand sich im Elternhaus, so dass der junge Johann ganz selbstverständlich in die Schule und die Bildungswelt hineinwuchs und später den Vater sogar vertreten durfte. Auf diese Elementarschule zuhause beim Vater folgte die Mohrunger Stadtschule. 1761 nimmt ihn der Mohrunger Schriftsteller und Diakon Johann Sebastian Trescho zum Gehilfen bei der Drucklegung seiner Schriften. Herder bekommt dadurch Zugang zu dessen Bibliothek und lernt die Schriften Lessings, Wielands und Rousseaus kennen – ein für ihn entscheidendes Bildungserlebnis.

1762 beginnt er ein Studium an der Universität Königsberg. Da er über keine nennenswerten finanziellen Mittel verfügt, kann er sich das Studium nur durch die finanzielle Unterstützung des Regimentsarztes Schwarz-Erla leisten, der im Gegenzug allerdings von Herder die Übersetzung seiner Dissertation ins Lateinische erwartet. Zudem gibt er Unterricht am Collegium Fridericianum, um sich finanziell über Wasser zu halten. Herder schreibt sich zunächst für Medizin ein, fällt jedoch bei der ersten Sektion in Ohnmacht und wechselt daraufhin zur Theologie. Auf diesem Wege kommt er in Königsberg mit den beiden für seine weitere geistige Entwicklung entscheidenden Figuren in Kontakt: mit Immanuel Kant und Johann Georg Hamann.[3]

Es ist der damals noch vorkritische Kant, der vor allem durch seine Schrift »Allgemeine Naturgeschichte und Theorie des Himmels« bekannt ist, der auf Herder einen unauslöschlichen Eindruck gemacht hat. In den »Briefen zu Beförderungen der Humanität« hat Herder später seinem Lehrer ein Denkmal gesetzt, obwohl sich ihre Beziehung mittlerweile sehr abgekühlt hatte: »Ich habe das Glück genossen, einen Philosophen zu kennen, der mein Lehrer war. Er in seinen

---

[2] Vgl. zum Folgenden insbesondere das klassische Werk von Rudolf Haym, Herder nach seinem Leben und seinen Werken dargestellt, Berlin 1885 und Hans Dietrich Irmscher, Johann Gottfried Herder, Stuttgart 2001.

[3] Vgl. Bernhard Gajek (Hg.), Hamann-Kant-Herder. Acta des vierten internationalen Hamann-Kolloquiums zu Marburg 1985, Frankfurt/M. 1987.

blühendsten Jahren hatte die fröhliche Munterkeit eines Jünglinges, die, wie ich
glaube, ihn auch in sein greisestes Alter begleitet. Seine offene, zum Denken
gebaute Stirn war ein Sitz unzerstörbarer Heiterkeit und Freude; die gedanken-
reichste Rede floß von seinen Lippen; Scherz und Witz und Laune standen ihm
zu Gebot, und sein lehrender Vortrag war der unterhaltendste Umgang. [...] Er
munterte auf und zwang angenehm zum Selbstdenken; Despotismus war seinem
Gemüt fremd« (Werke 7, S. 424).[4] Durch Kant kommt Herder mit der avancier-
ten Philosophie der Aufklärung und der Naturwissenschaft in der Nachfolge
Newtons in Kontakt. Dem empiristischen und der Erforschung der Natur zuge-
wandten Moment der Aufklärung wird Herder stets treu bleiben. Seine expressivistische Theorie will ebenfalls eine empirische, wissenschaftliche sein.[5]

Gegen den harten Materialismus manch französischer Aufklärer, aber umgekehrt auch gegen den Dualismus vieler Rationalisten findet Herder dagegen
während seiner Königsberger Zeit Argumente in Johann Georg Hamanns philosophischen Überlegungen.[6] Mit Hamann verbindet ihn bis zu dessen Tod eine
enge Freundschaft. Für Hamann offenbart sich in der Bibel, aber vor allem auch
in der Natur und Geschichte das Wort Gottes. Es sind nach Hamann die sinnlichen Vermögen, nicht die Vernunft, mit der sich der Mensch den Text der Welt,
Gottes Wort, erschließt, das in der Natur und Geschichte verborgen liegt, und
die Sprache, die Poesie, ist das Medium, durch das das Wort Gottes im Menschen zum Ausdruck kommt. Die Poesie ist die Ursprache der Menschheit. Hier,
in dieser Begegnung mit Hamann, liegt der Ursprung von Herders Expressivismus.

1764 geht Herder dann auf Empfehlung Hamanns als Lehrer an die Domschu-
le nach Riga; ein Jahr später wird er dort auch Prediger. Während der Rigaer Zeit
lernt er seinen Verleger Hartknoch kennen und gibt sich ausgedehnten Studien
der Literatur, Philosophie und Kunst hin. Schriften zur deutschen Literatur und
die »Kritischen Wäldchen« entstehen, in denen er den neuen ästhetischen Begriff
der Poesie als »Kraft« einführt, der bereits auf seinen Expressivismus voraus-

---

[4] Herders Werke werden im laufenden Text zitiert nach der Ausgabe Johann Gottfried Herder, Werke, 10 Bde., Frankfurt/M. 1985 ff., unter Angabe der Bandnummer und der Seitenzahl.
[5] Vgl. Marion Heinz, Heinrich Clairmont, Herder's Epistemology, in: Hans Adler, Wulf Köpke (Hg.),
A Companion to the Works of Johann Gottfried Herder, Rochester 2009, S. 43 -64.
[6] Vgl. zu Hamann Isaiah Berlin, Der Magus in Norden. J.G. Hamann und der Ursprung des modernen Irrationalismus, Berlin 1995.

weist.[7] Nach rund fünf Jahren meldet sich indessen bei Herder langsam ein Überdruss an seiner Situation in Riga an.

Eine Gelegenheit zum Ausbruch bietet ihm 1769 die Geschäftsreise seines Rigaer Freundes Berens. Er lässt sich aus all seinen Ämtern entlassen und bricht per Schiff gen Westen auf, ohne zu wissen, wo das endgültige Ziel seiner Reise liegen wird. In diesem Ausbruch Herders aus den engen Rigaer Verhältnissen ohne konkretes Ziel wurde der Entstehungsherd der Romantik gesehen, und Herder hat sicher mit seinem Expressivismus nicht nur das romantische Projekt entscheidend beeinflusst, sondern bereits den Sturm und Drang. Er gelangt auf seiner Reise schließlich nach Nantes, wo er vier Monate bleibt und das berühmte »Journal meiner Reise im Jahr 1769« schreibt, das als das besagte Gründungsdokument des Sturm und Drang und der Romantik angesehen werden kann.[8] Von Nantes reist er nach Paris, wo er wohl auf die französischen Aufklärer und Enzyklopädisten Diderot und D'Alembert trifft, und weiter nach Amsterdam, um schließlich nach Hamburg zu gelangen, wo er Lessing begegnet. Kurz darauf bricht er erneut auf und begibt sich als Begleiter des Sohnes des Herzogs von Holstein auf eine zweite Reise, die jedoch in Straßburg abrupt endet, da Herder wenig Hoffnung in seinen Zögling setzt und sich zudem hier an einer Tränenfistel operieren lassen will. Während der Reise nach Straßburg lernt er zudem seine zukünftige Frau Maria Carolina Flachsland kennen, die er 1773 heiraten wird.

In Straßburg angekommen, trifft Herder auf den jungen Goethe – ein wegweisendes Zusammentreffen für die weitere deutsche Geistes- und Literaturgeschichte. Denn der junge Dichter ist fasziniert von den Gedanken Herders und hat durch diese Begegnung gewissermaßen sein eigentliches Erweckungserlebnis als Schriftsteller des Sturm und Drang. In diesem Sinne schreibt Goethe in »Dichtung und Wahrheit«: »Das bedeutendste Ereignis, was die wichtigsten Folgen für mich haben sollte, war die Bekanntschaft und die daran sich anknüpfende nähere Verbindung mit *Herder*. […] Was in einem solchen Geist für eine Bewegung, was in einer solchen Natur für eine Gärung müsse gewesen sein, läßt sich weder fassen noch darstellen.«[9] Goethe berichtet auch, dass er dort Herders Überlegungen über den Ursprung der Sprache kennenlernt, die kurz darauf in

---

[7] Vgl. Christoph Menke, Kraft. Ein Grundbegriff ästhetischer Anthropologie, Frankfurt/M. 2008, S. 46 ff.

[8] Vgl. Rüdiger Safranski, Romantik. Eine deutsche Affäre, München 2007, S. 17 ff.

[9] Johann Wolfgang Goethe, Dichtung und Wahrheit, Sämtliche Werke Bd. 14, Frankfurt/M. 1986, S. 438 ff.

der Abhandlung »Über den Ursprung der Sprache« publiziert werden und zum ersten Mal das expressivistische Programm umreißen.[10]

Diese Begegnung mit Goethe war aber auch für Herder nicht ohne Folgen, denn nachdem er einige Jahre als Konsistorialrat und Pfarrer in Bückeburg verbracht hatte, konnte er 1776 auf Vermittlung Goethes und Wielands eine Stelle als Generalsuperintendent, Oberkonsistorialrat und Pastor Primarius im Herzogtum Weimar einnehmen. Hier blieb er bis zu seinem Lebensende als Teil des »Viergestirns« der Weimarer Klassik: Goethe, Herder, Schiller, Wieland. Von Weimar aus hat Herder die Französische Revolution verfolgt und hier entstanden sein großes Werk »Ideen zur Philosophie der Geschichte der Menschheit« sowie die »Briefe zur Beförderung der Humanität«.

Expressivismus

»Jeder Mensch«, schreibt Herder in seinem Reisejournal, »muß sich eigentlich seine Sprache erfinden, und jeden Begriff in jedem Wort so verstehen, als wenn er ihn erfunden hätte« (Werke 9 / 2, S. 13). Damit ist der zentrale Gedanke von Herders Expressivismus benannt, das Streben nach dem authentischen Ausdruck der eigenen Erfahrung, des eigenen Empfindens und Denkens in der Sprache. Darüber hinaus behauptet Herder die Untrennbarkeit von Empfinden, Denken und Sprache. Das eine sei ohne das andere nicht möglich. In gleicher Weise seien ganze Völker durch einen bestimmten »Volksgeist«, eine bestimmte Art des Denkens und Empfindens bestimmt, der durch ihre jeweilige Sprache geprägt sei und in ihr zum Ausdruck komme. Die Sprache sei das natürliche Medium, durch welches sich dieser Volksgeist zwischen den einzelnen Individuen bilde, durch das er zum Ausdruck komme, kommuniziert, gespeichert und so an zukünftige Generationen weitergegeben werde. Jede Sprache beinhalte daher eine ganze Welt, und eine neue Sprache zu lernen heißt für Herder, sich in eine neue Weltanschauung einzufühlen. Herders Interesse an Volksliedern und an zunächst oral überlieferten Mythen und Sagen, das dann für den Sturm und Drang und für die Romantik enorm wirkmächtig werden sollte, speist sich aus dieser expressivistischen Sprachtheorie.[11]

---

[10] Vgl. ebd. S. 442 f. und Hugh Barr Nisbet, Goethes und Herders Geschichtsdenken, in: Goethe-Jahrbuch 110, S. 115-133.

[11] Vgl. Hans Dietrich Irmscher, Poesie als Ausdruck des Nationalcharakters und des »Gesamtwunsches und Sehnens der Menschheit«, in: Marion Heinz, Violetta Stolz (Hg.), »Weitstrahlsinniges

Herders zentrale Behauptung ist also, dass die grundlegende Aktivität des Menschen das Sprechen, das Sich-Ausdrücken ist. Nur durch die Sprache können Individuen und Völker, ihre Poesie, Rituale, Institutionen und ihr Alltagsleben verstanden werden. In den Debatten der Aufklärung über den Ursprung der Sprache vertritt Herder die Auffassung, dass die Sprache weder ein unergründliches Geschenk Gottes ist noch eine utilitaristische Erfindung von Menschen zur Erreichung anderer Zwecke, wie die französischen Aufklärer Maupertuis oder Condillac behaupten. Für Herder ist Sprache etwas Naturwüchsiges, das wesentlich zur Entwicklung des Menschen gehöre. Empfinden, Denken und Sprechen sind für Herder eins, insofern gehört zur natürlichen Entwicklung der Bewusstseinsfähigkeit des Menschen die Entwicklung zur Sprache.

Mit Herders Expressivismus geht eine empiristische, nominalistische Theorie der Sprache einher. Die Wörter in den mannigfaltigen Sprachen der Völker haben ihre Bedeutung und ihre Verbindung zu den Dingen durch soziale Konventionen. Die Menschen werden jeweils in diese sprachlichen Konventionen und die mit ihnen einhergehende Weltanschauung hinein sozialisiert. Dadurch erhält der durch Kommunikation gebildete Volksgeist aber nicht nur eine positive, Ausdruck ermöglichende Rolle, sondern auch eine negative, repressive, insofern er den Ausdruck neuer Erfahrungen, Empfindungen und Gedanken Nachgeborener verhindern kann. In diesem Zusammenhang bekommt das Eingangszitat dieses Abschnitts nochmals eine andere Wendung, da Herder darin auf die Transformation und Erneuerung der Sprache durch die in sie hineingeborenen Individuen abhebt. Diese müssen sich eine eigene Sprache erfinden. Hier ist der Geniekult der kommenden Jahre vorgedacht, in dem der große Volksdichter oder Künstler neuen Erfahrungen, Empfindungen und Gedanken zum Ausdruck verhilft und dadurch die Sprache und den Geist seines Volkes erneuert. Von hier aus lässt sich ein Übergang zu Herders politischen Anschauungen gewinnen, denn in diesen letzten Überlegungen kommt eine Art kultureller Nationalismus und zugleich ein Relativismus zum Ausdruck, mit dem Herder häufig assoziiert wird.

Denken«. Studien zu Johann Gottfried Herder von Hans Dietrich Irmscher, Würzburg 2009, S. 107-120.

Politische Anschauungen

Herders immer wieder vorgebrachte Kritik an den Aufklärern und an Kant zielt letztlich darauf ab, dass diese die natürliche Mannigfaltigkeit des sprachlich-kulturellen Ausdrucksgeschehens in abstrakten, ahistorischen und universalen Kategorien zu fassen suchen. So wie zum einen von den Philosophen der einzelne Mensch allgemein in einen vernünftigen, einen empfindenden und einen wollenden Teil zerlegt wird, so wird zum anderen die Vielfalt und Individualität der politischen Vergemeinschaftungsformen auf einige wenige Grundkategorien, Monarchie, Aristokratie, Demokratie, reduziert. Im einen wie im anderen Fall wird dabei das holistische Gesamtphänomen als komplexes Ausdrucksgeschehen eines je individuellen Geistes verfehlt.[12] Die »Einziehung der Philosophie auf Anthropologie«, auf hermeneutisch-historische Menschenkunde, wird daher gegen diese philosophische Abstraktion Herders Programm (Werke 1, S. 132).[13] Herder ist mit seinem kulturellen Nationalismus und Relativismus damit zugleich einer der ersten Kritiker eines despotischen, eurozentrischen Universalismus und ein Anwalt des Wertes eines kulturellen Pluralismus.

Jedes natürlich entstandene Volk, seine Sprache und Poesie, seine Riten und Institutionen haben für Herder einen eigenen Wert. Ohne Wert, Recht und Basis in der geschichtlichen Wirklichkeit ist für ihn dagegen die Abstraktion, die Klassifizierung, die künstliche Organisation, die nicht von unten, aus dem Geist des Volkes zum Ausdruck drängt. Individualität und Freiheit kann nur jenseits solch künstlicher Kategorisierungen leben und wachsen. In den »Ideen zu einer Philosophie der Geschichte der Menschheit« fasst Herder diesen für ihn zentralen Wert der freien Ausbildung zur Individualität unter dem Begriff der »Humanität«: »Ich wünschte, daß ich in das Wort *Humanität* alles fassen könnte, was ich bisher über des Menschen edle Bildung zur Vernunft und Freiheit, zu feineren Sinnen und Trieben, zur zartesten und stärksten Gesundheit, zur Erfüllung und Beherrschung der Erde gesagt habe: denn der Mensch hat kein edleres Wort für seine Bestimmung, als Er selbst ist [...]. Um seine edelsten Pflichten zu entwi-

---

[12] Vgl. Frederick M. Barnard, Herder on Nationality, Humanity, and History, Montreal 2003, S. 5 ff. und Ulrich Gaier, Herders Sprachphilosophie und Erkenntniskritik, Stuttgart-Bad Canstatt 1988.

[13] Vgl. John Zammito, Herder and Historical Metanarrative: What's Philosophical about History?, in: Hans Adler, Wulf Köpke (Hg.), A Companion to the Works of Johann Gottfried Herder, Rochester 2009, S. 65-90 und Hans Dietrich Irmscher, Grundzüge der Hermeneutik Herders, in: Marion Heinz, Violetta Stolz (Hg.), »Weitstrahlsinniges Denken«. Studien zu Johann Gottfried Herder von Hans Dietrich Irmscher, Würzburg 2009, S. 177-206.

ckeln, dürfen wir nur seine Gestalt zeichnen« (Werke 6, S. 154). Man versteht
sehr gut, wie Herder mit diesen Gedanken die jungen Dichter des Sturm und
Drang und der Romantik begeistern konnte. Sie haben in Teilen durchaus radikale politische Konsequenzen.

Der zentralisierte, bürokratische moderne »Maschinenstaat« des Absolutismus ist nämlich für Herder ein solcher Feind der Individualität und Freiheit. Wie
Lessing kritisiert er den aufgeklärten Absolutismus Friedrichs II. Goethe wird
später, wie wir noch sehen werden, ähnliche Gedanken gegen den Maschinenstaat hegen. Sie werden dort allerdings eher konservative Folgerungen haben. In
Herders Kritik des Maschinenstaats kommen dagegen eher liberale und teilweise
sogar republikanisch-progressive politische Anschauungen zum Tragen.[14] So
plädiert er zum einen, wie nach ihm der Frühliberale Humboldt, dafür, dass eine
Begrenzung der Regierungstätigkeit notwendig für den Schutz und die Entfaltung der individuellen Freiheit sei. Zum anderen zeigt Herder aber eine Sympa-
thie für gemischte Republiken, die neben demokratischen auch aristokratische
und monarchische Elemente in ihrer Verfassung enthalten, wie er sie etwa in
Florenz, Venedig, Holland oder der Schweiz zu sehen glaubt. In den »Ideen zur
Philosophie der Geschichte der Menschheit« preist Herder gar die »griechischen
Republiken« als den ersten Schritt zur Mündigkeit in der Geschichte der
Menschheit. »Und so war das Zeitalter griechischer Republiken der erste Schritt
zur Mündigkeit des menschlichen Geistes in der wichtigen Angelegenheit, wie
Menschen von Menschen zu regieren wären« (Werke 6, S. 542). Herder scheint
letztlich aber doch die erwähnten neuzeitlichen gemischten Republiken gegenüber den als basisdemokratisch aufgefassten Republiken der Griechen zu bevor-
zugen.[15]

Von seinen teils liberalen, teils republikanischen Anschauungen her, seiner
Feier der politischen Bewegung, des politischen Ausdrucks von unten – dem
einzig natürlichen – sollte Herder die Französische Revolution begrüßt haben.
Das ist aber nicht durchweg der Fall. Wie viele deutsche Intellektuelle während
der Französischen Revolution hat auch Herder, bereits in fortgeschrittenem

---

[14] Vgl. Frederick M. Barnard, Herder's Social and Political Thought. From Enlightenment to Nationalism, Oxford 1965.
[15] Vgl. zu dieser Verehrung des antiken Republikanismus und der Gräkomanie im Anschluss an
Winckelmanns Feier der Antike Kurt Wölfel, Prophetische Erinnerung. Der Klassische Republikanismus in der deutschen Literatur des 18. Jahrhunderts als utopische Gesinnung, in: Wilhelm Voßkamp (Hg.), Utopieforschung. Interdisziplinäre Studien zur neuzeitlichen Utopie, Bd. 3, Stuttgart
1982, S. 191-217.

Alter, nach der Eskalation des Terrors einigen seiner demokratischen Überzeugungen abgeschworen, insbesondere der, dass die politische Veränderung notwendig von unten kommen muss. So schreibt er in den in den 1790er Jahren
entstandenen »Briefen zur Beförderung der Humanität«: »Ans Volk, wollen wir
eher mit Bedauern und Großmut, als mit Stolz und Zuversicht denken. Jahrhun-
derte lang ists unerzogen geblieben, daß es erzogen werde, kann unser einziger
Wunsch sein, nicht daß es herrsche, nicht daß es gebiete und lehre. Die Besse-
rung muß vom Haupt kommen, nicht von Füßen und Händen; ich kenne nichts
Abscheulicheres als eines wahnsinnigen Volkes Herrschaft« (Werke 7, S. 105).
Hier ist ein zentraler Grundgedanke der Weimarer Klassik auch bei Herder ausgesprochen, den wir dann sowohl bei Goethe als auch bei Schiller finden werden
– mit je spezifischer Konsequenz –, dass dem Volk nicht zu trauen ist, dass es erst
erzogen oder in organisch gewachsene politische Gebilde eingefügt werden muss.

Herders Wirkung

Wie ist Herder nach all dem Gesagten politisch zu verorten und worin besteht
seine Wirkung? Wir haben gesehen, dass bei Herder wie bei Lessing und vor
allem bei Kant teils liberale und teils republikanische politische Intuitionen zu
finden sind, und dass er einen kulturellen Nationalismus vertritt, der zugleich
den Werterelativismus wie den Wert des Pluralismus zu bestätigen scheint. Insofern wir Herder als einen rhapsodischen und nicht als einen systematischen
Denker betrachtet haben, kann es hier nicht darum gehen, aus all diesen Elementen eine konsistente und kohärente Theorie zu generieren. Mich interessiert
Herder hier vielmehr wie Kant als ein großer geistiger Kosmos und Anreger, aus
dem verschiedene politische Implikationen gezogen werden konnten und nach
1789 auch faktisch gezogen wurden. So wird Humboldt an Herders positiven
Wert der individuellen authentischen Bildung zur Humanität und die Begrenzung des Staates anschließen. Die Republikaner, wie Forster, und die frühen
Romantiker, wie Schlegel, werden dagegen eher an die republikanischen Motive
anknüpfen. Die Romantiker werden zudem an die Wertschätzung des Volks-
geists und der Mythen und Märchen anschließen. Mit den Konservativen werden
sie nach 1800 in der Verklärung deutscher nationaler Eigenart und der alten
Reichsverfassung den deutschen Nationalismus einläuten. Auf dieser Linie der
Verklärung der alten ständischen Verfassung und der natürlichen, organischen,
nicht-revolutionären politischen Entwicklung wird schließlich auch Goethe mit

Herder gegen den modernen Maschinenstaat argumentieren. Das Werk Herders und sein Expressivismus zeichnen in ihrer Wirkungsgeschichte somit eine starke politische Ambivalenz aus, die sie sowohl Liberalen, Republikaner als auch Konservativen als anschlussfähig erscheinen ließen.

II. Liberalismus

7. Humboldt

Auch wenn der Liberalismus begriffsgeschichtlich dem 19. Jahrhundert angehört und sich als politischer Parteibegriff wohl erst am Ende der napoleonischen Ära von der spanischen Cortes ausgehend in Europa verbreitet,[1] lassen sich doch bereits zuvor einige wesentliche Elemente des liberalen Denkens entdecken. So wird dann auch häufig die Entstehung des Liberalismus bis ins 17. Jahrhundert zurück verlegt, bis zur englischen Glorious Revolution und zu den politischen Schriften John Lockes.[2] Wurde in dieser Revolution die Macht des absolutistischen monarchischen Staates konstitutionell eingehegt, so versuchte Locke, die natürlichen Rechte des Menschen auf Leben, Freiheit und Eigentum und den Staat als aus vertraglicher Übereinkunft hervorgegangen zu begründen. Ein weiteres zentrales Element dieses frühen, klassischen Liberalismus wird in der Toleranz in religiösen Fragen gesehen, für die Locke ebenfalls eintrat.[3] Es ist nach einer gängigen liberalen Geschichtsschreibung dieser frühe klassische Liberalismus, wie er sich vor allem in England herausgebildet habe, der dann auf die amerikanische Unabhängigkeitserklärung und die amerikanische Verfassung – zwei aus dieser Sicht bis heute zentrale historische Dokumente des modernen Liberalismus – eingewirkt habe, wie etwa Jeffersons berühmte Formel von der Selbstevidenz der menschlichen Gleichheit und der Rechte des Menschen auf Leben, Freiheit und Glück bezeuge.[4]

---

[1] Vgl. Rudolf Vierhaus, Liberalismus, in: Otto Brunner, Werner Conze, Reinhart Koselleck (Hg.), Geschichtliche Grundbegriffe, Bd. 3. Stuttgart 1982, S. 744-785

[2] Vgl. Alan Ryan, Liberalism, in: Robert Goodin, Philip Pettit (Hg.), A Companion to Contemporary Political Philosophy, Blackwell 1995, S. 291-311 und Michael Freeden, European Liberalisms. An Essay in Comparative Political Thought, in: European Journal of Political Philosophy 7 (2008), S. 9-30.

[3] Vgl. Michael Zuckert, Launching Liberalism. On Lockean Political Philosophy, Kansas 2002 und zur Toleranz speziell Rainer Forst, Toleranz im Konflikt, Geschichte, Gehalt und Gegenwart eines umstrittenen Begriffs, Frankfurt/M. 2003.

[4] Vgl. Louis Hartz, The Liberal Tradition in America, New York 1955 und Michael Zuckert, Natural Rights and the New Republicanism, Princeton 1994. Vgl. außerdem zur Geschichte des europäischen Liberalismus immer noch sehr eindrücklich Guido de Ruggiero, Geschichte des Liberalismus in Europa, Aalen 1964 (Neudruck der Ausgabe 1930).

Kurz nach der amerikanischen Unabhängigkeit und der Französischen Revolution entsteht allerdings im Deutschen Reich ein weiterer Grundlagentext des modernen Liberalismus, die »Ideen zu einem Versuch, die Grenzen der Wirksamkeit des Staates zu bestimmen«.[5] Sein Autor ist der spätere preußische Reformer Wilhelm von Humboldt, der Bruder des berühmten Naturforschers Alexander von Humboldt.[6] Humboldts Schrift ist aber nicht nur ein Grundlagentext des modernen Liberalismus generell, auf den wiederum später eine weitere zentrale Figur dieser politischen Strömung in Europa, John Stuart Mill, in seiner Schrift »On Liberty« verweisen wird,[7] sondern auch das paradigmatische Gründungsdokument des Liberalismus in Deutschland, selbst wenn das Werk in den 1790er Jahren nur in Teilen erschien und erst 1851 vollständig veröffentlicht wurde. Wie wir gesehen haben, gibt es neben der internationalen Rezeption des englischen Liberalismus (Anglophilie) im 18. Jahrhundert auch in Deutschland selbst erste liberale Ansätze bei Christian Wolff und in der Göttinger Rechtsschule um Pütter, Achenwall und Schlözer. Aber dass die klassischen liberalen negativen Freiheits- beziehungsweise Abwehrrechte gegenüber dem Staat zum zentralen Thema einer Schrift werden, lässt sich im Deutschen Reich doch erst bei Humboldt beobachten. Im Rahmen unserer Untersuchung des politischen Denkens in Deutschland zwischen 1789 und 1820 kommt Humboldt daher die Rolle der paradigmatischen Gründungsfigur einer deutschen liberalen Strömung zu. Wir werden sehen, wie sich im Anschluss an Humboldt und im Kontakt mit ihm der deutsche Liberalismus nach 1800 exemplarisch bei Hegel allmählich zu einem nationalen Liberalismus transformiert.

Im Folgenden möchte ich zunächst Humboldts Lebensgeschichte bis zur Arbeit an den »Ideen« und die auf ihn wirkenden geistigen Einflüsse rekonstruieren. Im Anschluss werde ich versuchen, Humboldts Liberalismus in seinen Grundzügen darzustellen und die zentrale Idee der Selbstbildung herauszustellen, auf der dieser aufruht.

---

[5] Ich zitiere im Folgenden die Schriften Humboldts im laufenden Text nach der Ausgabe Wilhelm von Humboldts Gesammelte Schriften, im Auftrag der (Königlich) Preußischen Akademie der Wissenschaften hg. v. Albert Leitzmann u. a., 17 Bde., Berlin 1903 ff. als (GS) unter Angabe der Bandnummer und der Seitenzahl.

[6] Vgl. Manfred Geier, Die Brüder Humboldt, Hamburg 2009.

[7] Vgl. John Stuart Mill, Über die Freiheit, Stuttgart 1986. Vgl. zum Liberalismus im 19. Jahrhundert Benedetto Groce, Geschichte Europas im neunzehnten Jahrhundert, Frankfurt/M. 1995.

Lebenslange finanzielle Unabhängigkeit

Wilhelm von Humboldt wird am 22. Juni 1767 in Potsdam geboren.[8] Sein Vater Alexander Georg von Humboldt entstammt einer alten preußischen Beamten- und Offiziersfamilie, die 1738 den Adelstitel verliehen bekommt. Die Mutter Marie Elisabeth Colomb entstammt einer hugenottischen Kaufmannsfamilie und bringt neben dem ererbten Reichtum aus ihrer ersten Ehe das Gut Tegel mit in die Familie. Der Wohlstand ihrer Familie und ihr jeweiliger Erbteil werden Wilhelm und seinem zwei Jahre jüngeren Bruder Alexander eine lebenslange finanzielle Unabhängigkeit ermöglichen, die es ihnen erlaubt, ihren Forschungsinteressen ungehindert nachzugehen.

Die Grundlage für diese Interessen wird in der hervorragenden Erziehung gelegt, die die Brüder durch Privatlehrer erfahren. Zu diesen zählen zunächst der berühmte Philanthrop und Pädagoge Johann Heinrich Campe und dann der spätere preußische Staatsrat Gottlob Johann Christian Kunth, der die Basis in Mathematik, Latein, Griechisch, Französisch und Geschichte legt. 1785 werden die beiden Brüder in die Berliner Gesellschaft eingeführt und hören Vorlesungen von Christian Wilhelm von Dohm über Nationalökonomie, in denen auch die neuen französischen physiokratischen Theorien mit ihrer Betonung der Freiheit des Handels angesprochen werden, und über Naturrecht von Ernst Ferdinand Klein, der am preußischen Allgemeinen Landrecht mitarbeitet. Mit der Philosophie der Aufklärung werden sie durch Johann Jakob Engel bekannt gemacht. Der Eintritt in die Gesellschaft macht sie aber auch mit der Atmosphäre der Berliner Aufklärung vertraut, die etwa durch den Verleger Friedrich Nicolai und den jüdischen Philosophen Moses Mendelssohn sowie den Salon der jüdischen Arztgattin Henriette Herz geprägt ist.[9] Dort schließt sich Humboldt im damaligen Geiste der Empfindsamkeit des Sturm und Drang einem geheimen Tugendbund an, über den er seine spätere Frau Caroline von Dacheroeden kennenlernt. In einer Lesegesellschaft macht Humboldt erste Bekanntschaft mit den Werken Immanuel Kants, der 1781 seine »Kritik der reinen Vernunft« veröffentlicht

---

[8] Vgl. zur Biographie Humboldts die klassischen Werke von Rudolf Haym, Wilhelm von Humboldt. Lebensbild und Charakteristik, Berlin 1856, Bruno Gebhardt, Humboldt als Staatsmann, 2 Bde., Stuttgart 1896-1899, Siegfried Kaehler, Wilhelm von Humboldt und der Staat, München 1927 sowie Lothar Gall, Wilhelm von Humboldt. Ein Preuße von Welt, Berlin 2011.

[9] Vgl. Horst Möller, Aufklärung in Preußen. Der Verleger, Publizist und Geschichtsschreiber Friedrich Nicolai, Berlin 1974 und Shmuel Feiner, Moses Mendelssohn. Ein jüdischer Denker in der Zeit der Aufklärung, Göttingen 2009.

hatte und 1784 in der »Berlinischen Monatsschrift«, dem Zentralorgan der Berliner Aufklärung, seinen Aufsatz zur Beantwortung der Frage »Was ist Aufklärung?«, in der er den Ausgang des Menschen aus seiner selbstverschuldeten Unmündigkeit anmahnte.

1787 beginnt Wilhelm sein Universitätsstudium, zunächst in Frankfurt/Oder und dann in Göttingen, wo er bei Georg Christoph Lichtenberg experimentelle Physik hört, bei August Ludwig Schlözer Universalgeschichte und bei Christian Gottlob Heyne Alte Sprachen. Heynes Tochter Therese ist mit dem Weltumsegler und späteren Mainzer Republikaner Georg Forster verheiratet, den Humboldt auf diesem Wege kennenlernt und mit dem er sich anfreundet. Während dieser Zeit macht sich Humboldt auch nochmals intensiver im Selbststudium mit Kants kritischer Philosophie vertraut, die ihn tief beeindruckt. Die Philosophie wird für Humboldt zu einer Art Grundlagenwissenschaft, auf deren Basis er sich insbesondere für Fragen der Sprache, der Geschichte und der Staatslehre interessiert. Hiermit hat man zum Ende seines Studiums bereits seine Hauptforschungsinteressen herausgebildet vor sich.

In der zweiten Jahreshälfte 1789 reist Humboldt mit seinem früheren Lehrer Campe in das revolutionäre Paris. Er gehört damit zu den Intellektuellen im Deutschen Reich, die sich auch vor Ort als Augenzeugen einen Eindruck von der Revolution verschaffen wollen. Doch während sein Begleiter Campe die Revolution mit großer Begeisterung betrachtet und dies in seinen »Briefen aus Paris« 1790 auch öffentlich kundtut,[10] bleibt Humboldt distanziert und skeptisch. Wir werden sehen, wie sich diese Revolutionsskepsis in seinen politischen Schriften fortsetzt. Auf der Rückreise von Paris verlobt er sich in Erfurt mit Caroline, die er dann aber erst 1791 heiraten wird.

Nach dem Studium tritt Humboldt 1790 in das preußische Justizdepartement ein und legt dort zwei juristische Prüfungen ab, die ihn für den auswärtigen Staatsdienst qualifizieren. Während dieser Zeit lebt er alleine in Berlin, freundet sich mit dem später einflussreichen konservativen Publizisten Friedrich Gentz, dem wir uns noch zuwenden werden, an und geht mit diesem amourösen Abenteuern nach. Ein Jahr später, 1791, reicht er jedoch eine Bitte um Beurlaubung ein und zieht sich aus dem Berufsleben zurück. Er und Caroline, die mittlerweile verheiratet sind, leben zunächst frei von allen Verpflichtungen auf den Gütern von Carolines Vater. Später siedelt man dann nach Jena über, wo Humboldt in

---

[10] Vgl. Johann Heinrich Campe (1790), Briefe aus Paris, während der französischen Revolution geschrieben, Berlin 1961.

einen engen Kontakt mit Friedrich Schiller kommt, mit dem er an der Zeitschrift
»Die Horen« arbeitet.[11] Der Lebensweg des jungen Humboldt zeigt ihn in jenen
frühen Jahren ganz dicht eingesponnen in das Netzwerk der deutschen Aufklärung, der literarischen Szene des Sturm und Drang und dann der Weimarer
Klassik. Er ist mit fast allen Personen bekannt, die das politische Denken in Reaktion auf die Französische Revolution nach 1789 prägen werden – sei es auf der
republikanischen Seite mit Forster, sei es auf der konservativen Seite mit Gentz –,
wählt aber in seinen eigenen politischen Schriften, die in dieser Zeit entstehen,
einen anderen, dritten Weg, den wir als die Grundlegung des deutschen Liberalismus verstehen können.

Die Grundlegung des deutschen Liberalismus

Die zentrale Idee, um die Humboldts ganzes Denken kreist, ist die Idee der
Selbstbildung der eigenen Individualität, die er mit der berühmten Formel beschreibt: »Der wahre Zweck des Menschen [...] ist die höchste und proportionirlichste Bildung seiner Kräfte zu einem Ganzen« (GS I 106). Darauf soll alles
menschliche Leben hin ausgerichtet sein und die politische Theorie sowie die
praktische Politik haben sich an diesem Zweck zu orientieren. Die Idee korrespondiert deutlich mit Humboldts eigenem Lebensweg zu dieser Zeit, seinem
Rückzug ins Privatleben, um seinen eigenen Interessen nachzugehen, zu for-
schen und sich dadurch zu bilden. Es ist häufig kritisiert worden, dass Humboldts Hauptzweck des Menschen und damit sein Liberalismus doch nur ein
Zweck und eine Weltanschauung für Angehörige der begüterten Oberschicht
sein könnten, wie Humboldt es selbst war, woran sicher einiges zutreffend ist.
Humboldt hat es aber so gesehen, dass dieser Zweck für die Angehörigen aller
Schichten in je spezifischer Weise und nach deren Möglichkeit erstrebenswert
sei. Nicht zuletzt mit seiner Bildungspolitik hat er versucht, darauf hinzuwir-
ken.[12]
Eine erste Schrift, in der Humboldt versucht, sein politisches Denken zu umreißen, sind die 1792 in der »Berlinischen Monatsschrift« veröffentlichten »Ideen
über Staatsverfassung, durch die neue französische Constitution veranlasst«.

---

[11] Vgl. Jürgen Kost, Wilhelm von Humboldt. Weimarer Klassik. Bürgerliches Bewusstsein. Kulturelle
Entwürfe in Deutschland um 1800, Würzburg 2004.
[12] Vgl. zur Zentralität dieser Idee vor allem Gall, Wilhelm von Humboldt.

Schon im Titel zeigt sich, wie eng Humboldts politisches Denken mit den Ereignissen in Frankreich verknüpft ist.

Die Schrift versucht zu zeigen, dass man nicht mit einem Mal, wie die französischen Revolutionäre es anstreben, eine Verfassung von Grund auf neu, rein nach der Vernunft entwickeln und einer Gesellschaft überstülpen kann. Ein solcher Versuch sei zum Scheitern verurteilt. Humboldts Angriff auf das französische Vernunftrecht ähnelt dem von Edmund Burke in dessen »Reflections on the Revolution in France«. Humboldt hat Burke zwar nicht selbst gelesen. Sein Freund Gentz, der Burkes Schrift 1793 dann übersetzen wird, hatte ihm aber während der Berliner Zeit daraus einige Stellen vorgelesen. Humboldt ist jedoch anders als Burke kein Gegner der Ziele der Französischen Revolution, sondern eher der Art und Weise, wie diese umgesetzt werden. Er plädiert für eine behutsame Reform und nicht für eine Revolution, um die Ziele zu erreichen. Während sein Freund Gentz sich im Anschluss an Burke immer mehr einer konservativen Position zuneigt, bleibt Humboldt den liberalen Freiheitsmomenten der Revolution verbunden. Sein Reformismus ähnelt dem Kants in Reaktion auf die Französische Revolution, distanziert sich aber schärfer von republikanischen Ansätzen, wie sie dann etwas sein Freund Georg Forster in Mainz in durchaus revolutionärer Form umzusetzen versucht. Humboldt steht Forsters revolutionärer Tätigkeit in Mainz eher skeptisch gegenüber.

Er begründet seine Ablehnung der Revolution zunächst mit erkenntnistheoretischen Überlegungen, die jedoch sofort auf geschichtsphilosophische und politische Überlegungen verweisen. »Alles unser Wissen und Erkennen beruht auf allgemeinen, d.i. wenn wir von Gegenständen der Erfahrung reden, unvollständigen und halbwahren Ideen, von dem Individuellen vermögen wir nur wenig aufzufassen, und doch kommt hier alles auf individuelle Kräfte, individuelles Wirken, Leiden und Geniessen an« (GS I 79). Man könnte hierin noch ein Fortwirken von Kants kritischer Philosophie vermuten, insofern unsere allgemeinen Kategorien nach Humboldt nicht in der Lage sind, die Wirklichkeit, das »Ding an sich«, vollständig zu erfassen. Und gerade in der Geschichte und Politik hat man es mit lauter individuellen Kräften, Wirkungen und Ereignissen zu tun, die sich keiner allgemeinen Kategorie subsumieren lassen. Die Vernunft kann daher, da sie gar nicht die gesamte Wirklichkeit durchschaut, diese auch nicht vollständig beherrschen oder gar hervorbringen, wie es die französischen Revolutionäre versuchen. Humboldt glaubt jedoch daran, dass die Vernunft das, was der natürliche geschichtliche Prozess hervorbringt, lenken kann: »Ganz anders ist es, wenn der Zufall wirkt und die Vernunft ihn nur zu lenken strebt. Aus der ganzen, individuellen Beschaffenheit der Gegenwart – denn diese von uns unerkannten Kräfte heissen uns doch nur Zufall – geht dann die Folge hervor« (GS I 79). Humboldts politischer Theorie, seinem Liberalismus, liegt auf diese Weise eine Metaphysik der Geschichte, ja eine »Physik« der Geschichte, wie er später sagen wird, zugrunde, die diese als hochkomplexes Zusammenspiel von individuellen Kräften und Gegenkräften versteht, das niemals ganz von der Vernunft durchschaut, aber doch zumindest in eine gewisse Richtung gelenkt werden kann. »Die Vernunft hat wohl Fähigkeit, vorhandnen Stoff zu bilden, aber nicht Kraft, neuen zu erzeugen. Diese Kraft ruht allein im Wesen der Dinge, diese wirken, die wahrhaft weise Vernunft reizt sie nur zur Thätigkeit, und sucht sie zu lenken. Hierbei bleibt sie bescheiden stehen. Staatsverfassungen lassen sich nicht auf Menschen wie Schösslinge auf Bäume pfropfen. Wo Zeit und Natur nicht vorgearbeitet hat, da ists, als bindet man Blühten mit Fäden an. Die erste Mittagssonne versengt sie« (GS I 80). Humboldts grundsätzliches Festhalten an den Ideen der Revolution wird am Ende der Schrift deutlich, wo er zwar bezweifelt, dass die neu gegebene Verfassung Bestand haben wird, aber doch glaubt, dass sie »die Ideen aufs neue aufklären, aufs neue jede thätige Tugend anfachen, und so ihren Segen weit über Frankreichs Gränzen verbreiten« wird (GS I 84).[13]

Die zweite Schrift, mit der Humboldt seinem politischen Denken Kontur zu geben sucht, ist dann bereits sein politisches Hauptwerk, die »Ideen zu einem Versuch, die Grenzen der Wirksamkeit des Staates zu bestimmen«. Humboldt arbeitet an dem Buch im Sommer 1792. Einzelne Teile erscheinen noch im selben Jahr in Schillers »Thalia« und in der »Berlinischen Monatsschrift«. Vollständig ist das Werk aber erst 1851 erschienen, nicht zuletzt auch aus Angst vor Kritik und Zensur, die nach den Wöllnerschen Religionsedikten Ende der 1780er Jahre in Preußen wieder verschärft gegen alles aufklärerische Gedankengut vorging.

Humboldts zentrale Unterscheidung in den »Ideen« ist die zwischen der Regierungsform des Staates und dem Zweck des Staates. In ähnlicher Weise hat Kant in Reaktion auf die Französische Revolution zwischen Herrschaftsform und Regierungsart unterscheiden. Für Humboldt ist der Zweck des Staates nun kein anderer Zweck als der des Menschen, den wir schon kennengelernt hatten, »die höchste und proportionirlichste Bildung seiner Kräfte zu einem Ganzen«.[14] Der

---

[13] Vgl. Kaehler, Wilhelm von Humboldt und der Staat, S. 128 ff.
[14] Vgl. dazu insbesondere Tilman Borsche, Wilhelm von Humboldt, München 1990, S. 46.

Staat ist also dazu da, den Menschen diese Ausbildung ihrer jeweiligen Indivi-
dualität zu ermöglichen. Ein anarchischer Zustand beziehungsweise eine Art
Naturzustand scheinen Humboldt dies nicht zu gewährleisten. Vielmehr ist der
Staat nötig, um die Freiheit der Menschen zur Selbstbildung zu sichern und
ihnen Möglichkeiten zu dieser zu gewähren. »Ausser der Freiheit erfordert die
Entwikkelung der menschlichen Kräfte noch etwas anderes, obgleich mit der
Freiheit eng verbundenes, Mannigfaltigkeit der Situationen« (GS I 106). Humboldts Staat ist also ein Rechts- und Sicherheitsstaat, der die Freiheit gewährleistet, die wiederum für den Zweck der individuellen Selbstbildung benötigt wird.
Mit welcher Regierungs- beziehungsweise Herrschaftsform das geschieht, erscheint Humboldt als nachrangig, ja eine Monarchie oder Aristokratie könne die
individuelle Freiheit vielleicht sogar besser schützen als eine Demokratie, da
diese eine Tendenz zum Massendespotismus habe. Das ist der zentrale, paradigmatisch liberale Zug in Humboldts Denken, diese Trennung von Staatszweck
und Regierungsform. Wie bereits gesehen, zieht auch Kant eine ähnliche Unterscheidung ein – das ist der liberale Zug in Kants politischem Denken, den wir
herausgearbeitet hatten –, löst sie dann aber doch in einigen seiner politischen
Schriften wieder auf, hin zu einer Einbindung demokratischer beziehungsweise
republikanischer Elemente in seine politische Theorie. Bei Humboldt bleibt der
Begriff der Freiheit dagegen ein rein negativer, ohne jede politische, positive
Komponente.[15] Es geht ihm allein darum, einen Rechts- und Sicherheitsstaat zu
etablieren und dann dafür zu sorgen, dass dieser Staat, welche Form er auch
immer haben mag, nicht in den privaten Selbstbildungsraum seiner Bürger in-
terveniert. Der Gegner Humboldts ist hier der absolutistische, merkantilistische
Staat des Ancien Regime – gegen den ja bereits Lessing polemisiert hatte –, der
ungehemmt und ohne Rücksicht auf die Rechte des Einzelnen den Wohlstand
der Nation als Besitz des Monarchen zu mehren suchte. Dagegen wendet sich
Humboldt und seine Schrift hat in dieser Hinsicht sicher eine aufklärerische,
fortschrittliche und kritische Dimension. Anzumerken ist dabei, dass Humboldt
nicht wie die britische Moralphilosophie und politische Ökonomie zum Beispiel

---

[15] Vgl. dazu Frederick Beiser, Enlightenment, Revolution, and Romanticism. The Genesis of Modern
German Political Thought 1790-1800, Harvard 1992, S. 131 f. Vgl. zu Humboldts politischer Philosophie auch Reiner Ostermann, Die Freiheit des Individuums. Eine Rekonstruktion der Gesellschafts-
theorie von Wilhelm von Humboldt, Frankfurt/M. 1993, sowie Jens Petersen, Wilhelm von Humboldts Rechtsphilosophie, Berlin 2007, und Marco Iorio, Zwischen Liberalismus und Libertarianismus. Wilhelm von Humboldts politische Philosophie, in: Jahrbuch für Liberalismusforschung 20
(2008), S. 233-252.

Adam Smiths aus ökonomischen Gründen den Absolutismus und Merkantilismus zugunsten des Freihandels kritisiert, sondern aufgrund der individuellen Freiheit zur Selbstbildung. Andererseits zeigt sich in Humboldts politischer Theorie aber das Zurückbleiben des deutschen Liberalismus hinter dem Liberalismus der angelsächsischen Tradition, der eben auch eine politische Freiheit und nicht nur eine private kennt und für den die Regierungsform keineswegs nachrangig ist. Humboldts Liberalismus ist daher auch deshalb paradigmatisch, weil sich bereits bei ihm die Malaise des deutschen Liberalismus des 19. und frühen 20. Jahrhunderts zeigt, jener Rückzug in eine »machtgeschützte Innerlichkeit«, wie Thomas Mann das genannt hat, in eine rein private, negative Freiheit, die einen Rechts- und Sicherheitsstaat kennt, aber keinen demokratischen Staat. In ähnlicher Weise wie Humboldt hat etwa Carl Gottlieb Svarez argumentiert, der Hauptautor des Allgemeinen Preußischen Landrechts, das 1794 in Kraft gesetzt wurde und noch vom aufgeklärten Absolutismus Friedrichs II. initiiert wurde. Für Svarez ist der Zweck des Staates die »Erhaltung und Befestigung der allgemeinen Ruhe und Sicherheit, die Erleichterung und Begünstigung der Mittel, wodurch einem jeden einzelnen die Gelegenheit verschafft werden kann, seine Privatglückseligkeit ohne Beeinträchtigung und Beleidigung anderer zu befördern.«[16] Humboldts Liberalismus zeigt sich so auch auf der Linie eines zentralen Reformprojekts des aufgeklärten Absolutismus in Preußen.

Diese liberale Staatstheorie mit ihrer negativen Freiheitskonzeption hat bei Humboldt vor allem mit seiner zentralen Idee der menschlichen Selbstbildung zu tun, die nicht eine allgemeine politische Bildung der Menschen zu tugendhaften Bürgern ist, wie er das für die antiken Staaten in den »Ideen« herausarbeitet. Es geht ihm um die ganz individuelle »eigentümliche« Bildung eines jeden Menschen zu dem, was in ihm an je spezifischen natürlichen Kräften angelegt ist.[17] Hier spielt der Geniekult des Sturm und Drang und die gerade im Entstehen begriffene, von Herder ausgehende romantische Philosophie der Authentizität in Humboldts politisches Denken hinein, allerdings so gewendet, dass das individuelle Genie, die authentische Individualität, gegen den Staat und die Gesellschaft errungen und abgesichert werden muss. Der Staat ist eine Bildungsanstalt, der jedoch sehr enge Grenzen gezogen werden müssen, weil immer die Gefahr droht,

---

[16] Carl Gottlieb Svarez, Vorträge über Recht und Staat, hg. v. H. Conrad und G. Kleinheyer, Köln 1960, S. 586.
[17] Vgl. Ernst Cassirer, Freiheit und Form. Studien zur deutsche Geistesgeschichte, Darmstadt 1961, S. 327 ff.

dass das Allgemeine die individuelle Entfaltung der Kräfte unterdrückt, statt sie nur vernünftig zu lenken. Im Rahmen der Erkenntnistheorie und Geschichtsphilosophie Humboldts, die wir bereits angedeutet hatten, kann nur diese behutsame Lenkung und Reform eine politische Option sein und nicht mehr.

Es versteht sich, dass ein solcher Liberalismus der Idee eines starken Nationalstaates und der engen Bindung der Bürger an die Nation und ihr Fortkommen entgegensteht. Humboldts Humanitätsideal der Selbstbildung ist zugleich radikal individualistisch und universalistisch, auch wenn er durchaus betont, dass jeder Menschen in eine spezifische Kultur hineingeboren wird und nur auf dieser aufbauend seiner Selbstbildung nachgehen kann. Aber zugleich gilt ihm dies eben für alle Menschen in allen Kulturen, dass sie ihre individuellen Kräfte aufbauend auf ihrer spezifischen Situation zu einer höchsten, harmonischen Ausbildung führen sollen, und kein Gemeinwesen sollte sie darin behindern.[18]

Zweifellos haben diese in den 1790er Jahren entwickelten staatstheoretischen Überlegungen Humboldt dann auch bei seiner Beteiligung an den preußischen Reformen unter Stein und Hardenberg nach der Niederlage Preußens 1806 gegen Napoleon angeleitet.[19] Humboldt soll die Reformen auf Steins Wunsch im Bereich des Bildungswesens ergänzen. Im Rahmen seiner Theorie, dass der Staat die »Freiheit« und die »Mannigfaltigkeit der Situationen« zur Selbstbildung sichern soll, unternimmt es Humboldt nun hier, ein Schul- und Universitätssystem einzuführen, das einerseits elementare Bildung für alle ermöglichen und andererseits die Freiheit und Einheit von Forschung und Lehre an der Universität gewährleisten soll.[20] Erneut wird hier die Freiheit insbesondere der höheren Bildung an den Universitäten herausgestellt, deren Schutz vor staatlichen Eingriffen und Vorgaben. Mit der Gründung der Berliner Universität, der heutigen Humboldt-Universität, hat Humboldt seiner Bildungsidee so auch einen Ort geschaffen. Sein dort verwirklichtes Bildungssystem war enorm einflussreich und hat bis in die amerikanischen Universitäten hineingewirkt. Man kann sich aber

---

[18] Vgl. zu Humboldts universalistischem Humanitätsideal Friedrich Meinecke, Weltbürgertum und Nationalstaat, München 1963, S. 40ff.

[19] Für eine andere Einschätzung des Zusammenhangs zwischen früher Staatstheorie und späterer politischer Praxis vgl. Hagen Schulze, Humboldt oder das Paradox der Freiheit, in: Bernfried Schlerath (Hg.), Wilhelm von Humboldt. Vortragszyklus zum 150. Todestag, Berlin 1986, S. 144-186.

[20] Vgl. Clemens Menze, Die Bildungsreform Wilhelm von Humboldts, Hannover 1975 und Dietrich Brenner, Bildung, Wissenschaft und Universitätsunterricht, in: Erhard Wicke (Hg.), Menschheit und Individualität. Zur Bildungstheorie und Philosophie Wilhelm von Humboldts, Weinheim 1997, S. 131-150.

abschließend fragen, ob durch das humboldtsche Universitätsverständnis und damit in die auf ihn folgende Geschichte der deutschen Universität und Wissenschaft nicht so der gleiche apolitische Zug hineingekommen ist wie in Humboldts Staatstheorie: jene Betonung einer rein negativen Freiheit jenseits des politischen Raumes, in der sich alleine die eigentümliche Individualität eines jeden Menschen und so auch die des Wissenschaftlers entwickeln kann. Damit sind wir allerdings bei einer umstrittenen empirischen Frage angelangt, die den Rahmen dieser Untersuchung übersteigt und in die dunkelsten Kapitel der deutschen Geschichte des 20. Jahrhunderts hineinführt, in die Zeit der nationalsozialistischen Gleichschaltung der Universitäten als Folge einer apolitischen Wissenschaft, die sich dadurch umso leichter politisch instrumentalisieren ließ.

Von Humboldt zu Hegel

Ich hatte in diesem Kapitel versucht zu zeigen, dass wir in Humboldt der paradigmatischen Gründungsfigur der liberalen Strömung im politischen Denken in Deutschland nach 1789 begegnen. Eingesponnen in das Netzwerk der Aufklärung und der literarischen Szene der Zeit entwickelt Humboldt seine liberale politische Theorie aus seiner zentralen Idee heraus, dass das Telos des Menschen »die höchste und proportionirlichste Bildung seiner Kräfte zu einem Ganzen« ist. An diesem Telos hat sich der Zweck des Staates zu orientieren, der deswegen in der gesetzlichen Sicherung der »Freiheit« und der »Mannigfaltigkeit der Situationen« zur Selbstbildung liegt. Dieser Zweck kann ganz unabhängig von der Form der Regierung gewährleistet werden. Jede Regierungsform, sei es eine Monarchie, Aristokratie oder Demokratie, kann diesen Zweck befördern oder verhindern, weswegen allen Grenzen gesetzt werden müssen im Hinblick auf ihre Interventionsmöglichkeiten in den privaten Freiheitsraum der Bürger. Ja, für Humboldt sind vielleicht sogar eine konstitutionelle Monarchie oder eine Aristokratie besser geeignet, die negative Freiheit zu gewährleisten, als eine Demokratie. Humboldts Freiheitsbegriff ist daher ein rein negativer, der ohne jede positive, politische Komponente auskommt. Hierdurch unterscheidet er sich scharf von der republikanischen Strömung der 1790er Jahre, wie sie bereits bei Kant vorhanden ist und dann bei Humboldts Freund Georg Forster, wie sie bei Johann Gottlieb Herder und dann in der politischen Frühromantik bei Friedrich Schlegel auftritt. Sein Individualismus und seine Antietatismus unterscheiden Humboldt aber auch von der konservativen Strömung im politischen Denken nach 1789, wie wir sie bei Friedrich Gentz oder dann auch beim Freiherrn vom Stein finden. Humboldt hat dennoch während der Reformära mit Stein zusammengearbeitet. Steins Rückwendung zu mittelalterlichen Reichsmodellen hat Humboldt aber auf dem Wiener Kongress nicht mitvollziehen können. Er blieb auch hier seinem Liberalismus treu.

Dieser Liberalismus, der vor allem die Freiheit der Selbstbildung zu sichern sucht, wird nun bei Georg Wilhelm Friedrich Hegel nach 1800 an der von Humboldt begründeten Universität in Berlin zu einem nationalen Liberalismus transformiert. Hegel wendet Humboldts negative Freiheit intersubjektivitätstheoretisch, so dass sie sich nun erst im sozialen Miteinander, genauer: im Nationalstaat verwirklichen kann. Eine Wende hin zu politischen, demokratischen Freiheitsrechten geht damit aber nicht einher. Vielmehr bleibt die konstitutionelle Monarchie das bevorzugte Verfassungsmodell.

8. Hegel

Angesichts der umkämpften Rezeptionsgeschichte Hegels, die mit der Auseinandersetzung zwischen Rechts- und Linkshegelianern einsetzt,[1] mag es vielleicht ein wenig überraschen, wenn Hegel hier so selbstverständlich als Liberaler betrachtet wird. Aber die plausibelste historische Rekonstruktion seines reifen politischen Denkens – diese Sichtweise setzt sich zunehmend durch[2] – stellt es in den Zusammenhang der preußischen Reformen, die durch eine defensive Modernisierung als Reaktion auf die Französische Revolution und die napoleonischen Eroberungen eine vorsichtige Liberalisierung der Gesellschaft anstreben. Der diese Liberalisierungsbestrebungen aufgreifende Liberalismus Hegels unterscheidet sich jedoch vom Frühliberalismus eines Humboldt, insofern jetzt nicht mehr eine Begrenzung der Staatstätigkeit zur Freiheitssicherung im Mittelpunkt steht, sondern der fortschrittliche, moderne Staat gerade als Ort der Verwirklichung der Freiheit angesehen wird. Das impliziert eine Aufwertung des konkreten Staates als Institution, eine Wertschätzung eines starken, souveränen Nationalstaates, da nur in ihm die Freiheit des Menschen Wirklichkeit werden kann. Hegels Liberalismus ist ein national gestimmter Liberalismus, und er gibt in diesem Sinne den Themen Nationalismus, Patriotismus und Liberalismus bereits zu Beginn des 19. Jahrhunderts ihre spezifisch deutsche Färbung, die Thomas Mann später als »Staatsvergottung« kritisieren wird.[3] So zeigt sich nicht zuletzt auch hierin das politische Denken der Zeit zwischen Französischer Revolution

---

[1] Vgl. zur Rezeptionsgeschichte im 19. Jahrhundert Hermann Lübbe, Politische Philosophie in Deutschland, München 1974.
[2] Vgl. etwa Allen Wood, Hegel's Political Philosophy, in: Stephen Houlgate, Michael Baur (Hg.), A Companion to Hegel, Oxford 2011, S. 297-312. Vgl. zu dieser Interpretation bereits Gertrude Lübbe-Wolff, Hegels Staatsrecht als Stellungnahme im ersten preußischen Verfassungskampf, in: Zeitschrift für philosophische Forschung 3 / 4 (1981), S. 476-501.
[3] Vgl. Thomas Mann, Deutschlands Weg nach Hitlers Sturz, in: ders., Gesammelte Werke in dreizehn Bänden, Bd. XII, Frankfurt/M. 1990, S. 907.

und Restauration als Laboratorium der Moderne, in dem sich bereits alle zukünftig wirkmächtigen politischen Tendenzen herauskristallisieren.[4]

Bevor wir Hegels politisches Denken unter dem Gesichtspunkt eines nationalen Liberalismus genauer rekonstruieren, sei aber zunächst ein Blick auf seine Biographie und seine Prägungen geworfen. Als bedeutendster Vertreter des deutschen Idealismus tritt Hegel, im Gegensatz zu den bisher behandelten Denkern, erst im Schatten der Französischen Revolution ins Erwachsenenalter ein. Sie ist dementsprechend das prägende Jugendereignis seiner Generation.

Von Stuttgart nach Berlin

Georg Wilhelm Friedrich Hegel wird am 27. August 1770 in Stuttgart geboren.[5] Das Elternhaus war pietistisch geprägt. Hegels Vater, Georg Ludwig, war Rentkammersekretär in württembergischen Diensten, die Mutter, Maria Magdalena Luisa, entstammte einer wohlhabenden Stuttgarter Familie. Der junge Hegel besucht ein Stuttgarter Gymnasium, eignet sich dort bereits früh Latein, Griechisch, Hebräisch, Französisch und Englisch an und begeistert sich für antike Autoren, für Shakespeare und Geschichte.

Mit achtzehn Jahren tritt er in das streng geführte Tübinger Stift ein und beginnt ein Studium der Theologie an der Tübinger Universität. Wie sich jedoch schnell zeigt, interessiert er sich mehr für Philosophie und Literatur als für Theologie. Mit seinen Zimmergenossen Hölderlin und Schelling entflammt er für die Ideen der Französischen Revolution und nimmt an Sitzungen eines revolutionär-patriotischen Studentenclubs teil. Man liest dort französische Zeitungen und hegt jakobinische Überzeugungen. Eine in ihrem Wahrheitsgehalt umstrittene, aber oft wiederholte Anekdote berichtet, dass die drei Zimmergenossen am 14. Juli 1792, dem Jahrestag des Sturms auf die Bastille, die Marseillaise ins Deutsche übertragen und einen Freiheitsbaum gepflanzt hätten – ein damals gewagtes Unternehmen.[6] Hegel ist in seinen jungen Jahren jedenfalls stark geprägt durch die von Herder ausgehende »expressivistische« Stimmung, die der Sturm und

---

[4] Vgl. aus einer selbst hegelianischen, gesamteuropäischen Perspektive zu Nationalismus und Liberalismus immer noch lesenswert Benedetto Groce, Geschichte Europas im neunzehnten Jahrhundert, Frankfurt/M. 1995.

[5] Vgl. zum Folgenden Charles Taylor, Hegel, Frankfurt/M. 1983, S. 81-112, und Terry Pinkard, Hegel. A Biography, Cambridge 2001.

[6] Siehe Dieter Henrich, Leutwein über Hegel. Ein Dokument zu Hegels Biographie, in: Hegel-Studien 3 (1965), S. 39-77.

Drang etwa in Goethes »Werther« und in Schillers »Räuber« zum Ausdruck bringt. Unter den Aufklärern verehrt er zunächst insbesondere Lessing und Mendelssohn, die den Menschen zur vernünftigen Selbstbestimmung bringen möchten. Später tritt eine intensive Auseinandersetzung mit Kant hinzu, die die beiden zuvor genannten Autoren bald in den Hintergrund drängt.

1793 erhält Hegel sein theologisches Lizenziat. Ein kirchliches Amt mit all seinen Einschränkungen und Begrenzungen möchte er jedoch nicht übernehmen. Er geht daher als Hauslehrer zunächst nach Bern und dann nach Frankfurt. Während dieser Jahre liest er die klassischen Werke der Aufklärung, von Grotius, Hobbes, Hume und Locke bis Montesquieu, Rousseau, Shaftesbury, Spinoza und Voltaire. Aber auch die großen politischen Realisten Thukydides und Machiavelli gehören zu seiner Lektüre sowie die schottischen politischen Ökonomen wie Smith und Steuart. Nicht zuletzt in diesem Lektüreerlebnis dürfte Hegels originelle Verbindung von starkem Staat und bürgerlicher, kommerzieller Gesellschaft fundiert sein. Hegel legt damit das Fundament für seine eigenen Überlegungen zu Recht, Politik, Gesellschaft und Ökonomie, wie sie dann in den 1821 veröffentlichten »Grundlinien der Philosophie des Rechts« ihren finalen Ausdruck finden sollten. Seine jakobinische Begeisterung für die Revolution kühlt während dieser Zeit durch die Eskalation des Terrors in Frankreich allerdings erheblich ab. An den grundlegenden Errungenschaften der Revolution hat Hegel aber zeitlebens festgehalten.

In einer um die Jahrhundertwende entstehenden Schrift zur Verfassung Deutschlands setzt sich Hegel zu Beginn der napoleonischen Eroberungskriege erstmals eingehend mit der politischen Situation des Deutschen Reichs auseinander und beklagt: »Deutschland ist kein Staat mehr.«[7] Er hofft zu dieser Zeit auf eine Bewegung hin zu einer neuen Verfassung mit repräsentativen Institutionen. Diese Hoffnung verweist bereits auf einige Grundlinien seines späteren politischen Denkens und zeigt ihn schon hier als Anhänger einer Reformbewegung.[8]

Begünstigt durch eine Erbschaft nach dem Tod seines Vaters geht Hegel 1801 nach Jena, das kurz zuvor noch durch Tieck, Novalis und Schlegel der zentrale Ort der deutschen Frühromantik war; und Fichte hatte dort seine idealistische

---

[7] Vgl. Georg Wilhelm Friedrich Hegel, Die Verfassung Deutschlands, in: ders., Werke, Bd. 1, hg. v. Karl Markus Michel und Eva Moldenhauer, Frankfurt/M. 1971.

[8] Vgl. Rüdiger Bubner, Hegels Staatsbegriff, in: ders., Polis und Staat. Grundlinien der Politischen Philosophie, Frankfurt/M. 2002, S. 153-173.

Philosophie des Ichs als Setzung und Tat gelehrt, war aber durch den so genannten »Atheismusstreit« unter Mitwirkung Goethes zum Rücktritt gezwungen
worden. Zur Zeit von Hegels Ankunft hatte sich dessen Tübinger Freund Schelling in Jena bereits ersten Ruhm als Philosoph erworben. Zusammen mit ihm
gibt Hegel in den folgenden zwei Jahren das »Kritische Journal der Philosophie«
heraus, in dem er erste Essays publiziert. Jena ist aber vor allem der Ort, an dem
Hegels erstes großes Werk, die »Phänomenologie des Geistes«, entsteht, das er
1806 abschließt und gerade noch aus der von den Franzosen in Besatzung genommenen Stadt retten kann. Bei dieser Gelegenheit begegnet er Napoleon, in
dem er bekanntlich im Rahmen seiner neu entwickelten Philosophie den »Welt-
geist zu Pferde« gesehen haben will.

Von Jena aus geht Hegel nach Bamberg, wo er Redakteur der »Bamberger Zeitung« wird, und dann weiter nach Nürnberg, wo er auf Vermittlung Friedrich
Immanuel Niethammers 1808 Rektor eines Gymnasiums wird. Dort heiratet er
1811 Marie von Tucher, mit der er eine glückliche Ehe führen wird, aus der zwei
Söhne hervorgehen. In dieser Nürnberger Zeit entsteht Hegels zweites Hauptwerk, die »Wissenschaft der Logik«. 1816 erfolgt schließlich ein Ruf an die Universität Heidelberg auf eine Professur für Philosophie. Damit ist er, spät, in der
akademischen Welt angekommen.

Der Heidelberger Aufenthalt währt jedoch nicht lange, denn 1817 ereilt ihn
das Angebot des preußischen Reformers und Kultusministers zum Altenstein,
Fichtes Lehrstuhl an der von Wilhelm von Humboldt neu gegründeten Berliner
Universität zu übernehmen. Auch Humboldt selbst, zu dieser Zeit eine Art preußischer Innenminister unter der Kanzlerschaft Hardenbergs, unterstützt die
Berufung. Hegel folgt dem Ruf 1818 und wird bis zu seinem Tod 1831 in Berlin
bleiben. Hier entsteht nun seine reife politische Philosophie, wie sie in den
»Grundlinien der Philosophie des Rechts« dann dargelegt ist. Der bereits angedeutete enge Konnex mit den preußischen Reformern um Humboldt, Altenstein
und Hardenberg, die auch nach dem Wiener Kongress und trotz der zunehmend
restaurativen Zeittendenz weiter an einer Modernisierung Preußens arbeiten,
zeigt sich schon an diesem Berufungsvorgang. In Hegels frühe Berliner Jahre und
die Entstehungszeit der Rechtsphilosophie fallen die mit dem Wartburgfest 1817
anhebenden Studentenunruhen des Vormärz, in deren Folge der reaktionäre
Schriftsteller und vermeintliche russische Spion August von Kotzebue von dem
Studenten Karl Ludwig Sand ermordet wird. Die reaktionäre Allianz unter Führung von Metternich nutzt diesen Vorfall, um im Reich durch die Karlsbader

Beschlüsse 1819 die Zensur einzuführen. Damit war die Chance für die Reformpläne von Humboldt und Hardenberg endgültig vertan, die gerade noch eine
liberale Verfassungsreform angestrebt hatten, nun aber kein Gehör mehr beim
preußischen König finden. Wie die Rechtsphilosophie deutlich zeigt, lehnt Hegel
sowohl die Politik der Reaktionäre ab, als auch die radikalen Forderungen der
Studenten, deren Position sein Berliner Kollege Fries vertritt, an dem Hegel kein
gutes Haar lässt und mit dem er lebenslang verfeindet war. Gerade in dieser Zwi-
schenstellung zwischen Reaktion und Studentenbewegung zeigt sich Hegels liberaler Reformismus und seine Übereinstimmung mit den späten preußischen
Reformern.

Freiheit und Sittlichkeit

Kant hatte mit seiner Abspaltung der Freiheit als regulativer Idee der praktischen
Philosophie von der natürlichen, determinierten Welt den Grundstein für eine
neue Begründung von Moral, Recht und Politik gelegt, die er dann in den 1790er
Jahren in seinen moralphilosophischen und politischen Schriften ausarbeitete. Er
hatte damit aber zugleich jeder natürlichen Erklärung der Freiheit und der Verbindung von Geist und Welt den Boden entzogen. Diese Problematik der Kantischen Philosophie bezeichnet den zentralen Ausgangspunkt der idealistischen
Philosophie. Während Fichte als Lösung mit unerhörter Radikalität alles, also
auch die natürlichen Objekte, zu einem Gegenstand bewusstseinsmäßiger Setzung macht, versuchen Schelling und Hegel sich an einer Theorie der historischen Herausbildung des Geistes aus der Natur. In seiner »Phänomenologie des
Geistes« hat Hegel eine solche Entwicklungsgeschichte des Geistes vorgelegt. Sie
sieht den Geist sich allmählich in dialektischen Dreischritten sowohl individuell
als auch geschichtlich entwickeln, so wie aus einem Samen sich eine Blüte herausbildet und diesen »aufhebt«, die sich dann wiederum in einer Frucht »aufhebt«.
    Hegels politische Philosophie baut auf dieser dialektischen Theorie einer Ent-
wicklungsgeschichte des Geistes von der »ersten«, biologischen zur »zweiten«,
geschichtlichen und sozialen Natur hin auf.[9] Sie verlängert sie zum Staat hin als
finale Objektivation des freien Willens.[10] Hegels Rechtsphilosophie beruht dabei

---

[9] Vgl. Robert B. Pippin, Hegel on Political Philosophy and Actuality, in: Inquiry 5 (2010), S. 401-416.
[10] Vgl. dazu Ludwig Siep, Hegels politische Philosophie, in: ders., Praktische Philosophie im Deutschen Idealismus, Frankfurt/M. 1992, S. 307-328.

auf einer Theorie des Guten, das er in der Selbstverwirklichung des Geistes erblickt: Das Wesen und Telos des Geistes ist die Freiheit. Für Hegel ist jedoch
anders als für Kant oder Fichte Freiheit keine subjektive Idee oder Aktivität,
sondern kann nur im Zusammenwirken von Subjekt und Objekt, von Ego und
Alter sich realisieren. Seine berühmte Definition für diesen Freiheitsbegriff zielt
auf das »Bei-sich-selbst-Sein in einem Anderen.« Hegels Freiheitsbegriff zielt
damit auch auf die objektiven Realisierungs- bzw. Erfüllungsbedingungen von
Freiheit, nicht alleine auf die subjektiven Vermögensbedingungen. Insofern
drängt sein Freiheitsbegriff auf eine soziale bzw. institutionelle Objektivation
hin.[11] Daraus erklärt sich Hegels Formulierung, dass das Recht das »*Dasein des
freien Willens* ist«.[12]

Unter Recht versteht er aber nun nicht, wie wir heute, nur das geschriebene
Recht der Gesetzbücher und Verfassungen. Vielmehr sieht er das Recht sich in
drei Stufen bzw. Daseinssphären entfalten. Die erste umfasst das »abstrakte oder
formelle Recht«, in welchem der freie Wille in der Person als abstraktem Akteur
sich Dasein gibt, der mit einer Welt von Objekten und anderen Eigentümern
interagiert, sich Eigentumsrechte aneignet oder diese überträgt. »Das Recht ist
zuerst das unmittelbare Dasein, welches sich die Freiheit auf unmittelbare Weise
gibt, [...] *Besitz*, welcher *Eigentum* ist« (§ 40). Die zweite Stufe nennt Hegel »Moralität«. In dieser geht der freie Wille von einer abstrakten Person zu einem individuellen Subjekt über, das seine individuelle Besonderheit im Handeln mit dem
allgemeinen moralisch Guten in Einklang bringen muss. »Es hat sich damit für
die Freiheit ein höherer *Boden* bestimmt: an der Idee ist jetzt die Seite der *Existenz* oder ihr reales Moment, die *Subjektivität* des Willens. Nur im Willen, als
subjektivem, kann die Freiheit oder der *an sich* seiende Wille wirklich sein. Die
zweite Sphäre, die Moralität, stellt daher im ganzen die reale Seite des Begriffs der
Freiheit dar« (§ 106). Als dritte Sphäre der Freiheit nennt Hegel schließlich die
»Sittlichkeit«. In ihr kommen die Sphären des formellen Rechts und der subjektiven Moralität zu ihrer sozialen Realisierung. Der freie Wille ist hier im Einklang
mit der sozialen Welt der Gewohnheiten und Institutionen. »Die Sittlichkeit ist
die *Idee der Freiheit* als das lebendige Gute, das in dem Selbstbewußtsein sein

---

[11] Vgl. Axel Honneth, Das Recht der Freiheit. Grundriß einer demokratischen Sittlichkeit, Berlin
2011.
[12] Georg Wilhelm Friedrich Hegel (1820), Grundlinien der Philosophie des Rechts, Werke, Bd. 7, hg.
v. Karl Markus Michel und Eva Moldenhauer, Frankfurt/M. 1970, S. 80, § 29. Die Paragraphenanga-
ben im Folgenden in Klammern im Text beziehen sich auf diese Ausgabe.

Wissen, Wollen und durch dessen Handeln seine Wirklichkeit, so wie dieses an dem sittlichen Sein seine an und für sich seiende Grundlage und bewegenden Zweck hat, – der *zur vorhandenen Welt und zur Natur des Selbstbewußtseins gewordene Begriff der Freiheit*« (§ 142). In diesem Zitat zeigt sich, dass Hegel die Sittlichkeit nicht als unreflektiertes Handeln im Einklang mit den Gewohnheiten und institutionellen Normen versteht. Vielmehr ist sie auf der Seite des Subjekts ein »Wissen« und »Wollen« des sozial Rechten in diesem umfassenden Sinne. Der freie Wille ist bei sich selbst im Anderen, also wirklich frei, wenn er auf eine soziale Welt trifft, die ihm diese Freiheit ermöglicht, und wenn er darum weiß und sie will. Damit ist von Hegel ein rationales Kriterium eingeführt, das über eine bloße Beschreibung und Affirmation der sozialen Wirklichkeit hinausweist. Seine Rechtsphilosophie zielt auf eine rationale Rekonstruktion des modernen Staates, in dem sich das Individuum als frei wissen und wollen kann und der sich daher eine rationale Form geben muss. Im Hintergrund lässt sich hier erneut das preußische Reformprojekt einer liberalen Konstitutionalisierung vermuten.

Nationaler Liberalismus

Die so bestimmte moderne Sittlichkeit unterteilt Hegel nun wiederum, in gut dialektischer Manier, in drei institutionelle Sphären: die Familie, die bürgerliche Gesellschaft und den Staat. In der modernen Familie realisiert sich der freie Wille des Subjekts als Mitglied einer Liebesgemeinschaft und nicht als Person an sich. »Die Familie hat als die *unmittelbare Substantialität* des Geistes seine sich *emp-findende* Einheit, die *Liebe*, zu ihrer Bestimmung, so daß die Gesinnung ist, das Selbstbewußtsein seiner Individualität *in dieser Einheit* als an und für sich seien-der Wesentlichkeit zu haben, um in ihr nicht als eine Person für sich, sondern als *Mitglied* zu sein«(§ 158). Die Grundlage der Familie ist für Hegel die Ehe, und die Frau findet bei ihm, im Gegensatz zur damals bereits vorhanden fortschrittli-chen Bestimmung der Frauenrolle bei den Romantikern, die wir noch kennen-lernen werden, ihren zentralen Lebens- und Aufgabenbereich in der Familie. Der Mann ist für Hegel dagegen der Repräsentant der Familie im öffentlichen Leben. Als Vorlage dieser Bestimmung dient ihm dabei allerdings bereits die bürgerliche Familie und nicht mehr die vormoderne, feudale Großfamilie. Dieser bürgerli-chen Familie korrespondiert die bürgerliche Gesellschaft als zweite institutionelle Sphäre der modernen Sittlichkeit. »Die bürgerliche Gesellschaft ist« für Hegel »die Differenz, die zwischen Familie und Staat tritt« (§ 182). In Hegels Trennung von bürgerlicher Gesellschaft und Staat kommt eine der im 19. Jahrhundert dann zentral werdenden Unterscheidungen des modernen Liberalismus zum Ausdruck. Anders als mit dem aristotelisch imprägnierten Begriff der *societas civilis*, der herkömmlicherweise das gesamte politische Gemeinwesen bezeichnete, wird bei Hegel mit dem Begriff der bürgerlichen Gesellschaft im Anschluss an die schottischen Ökonomen Smith und Steuart vor allem der bürgerlich-kapitalistische Markt zu fassen versucht, den Hegel auch als ein »System der Bedürfnisse« definiert.[13] Der Mann als Bürger und Repräsentant der bürgerlichen Familie nimmt nach Hegel in drei Rollen an dieser bürgerlichen Gesellschaft teil, als ökonomischer Akteur, als Rechtsperson und als Mitglied von Berufsverbänden, die Hegel »Korporationen« nennt. Insofern der Bürger in der bürgerlichen Gesellschaft seinen eigenen Interessen zum einen als Person des abstrakten und formellen Rechts und zum anderen als moralisches Subjekt nachgeht, kann diese Sphäre ebenfalls als eine Sphäre der Sittlichkeit bezeichnet werden. »Die Individuen sind als Bürger dieses Staates *Privatpersonen*, welche ihr eigenes Interesse zu ihrem Zwecke haben. Da dieser durch das Allgemeine vermittelt, das ihnen somit als *Mittel erscheint*, so kann er von ihnen nur erreicht werden, insofern sie selbst ihr Wissen, Wollen und Tun auf allgemeine Weise bestimmen und sich zu einem *Gliede* der Kette dieses *Zusammenhangs* machen«, so Hegel (§ 187).

Hegels Konzeption der bürgerlichen Gesellschaft trägt trotz ihrer Modernität als vom Staat getrennter eigenständiger Sphäre noch Züge der alten ständischen Gesellschaft. Dies zeigt sich zum einen darin, dass Hegel unter Korporation gelegentlich noch das alte Zunftwesen zu fassen scheint, wenn er etwa vom »Meister« spricht und sie als eine Art »zweite Familie« bezeichnet. Zum anderen sieht er die bürgerliche Gesellschaft selbst durch verschiedene Stände bestimmt, den Bauerstand, den Stand der Händler und Gewerbsmänner und den allgemeinen Stand, unter den vor allem die Staatsbeamten gerechnet werden. Das entspricht durchaus der wichtigen Rolle, die einige preußische Reformer, wie vor allem Stein, dem wir uns noch zuwenden werden, den Ständen auch in einem modernisierten preußischen Staat weiterhin zugestehen wollten, selbst wenn Hegel hier unter Ständen nicht mehr durchweg die klassischen Stände der Feudalgesellschaft

---

[13] Vgl. Manfred Riedel, Hegels Begriff der »Bürgerlichen Gesellschaft« und das Problem seines geschichtlichen Ursprungs, in: ders. (Hg.), Materialien zu Hegels Rechtsphilosophie, Bd. 2, Frankfurt/M., S. 109-127.

aufzählt.[14] Hegel hat jedoch zugleich bereits die internen Widersprüche der heraufziehenden, modernen bürgerlichen Gesellschaft in Form des »Pöbels« gesehen, die auf Marx verweisen. Freilich hat er daraus nicht bereits marxistische
Konsequenzen avant la lettre gezogen.[15] Auch Hegels Verwendung des Begriffs
»Polizei« schließt in Teilen insofern an die ältere deutsche Verwaltungslehre an,
als es ihm um die gesamte wirtschafts-, sozial-, gesundheits- und infrastruktur-
politische Gestaltung der bürgerlichen Gesellschaft geht. »Die polizeiliche Auf-
sicht und Vorsorge hat den Zweck, das Individuum mit der allgemeinen Möglichkeit zu vermitteln, die zur Erreichung der individuellen Zwecke vorhanden
ist. Sie hat für Straßenbeleuchtung, Brückenbau, Taxation der täglichen Bedürfnisse sowie für Gesundheit Sorge zu tragen« (§ 236).[16]

Hegel behandelt zwar die Polizei und auch das Rechtswesen im Rahmen der
bürgerlichen Gesellschaft. Die finale institutionelle Sphäre, die die beiden anderen genannten Sphären und die Funktionen der Polizei und des Rechts in sich
vereint, ist jedoch der Staat. Der Staat ist für Hegel »die Wirklichkeit der sittlichen Idee – der sittliche Geist, als der *offenbare*, sich selbst deutliche, substantielle Wille, der sich denkt und weiß und das, was er weiß und insofern er es weiß,
vollführt. An der *Sitte* hat er seine unmittelbare und an dem *Selbstbewußtsein* des
Einzelnen, dem Wissen und Tätigkeit desselben, seine vermittelte Existenz, so
wie dieses durch die Gesinnung in ihm, als seinem Wesen, Zweck und Produkte
seiner Tätigkeit, seine *substantielle Freiheit* hat« (§ 257). Im Staat kommt die
moderne Sittlichkeit zu ihrer vollendeten Verwirklichung. Auch wenn die Familie und die bürgerliche Gesellschaft jeweils bereits Sphären der Realisierung der
modernen Sittlichkeit sind, so kommt sie doch erst im modernen Staat zu ihrer
vollständigen, rationalen Verwirklichung. Die Liebeseinheit der Familie ist nur
eine partikulare und die Rationalität der bürgerlichen Gesellschaft ist eine, an der
jedes Individuum nur mit seinen partikularen Interessen partizipiert. Erst im
Staat nimmt der Bürger am Allgemeinen teil um des Allgemeinen selbst willen,
so Hegel. Hier sind Sittlichkeit und Freiheit Wirklichkeit, weil sie zugleich das
Wissen, Wollen und Handeln der Einzelnen bestimmen. Die höchste Freiheit

---

[14] Vgl. zu den sozialkonservativen Elementen des deutschen Liberalismus Lothar Gall, Liberalismus
und »bürgerliche Gesellschaft«, in: ders. (Hg.), Liberalismus, Köln 1976, S. 162-186.
[15] Vgl. zu dieser Problematik Shlomo Avineri, Hegels Theorie des modernen Staates, Frankfurt/M.
1976, S. 187 ff.
[16] Vgl. Hans Maier, Die ältere deutsche Staats- und Verwaltungslehre, München 2009 (1966),
S. 315 ff.

finden die modernen Individuen für Hegel daher im Staat, in der »politischen Gesinnung«, im »Patriotismus«.[17] »Diese Gesinnung ist überhaupt das *Zutrauen* (das zu mehr oder weniger gebildeter Einsicht übergehen kann), das Bewußtsein, daß mein substantielles und besonderes Interesse im Interesse und Zwecke eines Anderen (hier des Staates) als im Verhältnis zu mir als Einzelnem bewahrt und enthalten ist, womit eben dieser kein anderer für mich ist und Ich in diesem Bewußtsein frei bin« (§ 268). Thomas Manns bereits erwähnte Kritik der Hegelschen »Staatsvergottung« hat hier ihren Ort. Sie verkennt aber, dass es Hegel um den freiheitlichen und rationalen liberalen Staat geht, nicht um den Staat schlechthin. Nur dieser liberale Staat wird vergöttlicht. Erst im nationalen, liberalen Staat findet das moderne Individuum seine höchste Freiheit. Durch diese Fokussierung auf den Nationalstaat verweigert sich Hegels politische Philosophie allerdings einer kosmopolitischen Perspektive, die im politischen Denken der Aufklärung und insbesondere bei Kant eine bedeutende Rolle spielt. Sie wird, wie ich bereits angedeutet hatte, im republikanischen Denken der Jahre nach 1789 aufgegriffen und weitergedacht. Für Hegel dagegen, dem es um die konkrete Wirklichkeit der Freiheit geht, kann diese nur im modernen Nationalstaat realisiert sein. Über den Nationalstaat hinaus gibt es für ihn zu seiner Zeit keine konkrete, allgemeine politische Einheit und Freiheit. Das macht seinen Liberalismus zu einem nationalen Liberalismus.[18]

Gegen den Absolutismus und auf der Linie der preußischen Reformer konstruiert Hegel seinen liberalen Staat als konstitutionelle Monarchie. Er ist gewaltenteilig organisiert, wobei Hegel die Gewaltenteilung in eigentümlicher Weise aus metaphysisch-logischen Kategorien ableitet: die Legislative bringt die Kategorie der Universalität zum Ausdruck, die Exekutive die der Partikularität und der Monarch die der Individualität. Die Verfassung versteht Hegel als ein »System der Vermittlung« (§ 302) zwischen diesen Gewalten. Dabei ist insbesondere die Rolle der repräsentativen Institutionen hervorzuheben, die Hegel sich als Teil der Legislative als ständische Repräsentationsversammlungen vorstellt. Auch damit liegt er ganz auf der Linie der preußischen Reformer. Insbesondere Stein hat, wie bereits erwähnt, in der Wiederbelebung ständischer Repräsentation eines der zentralen Anliegen seiner Reform gesehen. In ähnlicher Weise hatte aber auch der liberale Historiker Friedrich Christoph Dahlmann bereits 1815 gefordert, »aus den durch den Gang der Zeit nun frei entwickelten Ständen eine

---

[17] Vgl. Franz Rosenzweig, Hegel und der Staat, Frankfurt/M. 2010 (1920), S. 404 ff.
[18] Vgl. Friedrich Meinecke, Weltbürgertum und Nationalstaat, Darmstadt 1969 (1908), S. 236 ff.

kräftigere Volksvertretung zu bilden, keine aus der Luft gegriffene, sondern eine, die auf historischem Grunde ruhend, das Nacheinander der Geschichte zu einem Nebeneinander« gestaltet.[19] Laut Hegel sollen die ständischen Repräsentanten der Exekutive und dem Monarchen beratend zur Seite stehen. »In der gesetzgebenden Gewalt als Totalität sind zunächst die zwei anderen Momente wirksam, das *monarchische*, als dem die höchste Entscheidung zukommt, – die *Regierungsgewalt* als das mit der konkreten Kenntnis und Übersicht des Ganzen in seinen vielfachen Seiten und den darin festgewordenen wirklichen Grundsätzen sowie mit der Kenntnis der Bedürfnisse der Staatgewalt insbesondere beratende Moment, – endlich das *ständische* Element« (§ 300). Hegels eigentümliche Gewaltenteilung ist eher auf Einheit als auf Trennung hin angelegt, die strikte Unabhängigkeit der Gewalten hält er für einen »Grundirrtum«, durch den die »Einheit des Staates aufgehoben« (ebd.) wird.

In Hegels Verfassung des modernen, liberalen Nationalstaates als konstitutioneller Monarchie vermitteln somit die ständischen Repräsentationsorgane zwischen Regierung und Volk. Das Unterhaus soll durch Gesandte der Korporationen besetzt werden und das Oberhaus mit besonders für diese Aufgabe Ausgebildeten, deren Sitz erblich ist. Der demokratischen Wahl wie überhaupt demokratischen Einrichtungen steht Hegel dagegen eher ablehnend gegenüber. Solch stärker demokratische, ja teils radikaldemokratische Institutionen werden dagegen in der republikanischen Strömung des politischen Denkens nach 1789 gefordert, der wir uns gleich zuwenden.

Liberalismus oder Republikanismus

Ich hatte auf dem Weg von Humboldt zu Hegel nachzuzeichnen versucht, wie sich der Liberalismus als politische Strömung nach 1789 herausbildet. Während Humboldts Frühliberalismus die Grenzen der Wirksamkeit des Staats und somit die Freiheit vom Staat zu begründen sucht, transformiert sich der Liberalismus bei Hegel zu der Annahme, dass sich die Freiheit erst im Staat verwirklicht, und zwar im modernen Nationalstaat. Der Nationalstaat wird dadurch zur zentralen Projektionsfläche liberaler Hoffnungen. Kontinuität von Humboldt zu Hegel zeigt sich dagegen in der Bevorzugung einer konstitutionellen Monarchie als Verfassungsform. Darin schlägt sich als Reaktion auf die Französische Revoluti-

---

[19] Friedrich Christoph Dahlmann, Ein Wort über Verfassung, in: ders., Kleine Schriften und Reden, Stuttgart 1886, S. 27.

on eine eher vorsichtige, reformerische politische Haltung nieder, die wir bereits bei Kant angetroffen haben. Der deutsche Liberalismus, zumindest in Gestalt dieser beiden zentralen Figuren, ist ein Liberalismus, der durchaus mit der Monarchie vereinbar ist und keine radikalen demokratischen Ambitionen hegt. Gegen diesen gemäßigten, liberalen Reformismus wenden sich die Republikaner in den Jahren nach der Französischen Revolution.

III. Republikanismus

9. Forster

Georg Forster gehört von der Rezeptionsgeschichte her gesehen nicht zu den Großen der klassischen deutschen Literatur und Philosophie. Auch wenn Gervinus Mitte des 19. Jahrhunderts versucht hat, ihn als den Vorläufer der deutschen liberalen Bewegung zu etablieren,[1] so galt er doch lange Zeit vor allem als Vaterlandsverräter, der sich mit seinem Einsatz für die Mainzer Republik den französischen Besatzern angedient habe. Erst nach dem Zweiten Weltkrieg setzte, vor allem auch in der DDR, eine erneute Rezeption ein, die in Forster und den deutschen Jakobinern[2] eines der wenigen progressiven Momente in der deutschen Geistesgeschichte erblickte, die schließlich im Faschismus mündete. In diesem Zusammenhang wurde dann auch – nach der ersten Werkausgabe durch Forsters Tochter und Gervinus – eine historisch-kritische Werkausgabe von Gerhard Steiner herausgegeben.[3] In Forsters Werken wurden auf dieser Rezeptionslinie nicht zuletzt auch die historisch-materialistischen Motive stark gemacht.[4]

Ich möchte dagegen vor dem Hintergrund der in den letzten Jahren viel diskutierten Republikanismusforschung und der hier zugrunde gelegten idealtypischen Unterscheidung liberaler, republikanischer und konservativer politischer Strömungen im politischen Denken nach 1789 in Deutschland im Folgenden Forsters Republikanismus in den Mittelpunkt rücken. Die Republikanismusforschung konzentriert sich weitgehend auf die von John Pocock so genannte »atlantische republikanische Tradition«, die vom Florenz der Renaissance über die

---

[1] Georg Gottfried Gervinus, Charakteristik Forster's, in: Georg Forster's sämmtliche Schriften, Bd. 7, hg. v. dessen Tochter und begleitet mit einer Charakteristik Forster's von G.G. Gervinus, Leipzig 1843.

[2] Vgl. zu den »deutschen Jakobinern« Walter Grab, Ein Volk muß seine Freiheit selbst erobern. Zur Geschichte der deutschen Jakobiner, Frankfurt/M. 1984.

[3] Vgl. Georg Forsters Werke, hg. v. der Deutschen Akademie der Wissenschaften zu Berlin, Gerhard Steiner u. a., Berlin (Ost) 1958 ff. Ich zitiere im Folgenden, wo möglich, nach der zugänglicheren Ausgabe Georg Forster, Werke, 4 Bde., ebenfalls hg. v. Gerhard Steiner, Leipzig 1971.

[4] Vgl. zur Rezeptionsgeschichte Helmut Scheuer, ›Apostel der Völkerfreiheit‹ oder ›Vaterlandsverräter‹? – Georg Forster und die Nachwelt, in: Georg-Forster-Studien 1 (1997), S. 1-18.

englische Revolution zur amerikanischen Unabhängigkeit verläuft.[5] Die Französische Revolution, aber noch viel mehr der politische Diskurs des Deutschen Reichs der 1790er Jahre wird dagegen eher ausgeblendet. Dabei findet man gerade im Deutschen Reich als Reaktion auf die Französische Revolution eine Vielzahl politisch-philosophischer Entwürfe, die sich dem Konservatismus, dem Frühliberalismus oder eben einer spezifisch modernen Form des Republikanismus zuordnen lassen. Von Kant bis zur politischen Frühromantik entfaltet sich hier, so die in diesem Zusammenhang verfolgte zentrale These, ein innovativer und zunehmend radikalerer kosmopolitischer Republikanismus, den die atlantische republikanische Tradition in dieser Form nicht kennt. Ich möchte in der vorliegenden Studie zeigen, dass der Weltumsegler, Naturforscher, Philosoph und Mainzer Revolutionär Georg Forster der zentrale Katalysator dieser Radikalisierung von Kants kosmopolitischem Republikanismus durch Friedrich Schlegel in der politischen Frühromantik ist. Forster ist sozusagen das Scharnier in diesem Übergang von Kants reformistischem, repräsentativem Republikanismus hin zu Schlegels revolutionärem, radikaldemokratischen Republikanismus, der die republikanische Debatte im Deutschen Reich der 1790er Jahre idealtypisch kennzeichnet.

Ich werde zunächst die zentrale Hypothese der Katalysatorfunktion Forsters zu erläutern suchen. Anschließend wenden wir uns dann dessen Lebensgeschichte vor der Französischen Revolution zu. Dabei werden wir uns den damaligen ideengeschichtlichen Einflüssen auf Forster widmen und uns erste allgemeine Eindrücke von dessen philosophischer Anschauung verschaffen. Schließlich werden wir Forsters Tätigkeit und Ansichten während der Mainzer Republik rekonstruieren, die wir innerhalb der Bewegung von Kant zu Schlegel als Prozess der Radikalisierung verorten.

Von Kant zu Schlegel

In den letzten Jahren haben die Erforschung der republikanischen Ideengeschichte durch John Pocock und Quentin Skinner[6] und die aus ihr hervorgegan

---

[5] Vgl. allgemein für einen Überblick zur Methode und Programmatik der Republikanismusforschung Martin Mulsow, Andreas Mahler (Hrsg.), Die Cambridge School der politischen Ideengeschichte, Berlin 2010.

[6] Vgl. John Pocock, The Machiavellian Moment. Florentine Political Thought and the Atlantic Republican Tradition, Princeton 1975 und ders., »Der bürgerliche Humanismus und seine Rolle im

gene Entwicklung einer Theorie des Republikanismus durch Philip Pettit[7] international für Aufsehen gesorgt.[8] Im Republikanismus wurde ein drittes Paradigma neben Liberalismus und Kommunitarismus als den bis dahin dominierenden Theorien in der politischen Philosophie gesehen. Ideengeschichtlich haben Pocock und Skinner versucht zu zeigen, dass eine spezifisch republikanische Tradition zentral an den großen politisch-sozialen Revolutionen in England im 17. Jahrhundert und in Nordamerika im 18. Jahrhundert beteiligt war. Dies wurde insbesondere gegen die vorherrschende Deutung dieser Revolutionen als liberale Revolutionen ins Spiel gebracht, die so genannte »whig history«. Die aktuelle, hauptsächlich angelsächsische ideengeschichtliche Forschung und Theoriedebatte konzentriert sich daher auch weitgehend auf die englische Republikanismustradition des 17. Jahrhunderts und die nordamerikanische des 18. Jahrhunderts, mit Rückbezügen auf den Florentiner Renaissancerepublikanismus als Ausgangspunkt dieser Tradition. Das politische Denken im Deutschen Reich der 1790er Jahre in Reaktion auf die Französische Revolution findet dagegen keine Berücksichtigung. Dadurch bleibt eine äußerst innovative Phase der modernen politischen Ideengeschichte außer Acht, die ebenfalls durch eine breite Diskussion über den Begriff der Republik geprägt war. Insofern die Debatte über den Republikanismus ihre theoretische Anregung aus ideengeschichtlichen Studien gewinnt, sollte eine Untersuchung des Republikanismus im Deutschen Reich der 1790er Jahre nicht übergangen werden.

Dass dies bisher kaum geschehen ist, dass also die ideengeschichtliche Untersuchung des politischen Denkens in Deutschland nach 1790 nicht mit der Republikanismusforschung zusammengeführt wurde, zeigt etwa die in der Einleitung bereits erwähnte, einschlägige Untersuchung von Frederik Beiser. Beiser unterscheidet drei Hauptströmungen des politischen Denkens in Deutschland

---

anglo-amerikanischen Denken«, in: ders. 1993, Die andere Bürgergesellschaft. Zur Dialektik von Tugend und Korruption, Frankfurt/M. 1993, S. 33-60. Von Skinner sind vor allem zu nennen Quentin Skinner, The Foundations of Modern Political Thought, 2 Bde., Cambridge 1978, ders., Liberty before Liberalism, Cambridge 1998 und ders., Visionen des Politischen, Frankfurt a M. 2009.
[7] Vgl. Philip Pettit, Republicanism. A Theory of Freedom and Government, Oxford 1997.
[8] Vgl. Cecile Laborde, John Maynor (Hg.), Republicanism and Political Theory, Oxford 2008 und Stuart White, »Is Republicanism the Left's ›Big Idea‹?«, in: Renewal. A Journal of Social Democracy 15 / 1 (2007) sowie José Luis Marti, Philip Pettit, Political Philosophy in Public Life. Civic Republicanism in Zapatero's Spain, Princeton 2010.

nach 1790: Liberalismus, Konservatismus und Romantik.[9] Der Republikanismus wird von ihm dagegen nicht eigens als eine Strömung hervorgehoben, dabei war doch auch für einige deutsche Aufklärer der Republikbegriff zentral im Kampf gegen den Despotismus. Wie die Forschung zu den so genannten »deutschen Jakobinern« zeigt, hat es nach 1789 zusätzlich zu einer gemäßigten, liberalen auch eine radikalere, demokratisch gesinnte politische Strömung in Deutschland gegeben.[10] Neben Forster wurden etwa der Freiherr von Knigge oder Georg Friedrich Rebmann zu den Jakobinern gezählt.[11] Wenn man, wie ich es hier unternehme, auf den Begriff der »Republik« beziehungsweise des »Republikanismus« als zentralem Begriff dieser radikaleren politischen Strömung nach 1789 fokussiert, dann eröffnet sich eine Perspektive, die insbesondere bei Kant, aber ebenso bereits bei Lessing und dann bei Herder erste republikanische Ansätze aufspüren kann. So erklärt schließlich Kant in der Friedensschrift: »Die erstlich nach Prinzipien der Freiheit der Glieder der Gesellschaft (als Menschen), zweitens nach Grundsätzen der Abhängigkeit aller von einer einzigen Gesetzgebung (als Untertanen), und drittens die nach dem Gesetz der Gleichheit derselben (als Staatsbürger) gestiftete Verfassung, – die einzige, welche aus der Idee des ursprünglichen Vertrages hervorgeht, auf der alle rechtliche Gesetzgebung eines Volkes gegründet sein muß, ist die *republikanische*.«[12] Es sind daher, wie bereits gezeigt wurde, bei Kant starke republikanische Tendenzen auszumachen, und er begrüßt die Französische Revolution als ein »Geschichtszeichen«, das das »beständige Fortschreiten des menschlichen Geschlechts zum Besseren« bezeuge.[13]

---

[9] Vgl. Frederik Beiser, Enlightenment, Revolution and Romanticism: The Genesis of Modern German Political Thought 1790-1800, Harvard 1992.

[10] Vgl. Heinrich Scheel, Süddeutsche Jakobiner: Klassenkämpfe und republikanische Bestrebungen im deutschen Süden Ende des 18. Jahrhunderts, Berlin 1962, Inge Stephan, Literarischer Jakobinismus in Deutschland (1789-1806), Stuttgart 1976, Walter Grab, Ein Volk muß seine Freiheit selbst erobern. Zur Geschichte der deutschen Jakobiner, Helmut Reinalter, Die Französische Revolution und Mitteleuropa. Erscheinungsformen und Wirkungen des Jakobinismus. Seine Gesellschaftstheorien und politischen Vorstellungen, Frankfurt/M. 1988.

[11] Vgl. etwa Adolf Freiherr Knigge, Benjamin Noldmanns Geschichte der Aufklärung in Abyssinien, oder Nachricht von seinem und seines Herren Vetters Aufenthalte an dem Hofe des großen Negus, oder Priesters Johannes, 2 Thle., Göttingen, Frankfurt und Leipzig 1791 und Georg Friedrich Rebmann, Kosmopolitische Wanderungen durch einen Teil Deutschlands, Leipzig 1793.

[12] Immanuel Kant (1796), Zum ewigen Frieden, hg. v. Heiner F. Klemme, Hamburg 1992, S. 59 (Hervorhebung von mir).

[13] Immanuel Kant (1798), Der Streit der Fakultäten, in: ders., Schriften zur Anthropologie, Geschichtsphilosophie, Politik und Pädagogik 1, hg. v. Wilhelm Weischedel, Frankfurt/M. 1977, S. 357 ff.

Ja, mit Kant kommt im politischen Denken der 1790er Jahre ein innovativer, kosmopolitischer Republikanismus auf, der so im englischen und amerikanischen Republikanismus des 17. und 18. Jahrhunderts nicht zu finden ist. Kants Theorie des republikanischen Friedens sieht nämlich nicht nur eine Republikanisierung der Einzelstaaten vor, sondern auch eine Republikanisierung des internationalen Staatensystems und die Institutionalisierung eines Weltbürgerrechts. Allerdings wendet sich Kant, wie wir gesehen haben, gegen eine Revolution in Deutschland und empfiehlt stattdessen Reformen von oben, die den revolutionären Zufall, das mögliche Abgleiten der Revolution in blutige Barbarei, verhindern sollen. Damit kristallisiert sich bei Kant eine reformistische Variante des kosmopolitischen Republikanismus der 1790er Jahre im Deutschen Reich heraus.

In der politischen Frühromantik, bei Friedrich Schlegel, finden wir dagegen, wie ich noch genauer zeigen werde, einen revolutionären, radikaldemokratischen kosmopolitischen Republikanismus, der sich in direkter Auseinandersetzung mit Kants kosmopolitischem Republikanismus entfaltet. Nur so viel sei bereits vorweg im Hinblick auf Forster festgehalten: Schlegel radikalisiert Kants kosmopolitischen Republikanismus. Er verteidigt in seinem »Versuch über den Republikanismus« gegen Kant das Recht auf »Insurrektion«, wobei er zwei rechtmäßige Gründe für diese nennt. Erstens könne es in einer republikanischen Verfassung ein Recht auf Insurrektion geben, durch das verhindert werde, dass die Verfassungswirklichkeit zusehends in Richtung einer »Annullierung« des in der Verfassung vorgeschriebenen Republikanismus tendiere. Sein Beispiel ist ein Staatsnotstand, in dem die Exekutive diktatorische Kompetenzen auf Zeit übertragen bekomme, sie aber nach dem Notstand nicht mehr aufgebe. Zweitens sei eine Insurrektion gegen den absoluten Despotismus rechtmäßig, denn dieser sei gar kein Staat, sondern ein »Antistaat«.[14] Schlegel erklärt darüber hinaus gegen Kant, der auch Autokratien und Aristokratien die »Simulierung« einer republikanischen Regierungsart zugestand: »Der Republikanismus ist also notwendig demokratisch.«[15] Der radikaldemokratische Republikanismus Schlegels zeigt sich nicht zuletzt darin, dass er, anders als Kant, auch Frauen und Nichtselbständigen den aktiven Bürgerstatus zugesteht: »Armut und vermutliche Bestechbarkeit, Weiblichkeit und vermutliche Schwäche sind wohl keine rechtmäßigen Gründe, um

---

[14] Vgl. Friedrich Schlegel (1796), Versuch über den Republikanismus veranlaßt durch die Kantische Schrift zum ewigen Frieden, in: Kritische Friedrich-Schlegel-Ausgabe, Bd. 7, hg. v. Ernst Behler 1966, München, S. 25.
[15] Ebd., S. 17.

vom Stimmrecht ganz auszuschließen.«[16] Schlegel hält aber zugleich an der kosmopolitischen Ausrichtung von Kants Republikanismus fest, wenn er schreibt, »Die Idee einer *Weltrepublik* hat praktische Gültigkeit und charakteristische Wichtigkeit«, und eine herrschaftsfreie Weltrepublik in Aussicht stellt.[17]

Während wir bei Kant also einen reformistischen kosmopolitischen Republikanismus vorfinden, finden wir bei Schlegel in der politischen Frühromantik einen revolutionären, radikaldemokratischen kosmopolitischen Republikanismus. Das ist der Weg, den der Republikanismus im deutschen politischen Denken nach 1789 geht. Wie kam es aber zu dieser Radikalisierung des kosmopolitischen Republikanismus in der politischen Debatte der 1790er Jahre im Deutschen Reich? Meine eingangs bereits erwähnte Hypothese ist, dass wir in der Person Georg Forsters den zentralen Katalysator dieser Radikalisierung finden. Für diese These gibt es zum einen biographische Anhaltspunkte, zum anderen theoretische. Erst das Zusammenspiel seiner praktisch-politischen und seiner schriftstellerisch-philosophischen Tätigkeit erklärt Forsters Wirkung im damaligen politisch-literarischen Feld als Katalysator für die Radikalisierung der Frühromantik.

Von der biographischen, praktisch-politischen Seite her betrachtet ist zum einen klar, dass Forster mit seinem Engagement für die Mainzer Republik zu den wenigen deutschen Intellektuellen gehörte, die tatsächlich eine Revolution in Deutschland betrieben. Wir wissen weiter, dass die spätere Frau von Friedrich Schlegels Bruder August, Caroline Böhmer, bei den Forsters verkehrte und 1793, auf der Flucht aus Mainz nach dem Scheitern der Republik, als Sympathisantin der Revolution und Forsters inhaftiert wurde.[18] Hier ist also eine direkte persönliche Verbindung gegeben. Schließlich wissen wir, dass sich Friedrich Schlegel selbst als einer von wenigen nach der gescheiterten Mainzer Revolution öffentlich weiterhin lobend über Forster äußerte und ihn den Prototyp eines »gesellschaftlichen Schriftstellers« nannte.[19]

---

[16] Ebd.

[17] Ebd., S. 13.

[18] Vgl. Klaus Harprecht, Georg Forster oder die Liebe zur Welt, Hamburg 1989, S. 562 ff.

[19] Vgl. Friedrich Schlegel (1797), Georg Forster, in: Kritische Friedrich-Schlegel-Ausgabe, Bd. 2, hg. v. Hans Eichner, München 1967. Vgl. zu dieser persönlich-biographischen wie auch intellektuellen Anknüpfung bereits Marita Gilli, Die Mainzer Republik 1792-93, in: Helmut Reinalter (Hg.), Republikbegriff und Republiken seit dem 18. Jahrhundert im europäischen Vergleich, Frankfurt/M. 1999, S. 71- 82.

Auf der philosophischen Seite sehen wir zudem im Hinblick auf die Linie von Kant über Forster zu Schlegel, dass sich Forster, angefangen mit seinem Aufsatz »Noch etwas über die Menschenrassen«, kritisch mit Kants Philosophie auseinandersetzte.[20] Forster wendet sich dort gegen den kantianischen Apriorismus und Rationalismus und fragt: »Wer wollte nicht die wenigen Beobachtungen eines bloßen, jedoch scharfsichtigen und zuverläßigen Empyrikers, den vielen geschminkten eines partheyischen Systematikers vorziehen?«[21] Forster verwirft die kantianische Apriorizität der Anschauungsformen und Kategorien und plädiert für ihre historische Wandlungsfähigkeit und Perfektibilität durch Erfahrung. Es ist vor allem diese Betonung der historischen Wandlungsfähigkeit und Perfektibilität durch Erfahrung gegen Kant, die den jungen Schlegel an Forster interessiert hat. So schreibt er über Forster: »Die unerschütterliche *Notwendigkeit* der Gesetze *der Natur*, und die unvertilgbare *Vervollkommnungsfähigkeit des Menschen*: die beiden Pole der höheren politischen Kritik! Sie herrschen allgemein in allen seinen *politischen Schriften*, welche deshalb um so mehr Werth für uns haben müssen.«[22] Hier zeigt sich aus meiner Sicht ein Übergang von der kantianischen Transzendentalphilosophie über Forsters Empirismus und Perfektionismus hin zur deutschen Frühromantik. Schlegel wird gegen Kants Herleitung seiner Theorie des republikanischen Friedens aus dem »natürlichen Antagonism« anmahnen, dass »die Gesetze der politischen Geschichte und die Prinzipien der politischen Bildung [...] die einzigen Data« sind, »aus denen sich erweisen läßt, daß der ewige Friede keine leere Idee sei.«[23] Ich sehe hierin den Übergang von einem rationalistischen, apriorischen Republikanismus hin zu einem humanistisch-perfektionistischen, der zugleich einen Übergang von einer reformistischen, repräsentativen zu einer revolutionären, radikaldemokratischen politischen Haltung bedingt. Für Schlegel ist es im Anschluss an Forster kein »natürlicher Antagonismus«, der gewissermaßen hinter dem Rücken der handelnden Subjekte die vernunftnotwendige Republik hervorbringt, wie Kant das konzipiert, sondern die natürliche Perfektibilität des Menschen, die insbesondere über eine Verfeinerung und Erweiterung der Erfahrung und des Geschmacks zur republikanischen Freiheit voranschreitet. Die Bedeutung dieser Perfektionierung durch Verfeinerung und Erweiterung des Geschmacks für den Fortschritt der

---

[20] Georg Forster (1786), Noch etwas über die Menschenrassen, in: ders., Werke, Bd. 2.
[21] Ebd., S. 76.
[22] Friedrich Schlegel (1797), Georg Forster, S. 87.
[23] Friedrich Schlegel (1796), Versuch über den Republikanismus, S. 23.

Menschheit hatte Forster in seinem Aufsatz »Über Leckereyen« dargelegt.[24] Wenn man zudem daran denkt, dass Forster »Vernunft, Gefühl und Phantasie« in seiner Philosophie wieder vereinigen und ihr wechselseitiges Zusammenwirken aufzeigen wollte, dann ist der Weg nicht mehr weit zur romantischen »progressiven Universalpoesie«, die »die Poesie lebendig und gesellig, und das Leben und die Gesellschaft poetisch machen« sollte.[25] In diese Richtung verweisen zumindest Friedrich Schlegels Bemerkungen in seiner Charakteristik Forsters: »Nie beschäftigt er die Einbildungskraft, das Gefühl oder die Vernunft allein: er interessiert den ganzen Menschen.«[26] Das romantische Projekt einer herrschaftsfreien Weltrepublik als »poetischer Staat« liegt also ganz auf der Linie von Forsters Erweiterung des Geschmacks und der natürlichen Perfektibilität.

Reisen und Forschen

Georg Forster wird am 27. November 1754 in Nassenhuben bei Danzig als erster Sohn des evangelischen Pastors Johann Reinhold Forster und dessen Frau Justinia Elisabeth geboren.[27] Als Erstgeborener ist er der Liebling seines Vaters, der ihm eine gelehrte Erziehung angedeihen lässt. Johann Reinhold Forster ist ein umfassend gebildeter Mann, der sich insbesondere für die naturwissenschaftlichen Entwicklungen seiner Zeit interessiert. Er ist Mitglied der 1743 gegründeten »Naturforschenden Gesellschaft« in Danzig und sein Beruf als Pastor kann seinen Ehrgeiz und Forscherdrang kaum befriedigen.

So kommt ihm ein Angebot der russischen Zarin Katharina II. gerade Recht, die einen unabhängigen Gutachter für eine Untersuchung der Lebensbedingungen deutscher Siedler im Wolga-Gebiet sucht. Im März 1765 macht sich Reinhold Forster auf den Weg nach Russland, und er nimmt den zehnjährigen Georg mit. Seine Frau lässt er mit den sechs jüngeren Geschwistern Georgs einfach zurück. Nach einem kurzen Aufenthalt in Sankt Petersburg reisen die beiden weiter in die Wolga-Region. Reinhold Forster macht sich dort sofort an die Arbeit. Er untersucht die Lebensbedingungen der Siedler, die Bodenbeschaffenheit,

---

[24] Vgl. Georg Forster (1788), Über Leckereyen, in: ders., Werke, Bd. 3.
[25] Friedrich Schlegel (1798), Athenäums-Fragmente, in: Kritische Friedrich-Schlegel-Ausgabe Bd. 2, hg. v. Hans Eichner, München 1967, S. 182.
[26] Friedrich Schlegel (1797), Georg Forster, S. 82.
[27] Vgl. zum folgenden vor allem Gerhard Steiner, Georg Forster, Stuttgart 1983 und Harprecht, Georg Forster oder die Liebe zur Welt.

die Flora und Fauna und unternimmt mit Georg eine Expedition die Wolga hinauf. Georg lernt, die Natur und das Leben der Menschen in ihr wissenschaftlich zu untersuchen. Im Herbst 1765 kehren sie nach Sankt Petersburg zurück. Reinhold Forsters Bericht findet zunächst Anerkennung bei der Zarin und er wird sogar beauftragt, eine Art Verfassung für die Siedlerkolonie zu entwerfen. Auf eine Bezahlung für seine Arbeit wartet er aber während der nächsten acht Monate vergeblich. Vermutlich wurde er das Opfer einer politischen Intrige. Als er schließlich erfährt, dass seine Stelle in Nassenhuben neu besetzt wurde, stehen die Forsters mittellos da. Reinhold Forster entschließt sich daraufhin, mit Georg nach England zu gehen und dort als Wissenschaftler zu arbeiten. England gilt ihm als das Land der Freiheit, der Aufklärung und des wissenschaftlichen Fortschritts. Seine Frau und die restlichen Kinder in Nassenhuben sollen sobald als möglich nachgeholt werden.

Im Oktober 1766 kommen Vater und Sohn in London an. Es folgen Monate der Entbehrung, bis Reinhold Forster im Juni 1767 eine Anstellung als Lehrer in der Dissenter-Akademie in Warrington erhält. Der kleine Georg muss während dieser Zeit mit für den Lebensunterhalt sorgen. Das gelehrte Wunderkind übersetzt Lomonossows »Kurze russische Geschichte« aus dem Russischen ins Englische. Beide Sprachen hatte er sich angeeignet. Zudem muss er im Kontor einer Tuchhandlung arbeiten. Durch die Anstellung des Vaters wird es schließlich möglich, im September 1768 die Mutter und die sechs Geschwister nachzuholen. Doch auch die Anstellung an der Akademie in Warrington kann Reinhold Forsters Ehrgeiz nicht befriedigen. Er möchte lieber wieder auf eine große Entdeckungsreise gehen.

Reinhold und Georg Forster hatten sich mittlerweile durch wissenschaftliche Abhandlungen und Übersetzungen in England einen Namen gemacht. 1772 fragt daher ein Vertreter der englischen Admiralität bei Reinhold Forster an, ob er als wissenschaftlicher Begleiter an James Cooks zweiter Weltumsegelung teilnehmen möchte. Forster sagt unter der Bedingung zu, dass er seinen Sohn Georg mitnehmen darf. Erneut lassen sie die Mutter und die Geschwister zurück und stechen am 13. Juli 1772 in See.

Die Reise geht zunächst in die arktischen Gewässer und von dort aus in die Südsee, wo Georg schließlich auch Tahiti betritt, das seit Bougainvilles Reisebericht die Phantasie der Europäer als irdisches Paradies beschäftigt hat. Ziel der Reise ist die Suche nach der »Terra australis incognita«, da man damals vermutete, dass es für das »Gleichgewicht« des Planeten einen großen Kontinent auf der

Südhalbkugel geben müsse. Cook hatte auf seiner ersten Reise das heutige Australien – damals Neu-Holland – kartographiert und für die Briten in Besitz genommen, und nun suchte er nach weiteren, größeren Landmassen. Diesmal allerdings vergeblich. Er entdeckt aber etwa die Neuen Hebriden und die Norfolk-Inseln.

Georg Forster wird durch diese dreijährige Reise und das im Anschluss von ihm verfasste Buch »Reise um die Welt« in ganz Europa berühmt. Er versucht darin eine »*philosophische Geschichte der Reise*« zu schreiben, »von Vorurtheil und gemeinen Trugschlüssen frey [...], ohne Rücksicht auf willkührliche Systeme, blos nach allgemeinen menschenfreundlichen Grundsätzen«.[28] Hierin spiegelt sich der Einfluss der englischen Aufklärung und des Empirismus auf Forsters Denken, die Ablehnung der rationalistischen Systeme zugunsten der genauen Einzelbeobachtung.[29] Zudem zeigt sich ein spezifischer, aufklärerischer Universalismus in den »menschenfreundlichen Grundsätzen«. Die Eingeborenen werden nicht mehr als barbarische Wilde betrachtet, sondern als Menschen, die eine eigene Kultur besitzen. Forster geht jedoch auch nicht einfach mit Rousseau d'accord – dem er ansonsten durchaus nahesteht, wie die Idee der Perfektibilität zeigt –, dass die »edlen Wilden« besser seien als der entfremdete europäische Mensch.[30] Eher changiert er zwischen der Ansicht des »barbarischen« und des »edlen« Wilden. Er versucht die Kultur der Eingeborenen genau zu beobachten, ohne aber die Vorzüge und die wissenschaftliche Fortschrittlichkeit der europäischen Kultur zu vergessen oder gar zu verdammen. Auch in der Südsee und selbst auf Tahiti entdeckt er Verhältnisse der Herrschaft und Ausbeutung, gegen die ja gerade die europäische Aufklärung und mit ihr Georg Forster ankämpfen. So kehrt er schließlich nach Europa zurück mit der Erkenntnis, dass eine freiheitliche Gesellschaft dort nicht durch ein »Zurück zur Natur« verwirklicht werden kann, sondern nur auf Basis der fortgeschrittenen, aufgeklärten europäischen Kultur.

---

[28] Georg Forster (1784), Reise um die Welt, in: ders., Werke, Bd. 1, S. 11 f.

[29] Vgl. Ludwig Uhlig, Georg Forster. Lebensabenteuer eines gelehrten Weltbürgers, Göttingen 2004, S. 86, der auf den Einfluss des britischen Empirismus und der schottischen Moralphilosophie auf Forster verweist.

[30] Vgl. Jean-Jacques Rousseau (1755), Abhandlung über den Ursprung und die Grundlagen der Ungleichheit unter den Menschen, übersetzt und hg. v. Philipp Rippel, Stuttgart 1998 und Ulrich Kronauer, Rousseaus Kulturkritik aus Sicht Georg Forsters, in: Claus-Volker Klenke (Hg.), Georg Forster in interdisziplinärer Perspektive, Berlin 1994, S. 147-156.

Das Reisebuch und die mit diesem einhergehende Prominenz bringen finanziell nicht den erhofften Erfolg. Die Forsters müssen nach der Rückkehr weiter um ihren Lebensunterhalt kämpfen. Als sich daher 1778 für den mittlerweile dreiundzwanzigjährigen Georg die Gelegenheit bietet, nach Deutschland zu gehen, nimmt er sie wahr und beginnt, sich vom Vater abzunabeln. Auf seiner Reise wird ihm die Stelle eines Professors am Collegium Carolinum in Kassel angeboten, die er nach einigem Zögern annimmt. Er freundet sich während dieser Zeit mit Friedrich Jacobi und Georg Lichtenberg an, trifft auf Goethe, begeistert sich für den Sturm und Drang, tritt dem Geheimbund der »Rosenkreuzer« bei, den er allerdings später wieder verlassen wird, und rezipiert Herders Ideen zu einer Philosophie der Menschheit. Hier zeigt sich in der Biographie Forsters der Einfluss jener »irrationalistischen« Strömung der deutschen Aufklärung, die von Herder und Hamann über Jacobi bis zur Romantik verläuft.[31] Zusammen mit seiner früheren Prägung durch die britische bzw. schottische Aufklärung und den Empirismus, die er insbesondere auch in der Person des lebenstüchtigen Cook bewundert,[32] bildet sich hieraus seine eigene philosophische Haltung,[33] die ihn einige Jahre später gegen Kant opponieren und als Katalysator im Übergang zur Romantik wirken lässt. Gegen die damals einsetzende moderne Zersplitterung und Spezialisierung der Wissenschaften und ihre Ablösung vom menschlichen und gesellschaftlichen Leben schreibt der junge Professor für Naturgeschichte: »Man zerstückte also die Wissenschaft, und glaubte, nun sey jede Schwierigkeit besiegt. Es entstanden Facultäten, und in diesen fast unzählige Untherabteilungen und Fächer. Jeder einzelne Theil der menschlichen Kenntnisse erhielt eigene Beobachter, die auf das ganze Verzicht thun, sich nur dem Theile widmen sollten. Da entwich dem schönen Körper die schönere Seele, und jedes erstarrte, abgeschnittene Glied wuchs durch innere Gährung zum Unholde von eigener Art. Jeder schätzt nur die Wissenschaft, die er gewählt, und schien zu vergessen, dass sie nur in Verbindung mit den anderen das Glück der Menschheit befördert.«[34] Von hier, von der Suche nach der »schöneren Seele«, die die

---

[31] Vgl. Isaiah Berlin, Die Wurzeln der Romantik, Berlin 2004 und Ludwig Uhlig, Georg Forster und seine Zeitgenossen, in: Georg-Forster-Studien 1 (1997), S. 157 ff.
[32] Vgl. Georg Forster (1789), Cook, der Entdecker, in: ders. Werke, Bd. 2 und Horst Dippel, Georg Forster und England: Weltläufigkeit und Tradition im Denken des Forschers und Revolutionärs, in: Georg-Forster-Studien 1 (1997), S. 101-124.
[33] Vgl. zu dieser Vielfalt der Bezüge Ludwig Uhlig, Georg Forster. Lebensabenteuer eines gelehrten Wetlbürgers, S. 13.
[34] Georg Forster (1784), Ein Blick in das Ganze der Natur, in: ders., Werke, Bd. 2, S. 12.

Wissenschaften wieder zusammenführt und das »Glück der Menschheit befördert«, ist es kein allzu weiter Weg mehr zur romantischen progressiven Universalpoesie des jungen Schlegel.

1784 nimmt Forster eine vermeintlich höher dotierte Professur in Wilna an,
die ihm auch eine Tilgung seiner Schulden verspricht. Er beginnt dort, sich eingehender mit der Philosophie zu beschäftigen und entwickelt seine Kritik an der
kantischen Transzendentalphilosophie, die er in dem bereits erwähnten Aufsatz
»Noch etwas über die Menschenrassen« 1786 publiziert. Der Naturforscher und
Weltumsegler Forster, der die ganze Mannigfaltigkeit der Natur in all ihren Ein-
zelheiten erfassen möchte, wendet sich dort gegen Kants Versuch, den Gegenständen »die Farbe seiner Brille zu leihen«.[35]

Ein Jahr zuvor hatte er die emanzipierte Göttinger Professorentochter Therese
Heyne geheiratet. Das Leben in der »sarmatischen Wildnis«[36] des weit abgelege-
nen Wilna verschafft dem Ehepaar Forster jedoch nicht das erhoffte Glück, und
Forster bemüht sich verzweifelt um eine anderweitige Position. Endlich bekommt er 1788 das Angebot für eine Stelle als Bibliothekar im damals erzkatholi-
schen Mainz. Die Forsters ziehen daraufhin im September dorthin. Hier beginnt
der letzte Akt von Georg Forsters ereignisreichem Leben, sein Einsatz für die
Mainzer Republik, dem unser besonderes Interesse gilt und für den wir uns nun
das hinreichende Vorverständnis verschafft haben.

Revolution in Mainz

Mit großem Interesse verfolgt Forster im Sommer 1789 von Mainz aus die revolutionären Vorgänge in Frankreich. Am 30. Juli schreibt er an seinen Schwiegervater Heyne: »Was hat Ihnen denn zur Revolution in Frankreich gedünkt? Daß
England sie ruhig hat geschehen lassen, ist sehr viel Treuherzigkeit und sehr
wenig Politik. Die Republik von vierundzwanzig Millionen Menschen wird England mehr zu schaffen machen als der Despot mit dieser Menge Untertanen.
Schön ist aber zu sehen, was die Philosophie in den Köpfen gereift und dann im
Staate zustande gebracht hat, ohne daß man ein Beispiel hat, daß je eine so gänz-
liche Veränderung so wenig Blut und Verwüstung gekostet hätte. Also ist es doch
der sicherste Weg, die Menschen über ihren wahren Vorteil und über ihre Rechte

---

[35] Forster (1786), Noch etwas über die Menschenrassen, S. 76.
[36] Brief an Lichtenberg vom 18. Juni 1786, in: Georg Forsters Werke, Akademie Ausgabe, Bd. 14, S.
491.

aufzuklären; dann gibt sich das übrige wie von selbst.«[37] Neben den eher nüch-
ternen realpolitischen Betrachtungen zeigt sich hier doch eine große Begeisterung für die Revolution, die Forster auf das Konto der Aufklärung verbucht –
gerade auch ihren zu dieser Zeit noch relativ unblutigen Verlauf. Im September
des Jahres sind die Frankreichreisenden Campe und Wilhelm von Humboldt bei
ihm zu Besuch und berichten von den Vorgängen in Paris.

Im März des darauffolgenden Jahres bricht Forster selbst mit Alexander von
Humboldt zu einer Reise den Rhein abwärts auf. Die Erlebnisse dieser Reise wird
er in seinem Buch »Ansichten vom Niederrhein« festhalten. Dort beschreibt er
unter anderem den Volksaufstand in Lüttich, zieht Parallelen zur Französischen
Revolution und reflektiert allgemein über die Revolution. Dabei erklärt er zum
Vertrag zwischen Volk und Herrscher: »Ein Vertrag ist nichtig, der die Sittlichkeit verletzt, und eine Staatsverfassung hat keinen Augenblick eine rechtmäßige
Existenz, wenn sie sogar ihren Gliedern die Möglichkeit einer sittlichen Vervollkommnung raubt. Diese Vervollkommnung aber setzt den uneingeschränkten
Gebrauch der Vernunft und des gesammten Erkenntnisvermögens voraus; sie
heischt sogar Freiheit des Willens, worauf nur da Verzicht getan werden darf, wo
gewisse Handlungen der fremden Willkür zum gemeinschaftlichen Besten Aller,
das heißt, zur Beförderung der allgemeinen Vollkommenheit, unterworfen werden müssen. Jede Einschränkung des Willens, die nicht zur Erhaltung des Staates
unentbehrlich ist, wird der Sittlichkeit seiner Glieder gefährlich, und die Gefahr
einer solchen Verwahrlosung der eigentlichen Herrscherpflicht ist groß genug,
um weisen Despoten ihren Weg vorzuzeichnen, und sie aufzufordern, ihren
Unterthanen die uneingeschränkte Religions- Gewissens- Unterredungs- und
Preßfreiheit zuzugestehen, ja sogar über die Verhältnisse des Staates, über seine
Mängel und die Mittel ihnen abzuhelfen, keines Menschen Nachdenken und
Bemühung sich und Andere zu unterrichten, ein Ziel zu stecken.«[38] Es sind reich-
lich radikale Ansichten, zu denen Forster hier, unter dem Eindruck der Revolution und ausgehend von der Idee der Perfektibilität, gelangt. Rhetorisch äußerst
geschickt fordert er die »weisen Despoten« dazu auf, ihren Untertanen einen
beträchtlichen Umfang an politischen Freiheitsrechten zuzugestehen, da diese
zur »sittlichen Vervollkommnung« unerlässlich seien und ansonsten der Vertrag
nichtig sei – das heißt, er fordert sie gewissermaßen zu ihrer Selbstabschaffung
auf. Das ist bereits eine tendenzielle Radikalisierung der Reformen von oben, die

---

[37] Brief an Heyne vom 30. Juli 1789, in: Forster, Werke, Bd. 4, S. 569 f.
[38] Georg Forster (1791), Ansichten vom Niederrhein, in: ders., Werke, Bd. 2, S. 506.

Kant vorschlagen wird. Die Auseinandersetzung Forsters mit dem Volksaufstand in Lüttich zeigt zudem, dass mit der Französischen Revolution auch im Reich erste Unruhen und Aufstände sich ereigneten, und dass dies auf Forster Eindruck machte. Neben dem Aufstand im Fürstbistum Lüttich erhoben sich auch die österreichischen Niederlande gegen die Reformen Josephs II. In beiden Fällen beriefen sich die Aufständischen aber noch auf die alten, mittelalterlichen ständischen Rechte, die ihnen die Herrscher im Zuge ihrer Reformen nehmen wollten. Von der rousseauschen Volkssouveränität als neuer Grundlage der Republik, die die Französische Revolution durchsetzte, war bei diesen frühen Aufständen im Reich noch nicht die Rede.[39] Am Ende ihrer Reise in Paris werden Forster und Humboldt schließlich Augenzeugen, wie Ludwig XVI. bei Bauarbeiten zur Vorbereitung eines Festes zum Jahrestag des Sturms auf die Bastille selbst zur Schaufel greift. Für Forster ist dies »beispiellos in den Jahrbüchern der Menschheit«.

Zurück in Mainz bemüht sich Forster um eine Übersetzung von Thomas Paines »The Rights of Man« und schreibt eine Einleitung. Ganz deutlich wird hier neben der zentralen Fokussierung auf Frankreich auch eine ideengeschichtliche Verbindung zwischen der republikanischen Debatte im Deutschen Reich der 1790er Jahre und jener atlantischen republikanischen Tradition sichtbar, von der zuvor die Rede war; der amerikanische Revolutionär Paine, der sich gegen Burkes Angriffe auf die Französische Revolution wendet, wird von Forster als Gewährsmann wahrgenommen.[40] Vehement wendet sich Forster nun gegen Denkverbote und den »gelehrten Zunftzwang«.[41]

Im Lauf des Jahres 1792 spitzt sich die Lage in Europa schließlich zu, sodass Frankreich in einen Krieg mit den Koalitionsarmeen der Anhänger des Ancien Régime eintritt. Im Zuge dieser Gefechte gerät Mainz am 19. Oktober unter französische Besatzung. Damit beginnt Forsters Tätigkeit für die Mainzer Republik. Auch wenn er noch im Juli 1791 an seinen Schwiegervater Heyne geschrieben hatte, in Deutschland »kommt uns um 50 Jahre zu früh die Revolution über den Hals«,[42] so will er nun doch handeln und nicht mehr bloß räsonieren. Forster ist nun bereit, »*als Republikaner zu leben und zu sterben*«.[43]

---

[39] Vgl. Monika Neugebauer-Wölk, Reich oder Republik? Pläne und Ansätze zur republikanischen Neugestaltung im Alten Reich 1790-1800, in: Heinz Duchhardt, Andreas Kunz (Hg.), Reich oder Nation? Mitteleuropa 1780-1815, Mainz 1998, S. 21-50.

[40] Vgl. zu Paine John Keane, Thomas Paine. Ein Leben für die Menschenrechte, Hildesheim 1998.

[41] Georg Forster (1791), Über den gelehrten Zunftzwang, in: ders., Werke, Bd. 3.

[42] Brief an Heyne vom 25. Juli 1791, in: Forster, Werke, Bd. 4, S. 668.

[43] Brief an Voß vom 21. November 1792, in: Forster, Werke, Bd. 4, S. 796.

Im November 1792 tritt er dem neu gegründeten Mainzer Jakobinerklub bei, dessen Versammlungen täglich Tausende von Menschen beiwohnen. In ähnlicher Form bildeten sich nun in den von Frankreich besetzten Teilen Deutschlands zahlreiche Jakobinerklubs. Außer in Mainz betrieb man auch in Basel und in der Südpfalz Republikanisierung. Im Mainzer Klub hält Forster eine mitreißende Rede, die als Flugblatt verbreitet wird. Er ruft in ihr dazu auf, die Ketten der alten Ordnung abzuwerfen und sich mit den französischen Brüdern zu einer freiheitlichen und egalitären Republik zu vereinigen. Forster plädiert für die Übernahme der französischen Verfassung, für die Vertretung des Volkes in der Gesetzgebung, für eine Volksgerichtsbarkeit, eine Neuordnung der Verwaltung und die Gleichheit aller Menschen: »Einige Menschen, hieß es, sind zum Befehlen und Regieren, andere zum Besitz von Pfründen und Ämtern *geboren*; der große Haufe ist zum gehorchen gemacht; der Neger ist seiner schwarzen Haut und seiner platten Nase wegen schon zum Sklaven des Weißen von der Natur bestimmt; und was dergleichen Lästerungen der heiligen Vernunft noch mehr waren.«[44] Es sind dies Zeilen, die dem Weltumsegler Georg Forster zu großer Ehre gereichen. Gerade auch in der Wendung gegen die Rassendiskriminierung und die Sklaverei zeigt sich, wie er zu einem »anderen Begriff der Menschheit« zu gelangen sucht und wie sich hier ein kosmopolitischer Republikanismus im Deutschen Reich der 1790er Jahre entfaltet, der sogar die revolutionären Denkbewegungen in den Vereinigten Staaten und in Frankreich noch übertrifft.[45]

Forster gelangt zu dieser politischen Position, dem »anderen Begriff der Menschheit«, über den bereits erwähnten Gedanken der natürlichen Perfektibilität und den der »Mannigfaltigkeit«, nach dem alles Leben auf der Erde das gleiche Recht auf Selbstvervollkommnung habe. »Friede sei mit allem, was da ist, Friede mit jedem Geiste, sein Wirken und Gebilde sei dem meinen so fremd wie es wolle.«[46] In dieser kosmopolitisch gewendeten Idee der mannigfaltigen Vervollkommnung laufen seine naturkundlichen, philosophischen und politischen Überlegungen zusammen.[47]

---

[44] Georg Forster (1792), Über das Verhältniß der Mainzer gegen die Franken, in: ders., Werke, Bd. 3, 590.

[45] Vgl. zu dieser wegweisenden Einbeziehung der Rassendiskriminierung auch Susan Buck-Morss, Hegel und Haiti, Berlin 2011.

[46] Forster (1791), Ansichten vom Niederrhein, S. 438.

[47] Vgl. dazu die grundlegende Arbeit von Ludwig Uhlig, Georg Forster. Einheit und Mannigfaltigkeit in seiner geistigen Welt, Tübingen 1965.

Gerade auch die Kunst und Literatur haben für Forster die Aufgabe, an dieser Vervollkommnung der Menschen in ihrer Mannigfaltigkeit über eine Erweiterung und Verfeinerung des Geschmacks mitzuwirken – und man kann nicht zuletzt hier einen Einfluss auf die Frühromantik vermuten: »Es ist das große Vorrecht der Kunst, im edelsten Theil unseres Wesens wirksam zu werden, unser Gefühl und unseren Verstand anzuregen und gleichsam neue Schöpfungen, die wir noch nicht kannten, Gedankenreihen und Ideenverbindungen, die sonst nicht wirklich geworden wären, hervorzubringen.«[48]

Forsters Denken operiert dabei generell mit historischen Entwicklungskategorien, sowohl im Falle der Kunst, die immer neue Ideenverbindungen hervorbringt und bringen soll, als auch auf dem Gebiet der Philosophie und der Politik. So hatten wir ja bereits bei der Kritik an Kants Apriorismus gesehen, dass Forster gegen diesen die historischen Wandlungsmöglichkeiten der Kategorien ins Feld führt. Auch auf dem Gebiet des Rechts und der Politik denkt er in solch historischen Entwicklungsbegriffen, die zugleich die Einheit der Mannigfaltigkeit und die lokalen Besonderheiten, das spezifische Zusammenspiel von Natur und Kultur berücksichtigen. Im Hinblick auf einen Vergleich zwischen der asiatischen Despotie und Europa schreibt er etwa: »Ich vermuthe fast, dass es weniger an den Vorzügen unserer körperlichen Anlagen, als an der Entstehungsart unserer Bevölkerung, an den Verhältnissen, die das Klima, die Lage der Länder und das Verkehr mit anderen Nationen nothwendig erzeugten, kurz, an einer Verkettung von Umständen liegt, die bis an den Ursprung der Gesellschaft hinaufreicht, dass sich *theilweise* unter uns eine freie Regsamkeit der Kräfte erhalten hat, die der Despotismus zu seinen Zwecken behutsam anwenden, aber bisher nirgends, ohne sich selbst zu schaden, gänzlich bändigen konnte.«[49] Letztlich bleibt aber für Forster trotz dieser historischen Wandlungen und lokalen Besonderheiten unbestritten, dass »die freie republikanische Verfassung bei allen Stürmen, denen sie ausgesetzt ist, in Absicht auf die Bildung des Menschengeschlechts zu einer höheren Bestimmung einen entscheidenden Vorzug« hat.[50] Man müsse daher beachten, ob der richtige Zeitpunkt, d. h. die notwendige Verkettung der Umstände, in einer Gesellschaft erreicht ist, um eine Republik zu errichten. Wenn er aber da ist, dann sei ihre Einrichtung geboten. »Schwerer kann sich niemand am

---

[48] Georg Forster (1791), Erinnerungen aus dem Jahr 1790, in: ders., Werke, Bd. 3., S. 440.
[49] Georg Forster (1793), Über die Beziehung der Staatskunst auf das Glück der Menschheit, in: ders., Werke, Bd. 3, S. 706.
[50] Forster (1791), Erinnerungen aus dem Jahr 1790, S. 523.

Menschengeschlecht versündigen, als indem er diesen Raupenstand, diese thierische Erniedrigung, worin alle seine Anlagen unbenutzt und unentwickelt bleiben, absichtlich zu verlängern sucht […] Endlich, mein Freund, scheint die Zeit gekommen, wo jenes lügenhafte Bild des Glücks, das so lange am Ziele der menschlichen Laufbahn stand, von seinem Fußgestelle gestürzt, und der ächte Wegweiser des Lebens, *Menschenwürde*, an seine Stelle gesetzt werden soll.«[51] In seiner Zeit schien Forster diese Entwicklungsstufe im Deutschen Reich offensichtlich erreicht.

Zum Ende des Jahres wird er als eines von neun Mitgliedern in die neu eingerichtete Administration der Mainzer Republik gewählt, ist Präsident des Jakobinerclubs, gibt die Zeitschrift »Neue Mainzer Zeitung oder der Volksfreund« heraus, deren Beiträge er größtenteils selbst verfasst, und bereitet die Wahlen zum Rheinisch-Deutschen Nationalkonvent mit vor. Während dieser Zeit verbreitet sich die Nachricht, dass Frankfurt von den Koalitionsarmeen zurückerobert wurde. Viele Freunde fallen nun von Forster ab und verlassen Mainz, aus Angst, nach der Rückeroberung der Stadt von der Reaktion zur Rechenschaft gezogen zu werden. Auch seine Frau verlässt ihn mit den Kindern und geht ein Verhältnis mit dem Schriftsteller Ludwig Ferdinand Huber ein.[52] Forster lässt sich von diesen schweren persönlichen Schlägen jedoch nicht von seinem politischen Engagement abbringen. So schreibt er an seine Frau Therese: »Man ist entweder für absolute Freiheit oder für Tyrannei. Ein Mittelding gibt es nicht, denn die bedingte Freiheit läuft immer wieder auf Despotie hinaus.«[53] Erneut lässt sich hier der – nun einem schweren persönlichem Verlust abgerungene – revolutionäre, radikal-demokratische Charakter von Forsters Republikanismus erkennen, der jetzt entschieden gegen einen reformistischen Republikanismus à la Kant argumentiert und als Katalysator für Schlegels romantischen Republikanismus wirkt.

Am 24. Februar 1793 finden schließlich die Wahlen zum Rheinisch-Deutschen Nationalkonvent statt. Zur Wahl ist jeder zugelassen, der einundzwanzig Jahre alt ist und einen Eid auf die republikanischen Grundsätze geschworen hat. Frauen und Knechte sind allerdings ausgeschlossen. In diesem

---

[51] Forster (1793), Über die Beziehung der Staatskunst auf das Glück der Menschen, S. 724.
[52] Vgl. zu diesem Abfallen der Freunde, das ein ernüchterndes Zeugnis der deutschen Intellektuellen der Epoche bietet, Gordon A. Craig, Ein deutscher Jakobiner. Georg Forster, in: ders., Die Politik der Unpolitischen. Deutsche Schriftsteller und die Macht 1770-1871, München 1993, S. 39-58.
[53] Brief an Therese Forster vom 4. Februar 1793, in: Forster, Werke, Bd. 4, S. 831.

Punkt werden die romantischen Republikaner und insbesondere Schlegel später
über Forsters praktische republikanische Politik in ihren Forderungen hinausgehen. Sie werden nun auch für Frauen und alle Nichtselbstständigen die politische
Mitbestimmung einfordern und einen weiteren Schritt der Radikalisierung über
Forster hinaus vollziehen.[54] Realisiert haben sie dies allerdings faktisch nur teilweise im engeren Kreis, politisch blieb es noch über ein weiteres Jahrhundert
eine bloße Forderung.

Am 17. März tritt der frisch gewählte Rheinische Nationalkonvent zum ersten
Mal zusammen. Forster bringt ein Dekret ein für die Souveränität des Rheinstaa-
tes und die Machtenthebung aller weltlichen und geistlichen Herren, das der
Konvent in einer Abstimmung annimmt. Der Konvent beschließt im Anschluss,
dass »das rheinischdeutsche Volk die Einverleibung in die fränkische Republik
wolle«, und Forster wird als einer der Delegierten ausgewählt, die der Pariser
Nationalversammlung diesen Beschluss überbringen sollen. Am 25. März reist er
nach Paris ab. Er wird nicht mehr nach Mainz zurückkehren, das in der Folge
von den Koalitionsarmeen zurückerobert wird. Denn damit war ihm als Republikaner die Rückreise nach Deutschland verwehrt.

Wie später Heinrich Heine stirbt er im Pariser Exil, ohne seinen Glauben an
die Revolution und die Republik ganz verloren zu haben; aber sein Glaube an die
Perfektibilität des Menschen scheint gelitten zu haben. So schreibt er in einem
seiner letzten Briefe an Therese aus Paris: »Ich hange noch fest an meinen
Grundsätzen; allein ich finde die wenigsten Menschen ihnen getreu: alles ist
blinde, leidenschaftliche Wut, rasender Parteigeist und schnelles Aufbrausen, das
nie zu vernünftigen und ruhigen Resultaten gelangt.«[55] Am 10. Januar 1794 ist
Georg Forster in Paris gestorben.

Forster als Katalysator

Man darf Forster sicher nicht auf die hier herausgestellte Katalysatorfunktion
zwischen kantianischem, reformistischem Republikanismus und romantischem,

---

[54] Dass Forster auch in Fragen der radikalen demokratischen Selbstbestimmung des Volkes, allerdings unter dem Druck der Kriegssituation, zu dieser Zeit immer noch ambivalente Haltungen ein-
nahm und Wahlergebnisse mit militärischem Druck herbeizuführen suchte, zeigt detailliert Franz
Dumont, Georg Forster als Demokrat, in: Georg-Forster-Studien 1 (1997), S. 125-153. Vgl. auch die
skeptische Einschätzung der Situation in Mainz bei T.C.W. Blanning, Reform and Revolution in
Mainz 1792-1803, Cambridge 1983.
[55] Brief an Therese Forster vom 8. April 1793, in: Forster, Werke, Bd. 4, S. 843.

revolutionärem Republikanismus reduzieren. Dazu ist er in seinem philosophischen Denken zu originell und in seiner historischen Erscheinung zu bedeutend. Dennoch kann man meines Erachtens nicht übersehen, dass Forster ideengeschichtlich diese Funktion in der republikanischen Debatte der 1790er Jahre im Deutschen Reich einnimmt, und allein darum ging es hier. Es sind Forsters Kritik an Kants Apriorismus, die damit verbundene Öffnung historischer Möglichkeitsräume durch die Gedanken der Mannigfaltigkeit und Perfektibilität und nicht zuletzt die Rolle, die er Kunst und Literatur in der historisch-politischen Entwicklung zugestand, die die Romantiker angeregt haben. Aber erst die Verwandlung seiner theoretischen Positionen in praktischen politischen Einsatz für eine republikanische Revolution in Deutschland hat wohl dazu geführt, dass die jungen Romantiker und insbesondere Schlegel ihn zu einem ihrer politischen Fixsterne gemacht haben, sich radikalisierten und für eine republikanische Insurrektion begeisterten. Erst dieses Zusammenspiel der philosophischen Gedanken und der praktischen politischen Tätigkeit erklärt Forsters Wirkung als Katalysator im Übergang vom kantianischen zum romantischen Republikanismus.

Mit dieser hier vorgeschlagenen Hypothese einer geistigen Wirkungsgeschichte ist schließlich über den unmittelbaren ideengeschichtlichen Kontext hinaus ein Möglichkeitsfenster bezeichnet, das in der republikanischen Ideengeschichte in dieser spezifischen Form bis ins 20. Jahrhundert nur im kosmopolitischen Republikanismus der deutschen politischen Debatte der 1790er Jahre kurz eröffnet wurde: Der Gedanke und der praktische Versuch einer Vereinigung der deutschen Republikaner mit den französischen Republikanern, über alle nationalen Grenzen hinweg. Das war zwar ein utopisches, aber aus heutiger Sicht nicht unrealistisches und unerhört zukunftsweisendes Projekt. Das Schicksal Georg Forsters und das Auslaufen der Romantik in der Restauration verweisen jedoch darauf, dass dieser Möglichkeit damals noch eine breitere soziale Basis fehlte.

Bevor wir uns dem Republikanismus der politischen Frühromantik anhand der Person von Friedrich Schlegel zuwenden, wollen wir der Idee des »poetischen Staates« noch etwas weiter nachgehen, die dann in der Frühromantik eine wichtige Rolle spielt. Neben Forsters Perfektionismus und dessen Idee einer Erweiterung des Geschmacks lassen sich hierfür weitere Spuren bei Friedrich Schiller finden.

10. Schiller

Neben Georg Forsters revolutionärem perfektionistischem Republikanismus ist es vor allem Friedrich Schillers politische Ästhetik, die einen zweiten wichtigen Schritt auf jenem Weg der Radikalisierung des deutschen Republikanismus von Kant zu Schlegel darstellt, der uns hier beschäftigt. Schiller ruft in den 1790er Jahren nach einem »Ästhetischen Staat« und erklärt, dass politische Freiheit nur über die Ästhetik, über die Kunst, erreicht werden kann. Hieran wird die frühe Romantik trotz ihrer Ablehnung der Weimarer Klassik und der Animositäten Schlegels mit Schiller anknüpfen.

Schillers eigenes Verhältnis zum Republikanismus und zur Französischen Revolution ist jedoch äußerst komplex. Wir wollen im Folgenden daher in groben Zügen nachvollziehen, wie sich seine Konzeption einer politischen Ästhetik aus seiner Lebensgeschichte, seiner geistigen Entwicklung und seiner Reaktion auf die Französische Revolution heraus verstehen lässt.

In einem ersten Schritt müssen wir dazu Schillers Weg bis zur Französischen Revolution rekonstruieren und in diesem Zuge seine frühen Dramen und insbesondere seine historischen Schriften untersuchen. Schiller zeigt sich dort als radikaler Anhänger des niederländischen Aufstandes gegen die spanische Despotie, als Anhänger der niederländischen Republik. Diese eindeutige Parteinahme für die Republik ändert sich mit dem Einbruch der Französischen Revolution und der Hinrichtung des Königs. Schiller wendet sich nun gegen die Revolution und ihre Eskalation und entwickelt die Idee der ästhetischen Erziehung als Vorstufe der politischen Freiheit.

Die Niederlande und die Weltgeschichte

Friedrich Schiller wird am 10. November 1759 in Marbach am Neckar geboren. Sein Vater Johann Caspar Schiller ist zu der Zeit Offizier und Wundarzt. Später erhält er eine Stelle als Werbeoffizier unter dem despotischen und verschwenderischen württembergischen Herzog Carl Eugen. Der Herzog zwingt die Eltern dazu, den talentierten Sohn auf die von ihm gegründete Karlsschule zu geben, wo die Kinder mit militärischer Härte gedrillt werden. Schon früh zeigt sich eine gewisse Renitenz des jungen Friedrich gegen die fürstliche Unterdrückung, die er in der Schule am eigenen Leib erfährt. Künstlerisch verarbeitet der junge Schiller diese Erfahrung in dem Stück »Die Räuber«, mit dem er über Nacht in ganz Deutschland bekannt wird und in dem er Karl Moor ausrufen lässt: »Stelle mich vor ein Heer Kerls wie ich, und aus Deutschland soll eine Republik werden.« Trotz des Verbots von Carl Eugen reist Schiller 1782 zur Uraufführung nach Mannheim. Der Herzog lässt ihn daraufhin vierzehn Tage in Haft nehmen und verbietet ihm, weiterhin solch aufrührerische Stücke zu schreiben. Dass mit Carl Eugen nicht zu spaßen war, zeigte etwa das Schicksal des württembergischen Schriftstellers Christian Friedrich Daniel Schubart, der in seiner »Deutschen Chronik« Kritik an den politischen Verhältnissen äußerte, 1777 verhaftet und zu zehn Jahren Gefängnis verurteilt wurde.[1] Schiller war also gewarnt. Im September 1782 flüchtet er daher erneut aus Württemberg, diesmal ohne zurückzukehren.[2] Im Gepäck hat er den »Fiesko«, sein »republikanisches Trauerspiel«. Diese Hinwendung zu historischen Stoffen setzt sich mit dem 1787 veröffentlichten »Don Carlos« und seiner berühmten Sentenz »Geben Sie Gedankenfreiheit!« fort. Beeinflusst vom Sturm und Drang, von Herder und Rousseau, zeichnet Schiller in diesen Stücken wie auch in »Kabale und Liebe« ein dunkles Bild der Gesellschaft des Ancien Regime und der Deformation des Menschen in ihr.

Parallel zu diesen literarischen Arbeiten entstehen Schillers große historische Studien, die ihm schließlich auf Vermittlung Goethes 1789 eine Professur als Historiker in Jena einbringen. Vor allem in diesen historischen Schriften, insbesondere in seinem »Abfall der Niederlande«, entpuppt sich Schiller noch vor Ausbruch der Französischen Revolution als enthusiastischer Republikaner. Er beschreibt dort den Aufstand und Kampf der niederländischen Generalstaaten gegen die absolutistische, spanische-habsburgische Monarchie Philipps II. im 16. und 17. Jahrhundert, in deren Folge die niederländische Republik gegründet wurde. In der Einleitung schreibt er zur Rechtfertigung seiner Studie: »Wenn die schimmernden Taten der Ruhmsucht und einer verderblichen Herrschbegierde auf unsere Bewunderung Anspruch machen, wie viel mehr eine Begebenheit, wo

---

[1] Vgl. Wilfried F. Schoeller, Schubart: Leben und Meinungen eines schwäbischen Rebellen, den die Rache seines Fürsten auf den Asperg brachte. Mit einer Auswahl seiner Schriften, Berlin 1979 und Bernd Jürgen Warneken, Schubart. Der unbürgerliche Bürger, Frankfurt 2009.
[2] Vgl. zur Biographie Peter-Andre Alt, Schiller. Leben – Werk – Zeit. Eine Biographie, 2 Bde., München 2000 und Rüdiger Safranski, Friedrich Schiller oder die Erfindung des deutschen Idealismus, München 2007.

die bedrängte Menschheit um ihre edelsten Rechte ringt, wo mit der guten Sache ungewöhnliche Kräfte sich paaren, und die Hülfsmittel entschlossener Verzweiflung über die furchtbaren Künste der Tirannei in ungleichem Wettkampf siegen. Groß und beruhigend ist der Gedanke, daß gegen die trotzigen Anmaßungen der Fürstengewalt endlich noch eine Hülfe vorhanden ist, daß ihre berechnetsten Plane an der menschlichen Freiheit zu Schanden werden, daß ein herzhafter Widerstand auch den gestreckten Arm eines Despoten beugen, heldenmütige Beharrung seine schrecklichen Hülfsquellen endlich erschöpfen kann. [...] – und darum achtete ich es des Versuchs nicht unwert, dieses schöne Denkmal *bürgerlicher Stärke* vor der Welt aufzustellen.«[3] Das sind wahrhaft revolutionäre Töne, die Schiller hier am Vorabend der Revolution in seiner Feier der niederländischen Rebellion anschlägt. Seine Lektüre des Sturm und Drang und nicht zuletzt seine eigene Erfahrung mit dem Despotismus Carl Eugens werden diese Begeisterung für den niederländischen Aufstand geprägt haben. Zugleich zeigt sich hierin aber auch eine unter den Intellektuellen im Deutschen Reich weit verbreitete Anhänglichkeit an die alte ständische Gesellschaft. Der niederländische Aufstand liegt Ende des 18. Jahrhunderts ja bereits weit in der Vergangenheit, und die dortigen Stände wenden sich gegen die absolutistischen Bestrebungen der spanischen Krone, aber eben auch gegen die Entwicklung zum moderne Einheits- und Machtstaat. Die Stände, insbesondere das städtische Patriziat, versuchen dadurch, ihre alten Mitbestimmungsrechte und Privilegien gegen den Absolutismus zu verteidigen. Auch Goethe, der wahrlich kein Freund von Revolutionen war, konnte daher im »Egmont« zur gleichen Zeit den niederländischen Aufstand als einen Kampf für die »Freiheiten und Privilegien« der alten ständischen Gesellschaft und gegen den abstrakten modernen Maschinenstaat feiern. Mit den gegen Ende des 18. Jahrhunderts in Frankreich und den Vereinigten Staaten von Amerika bereits weitverbreiteten Ideen der Volkssouveränität und des modernen gewaltenteiligen Rechts- und Verwaltungsstaats hatte diese Begeisterung für den niederländischen Aufstand wenig gemein. Noch bei den preußischen Reformern, beim Freiherrn vom Stein, wird diese Anhänglichkeit an die ständischen Vertretungen und Freiheiten fortwirken, wie wir sehen werden. Sie kann durchaus als eine Eigentümlichkeit der deutschen politischen Ideenge-

---

[3] Friedrich Schiller (1788), Geschichte des Abfalls der vereinigten Niederlande von der Spanischen Monarchie, in: ders., Historische Schriften und Erzählungen I. Werke in zwölf Bänden, Bd. 6, hg. v. Otto Dann, Frankfurt/M. 2000, S. 41.

schichte betrachtet werden, die zu einem gewissen Teil vielleicht auch ihre Verspätungen erklärt.

Die progressive, revolutionäre republikanische Tendenz des jungen Schiller
am Vorabend der Revolution, die man in seinen frühen Dramen und historischen Studien dennoch finden kann, zeigt sich schließlich auch in seiner berühmten Jenaer Antrittsvorlesung »Was heißt und zu welchem Ende studiert
man Universalgeschichte«, die ein großes gesellschaftliches Ereignis war und die
Stadt in Aufruhr versetzte – heute eine unvorstellbare Wirkung für eine akademische Rede. In dieser Vorlesung deutet sich bereits Schillers Hinwendung zur
Philosophie an, mit der er sich dann, insbesondere in Form der kantischen Philosophie, im Zuge der Revolution in den 1790er Jahren auseinandersetzen wird.[4]
Schiller unterscheidet dort nämlich zwischen der historischen und der philosophischen Beschäftigung mit Geschichte: »Anders ist der Studierplan, den sich der
Brotgelehrte, anders derjenige, den der philosophische Kopf sich vorzeichnet.«[5]
Der Brotgelehrte strebt durch das Studium der Geschichte nur nach einer Ausbildung, um eine Anstellung bei einem »Herren« zu erhalten und ist Spezialist in
einem kleinen Gebiet. »Er hat umsonst gelebt, gewacht, gearbeitet; er hat umsonst nach Wahrheit geforscht, wenn sich Wahrheit für ihn nicht in Gold, in
Zeitungslob, in Fürstengunst verwandelt.«[6] Der »philosophische Kopf« dagegen
strebt nach Wahrheit und Wissen um ihrer selbst willen. Er will kein Spezialist
sein, sondern die Spezialisierung der Wissenschaften aufheben und ein »harmonisches Ganzes« erschaffen. Es ist dies ein Gedanke, dem wir bereits bei Georg
Forster in seiner Kritik an der Spezialisierung der Wissenschaften begegnet sind,
in seiner Suche nach der »schönen Seele«, die sie wieder vereinigt, und der dann
im Zusammenhang mit der romantischen progressiven Universalpoesie wieder
auftaucht. »Durch immer neue und immer schönere Gedanken-Formen schreitet
der philosophische Geist zu höherer Vortrefflichkeit fort, wenn der Brotgelehrte,
in ewigem Geistesstillstand, das unfruchtbare Einerlei seiner Schulbegriffe hütet«, so Schiller.[7]

---

[4] Vgl. zu Schillers Auseinandersetzung mit der Philosophie Cay von Brockdorff, Schiller als Philosoph, in: Zeitschrift für philosophische Forschung 4 (1950), S. 97-110 und Frederick Beiser, Schiller
as Philosopher: A Re-Examination, Oxford 2008.
[5] Friedrich Schiller (1789), Was heißt und zu welchem Ende studiert man Universalgeschichte, in:
ders., Historische Schriften und Erzählungen I. Werke in zwölf Bänden, Bd. 6, hg. v. Otto Dann,
Frankfurt/M. 2000, S. 412.
[6] Ebd., S. 413.
[7] Ebd., S. 415.

Nur der philosophische Kopf ist also geeignet für die Universalgeschichte, die Schiller nun zu skizzieren beginnt, wobei er gleich zu Anfang auch auf die »Reiseschreiber« – wie Forster einer ist – eingeht, die dem philosophischen Universalhistoriker zeigen, wie die Völkerschaften »auf den mannigfaltigsten Stufen der Bildung um uns herum gelagert sind.«[8] Schiller hebt darauf ab, dass der philosophische Kopf die »Bruchstücke« der Menschheitsgeschichte zu einem Ganzen verbindet und in der Menschheitsgeschichte eine Entwicklung des Fortschritts vom »ungeselligen Höhlenbewohner« hin zum »geistreichen Denker, zum gebildeten Weltmann« erkennt. Hier ist geschichtsphilosophisch bereits angedacht, was Hegel, wie wir gesehen haben, in nationalliberaler Perspektive später den »Fortschritt im Bewußtsein der Freiheit« nennen wird. Schiller ist sich jedoch als Kantianer des subjektiven Anteils bewusst, den diese Geschichtsphilosophie hat. Der philosophische Kopf »nimmt diese Harmonie aus sich selbst heraus, und verpflanzt sie in die Ordnung der Dinge d. i. er bringt einen vernünftigen Zweck in den Gang der Welt, und ein *teleologisches* Prinzip in die *Weltgeschichte*.«[9] Eine solche Weltgeschichte zu schreiben, dient für Schiller weniger der exakten Erkenntnis der Vergangenheit, obwohl er durchaus Wert auf historische Wahrheit legt, als der Gestaltung der Zukunft. Daher ruft er zum Ende der Vorlesung seinen Zuhörern entgegen: »Ein edles Verlangen muß in uns erglühen, zu dem reichen Vermächtnis der Wahrheit, Sittlichkeit und Freiheit, das wir von der Vorwelt überkamen und reich vermehrt an die Folgewelt wieder abgeben müssen, auch aus *unsern* Mitteln einen Beitrag zu legen, und an dieser unvergänglichen Kette, die durch alle Menschengeschlechter sich windet, unser fliehendes Dasein zu befestigen. Wie verschieden auch die Bestimmung sei, die in der bürgerlichen Gesellschaft Sie erwartet – etwas dazu beisteuern können sie alle!«[10] Schiller fordert also seine Zuhörer dazu auf, den Fortschritt der Menschheitsgeschichte in Richtung Wahrheit, Sittlichkeit und Freiheit weiter voranzutreiben.

Das ist der Schiller vor dem Ausbruch der Französischen Revolution: ein scharfer Kritiker der feudalen Gesellschaft, ein Anhänger der niederländischen Rebellion und Republik, der die Menschen zur Tätigkeit für den Fortschritt der Freiheit aufruft.

---

[8] Ebd., S. 417.
[9] Ebd., S. 428.
[10] Ebd., S. 431.

Ästhetische Erziehung

Mit dem Beginn der Französischen Revolution 1789 und den ersten Anzeichen einer Krankheit, die ihn bis zu seinem Lebensende plagen sollte, gerät Schiller in eine intellektuelle Krise. Erst zehn Jahre später wird er mit dem »Wallenstein« wieder ein Theaterstück vorlegen.[11] Schiller fängt an, sich intensiv mit Kants Philosophie auseinanderzusetzen und eigene philosophische Abhandlungen zu verfassen, in denen er über die Kunst und ihren Platz im menschlichen und gesellschaftlichen Leben reflektiert. Hervorzuheben sind vor allem die Schriften über »Anmut und Würde«, über die »Ästhetische Erziehung des Menschen« und »Über naive und sentimentalische Dichtung«.

Von seiner vorrevolutionären Haltung aus gesehen, die wir zuvor skizziert haben, sollte man in Schiller einen entschiedenen Anhänger der Französischen Revolution vermuten. Die Franzosen erheben ihn aufgrund seiner frühen Werke auch zum Ehrenbürger der französischen Republik. Doch Schiller ist entsetzt über die Eskalation des Terrors in Frankreich und die Hinrichtung des Königs. Er trägt sich sogar mit dem Gedanken, ein Schreiben an die Nationalversammlung in Paris zu verfassen, um sie von der Hinrichtung abzuhalten.[12]

In seinen Briefen »Über die ästhetische Erziehung des Menschen« von 1795 wird diese nunmehrige Ablehnung der Französischen Revolution deutlich sichtbar. Dort schreibt er im fünften ästhetischen Brief mit Blick auf die Revolution, diese zunächst scheinbar begrüßend: »Das Gebäude des Naturstaates wankt, seine mürben Fundamente weichen, und eine physische Möglichkeit scheint gegeben, das Gesetz auf den Thron zu stellen, den Menschen endlich als Selbstzweck zu ehren und wahre Freiheit zur Grundlage der politischen Verbindung zu machen.« Schon im nächsten Satz fügt er jedoch einschränkend hinzu: »Vergebliche Hoffnung! Die moralische Möglichkeit fehlt, und der freigebige Augenblick findet ein unempfängliches Geschlecht.«[13] Die Menschen sind moralisch noch nicht bereit für diese Revolution und müssen – vor allem in Deutschland – erst durch die Kunst zu Freiheit und Republik erzogen werden, so der zentrale Gedanke Schillers in den Briefen. Dem Herzog von Augustenburg, an den Schiller die Briefe als eine Art Fürstenspiegel adressiert, erklärt er, »daß man, um jenes

---

[11] Vgl. zu dieser Krise etwa Hans Mayer, Versuche über Schiller, Frankfurt/M. 1987.
[12] Vgl. dazu Walter Müller-Seidel, Schiller und die Politik, München 2009, S. 9 ff.
[13] Friedrich Schiller (1795), Über die ästhetische Erziehung der Menschen, in: ders., Theoretische Schriften, Werke in zwölf Bänden, Bd. 8, hg. v. Rolf-Peter Janz, Frankfurt/M. 1992, S. 576 f.

politische Problem in der Erfahrung zu lösen, durch das ästhetische den Weg nehmen muß, weil es die Schönheit ist, durch welche man zu der Freiheit wandert.«[14] Hier haben wir die zentrale These der politischen Ästhetik Schillers vor uns, jene Idee der ästhetischen Erziehung als Vorstufe der politischen Freiheit.[15]

An diese zentrale These schließt Schillers Konzeption des *Homo ludens* an, dass der Mensch »nur da ganz Mensch ist, wo er spielt«.[16] Wie Forster die politische und materielle Unterdrückung des Volkes, so kritisiert Schiller nun die Entfremdung des Menschen in der Gesellschaft, die funktionale Differenzierung und Arbeitsteilung, die immer nur isolierte Einzelmomente einer Persönlichkeit zur Geltung kommen lässt, wie bereits seine Kritik des Brotgelehrten angedeutet hatte. Alles in der funktionalen Arbeitsteilung der zu Schillers Zeit bereits heraufziehenden modernen Industriegesellschaft zielt auf materiellen Nutzen, einzelne Fähigkeiten und Persönlichkeitsmerkmale werden nur insofern als wertvoll erachtet, insofern sie einen Nutzen für die Industrie haben. Der Mensch wird auf seine Arbeitskraft reduziert und ist zugleich als solche austauschbar. Erst im zweckfreien, ästhetischen Spiel kommt der ganze Mensch, seine ganze Persönlichkeit zum Ausdruck, erst hier erfährt und betätigt er sich frei. Die Ästhetik ist somit eine Veranschaulichung und eine Vorschule der menschlichen Freiheit. In ihr kommt die Fähigkeit des Menschen zu freier Form- und Gesetzgebung zum Vorschein, die schließlich vorbereit zur Autonomie, zur politischen Selbstgesetzgebung. Schiller spricht auch von einer »unendlichen Annäherung« des Menschen an diese »Idee seiner Menschheit«,[17] womit wir uns den Punkt erarbeitet haben, an dem die frühe Romantik anknüpfen wird.

Politische Ästhetik und Romantik

Es ging uns darum, in Schillers geistiger Entwicklung seinen Weg zur politischen Ästhetik in groben Zügen nachzuvollziehen. Angeregt durch die Literatur des Sturm und Drang und aufbauend auf seiner Jugenderfahrung mit dem württembergischen Despotismus wird der junge Schiller zu einem Kritiker der feudalen Gesellschaft, einem Anhänger der niederländischen Rebellion und Republik, der die Menschen zur Mitarbeit am Fortschritt der Freiheit aufruft. Mit dem Herein-

---

[14] Ebd., S. 560.
[15] Vgl. Norbert Oellers, Schiller. Elend der Geschichte, Glanz der Kunst, Stuttgart 2005, S. 464 ff.
[16] Schiller, Über die ästhetische Erziehung der Menschen, S. 614.
[17] Ebd., S. 606.

brechen der Französischen Revolution verändert sich jedoch diese Haltung. Im Zuge der Eskalation des Terrors und der Hinrichtung des Königs wird Schiller zum Kritiker der Revolution, der sie für verfrüht hält. Er entwickelt seine politische Ästhetik als Reaktion auf diese Eskalation sowie auf die hereinbrechende Industriegesellschaft mit ihrer funktionalen Differenzierung. Für Schiller führt der Weg zur politischen Freiheit unter diesen gesellschaftlichen Bedingungen nur über die ästhetische Erziehung. Die Ästhetik mit ihrem zweckfreien Spiel heilt den Menschen von seiner Entfremdung und Eindimensionalität, zu der ihn die moderne Gesellschaft verdammt, und macht ihm seine Fähigkeit der freien Gesetzgebung anschaulich, die ihn schließlich zur politischen Freiheit und Selbstgesetzgebung führt. Das ist die prominente politische Rolle der Kunst, die die Romantik von Schiller aufgegriffen hat.

Außer beim frühromantischen Schlegel, dem wir uns gleich zuwenden, findet man eine solche Konzeption einer politischen Ästhetik im 1796 verfassten »Ältesten Systemprogramm des deutschen Idealismus« aufgenommen, das Hegel, Hölderlin und Schelling in Tübingen entwickeln. Wie in der Frühromantik zeitigt die politische Ästhetik bei den Tübinger Stiftlern aber wesentlich radikalere politische Konsequenzen, als sie Schiller bereit war zu ziehen.[18] Dadurch wird eine breitere politische Strömung in den 1790er Jahren in Deutschland erkennbar, die sich eng an die Ästhetik und Kunst bindet und dabei politisch radikalisiert. Ich möchte mich nun diesen radikalen politischen Konsequenzen am Beispiel von Schlegels Republikanismus zuwenden.

---

[18] Vgl. Christoph Jamme, Hans Schneider (Hg.), Mythologie der Vernunft. Hegels ältestes Systemprogramm des deutschen Idealismus, Frankfurt/M. 1988.

11. Schlegel

Wer sich mit der Politischen Romantik befasst, betritt bis heute ein politisch brisantes Gebiet. Bereits Heinrich Heine hatte in der romantischen Schule vor allem die katholische Reaktion erblickt[1] und Georg Lukács spricht für einen Großteil der marxistischen Romantikdeutung, wenn er in der Romantik den Entstehungsherd des »modernen Irrationalismus« erkennen will.[2] Carl Schmitt wiederum – selbst politisch nicht gerade unverdächtig – bezeichnete die Politische Romantik abschätzig als »ocassitionellen Subjektivismus«.[3] Dieses Urteil hat allerdings seinen Parteigenossen Walter Linden nicht daran gehindert, die Romantiker als Vorläufer der nationalsozialistischen Bewegung zu reklamieren.[4] Weit verbreitet ist heute daher auf dieser Rezeptionslinie die Erzählung von der Geburt des verspäteten, irrationalen und antimodernen, chauvinistischen und rassistischen deutschen Nationalismus aus dem Geist der Politischen Romantik.[5] Ganz in diesem Sinne hat Rüdiger Safranski vor kurzem noch einmal äußerst publikumswirksam geäußert, die Romantik sei »gut für die Poesie, schlecht für die Politik.«[6]

Diese Etikettierungen der Romantik aus historischer Rückschau können nicht einfach alle mit einem Handstreich vom Tisch gewischt werden. Zutreffend ist schließlich, dass die romantische Bewegung nach 1800 beispielsweise durch Schlegels Konversion zum Katholizismus und seine Anstellung in Metternichs Regime oder durch Adam Müllers »Elemente der Staatskunst« von 1809 in der Reaktion mündet.[7] Will man jedoch eine ganze Bewegung von europäischer

---

[1] Vgl. Heinrich Heine (1835), Die romantische Schule, in: Heine, Werke in vier Bänden, Bd. 4, hg. v. Helmut Schanze, Frankfurt/M. 1994.

[2] Vgl. Georg Lukács, Die Zerstörung der Vernunft, Neuwied 1962, S. 89 ff.

[3] Vgl. Carl Schmitt (1919), Politische Romantik, Berlin 1982.

[4] Vgl. Walther Linden, Umwertung der Romantik, in: Zeitschrift für Deutschkunde 47 (1933), S. 65-91.

[5] Vgl. Helmut Plessner, Die verspätete Nation, Frankfurt/M. 1974.

[6] Rüdiger Safranski, Romantik. Eine deutsche Affäre, München 2007, S. 13.

[7] Vgl. zur Konversion Ernst Behler, Friedrich Schlegel, Hamburg 1966, S. 93 ff. Zu Adam Müller Jakob Baxa, Adam Müller. Ein Lebensbild aus den Befreiungskriegen und aus der deutschen Restauration, Jena 1930 sowie Schmitt, Politische Romantik und Peter Paul Müller-Schmid, Adam Müller

Wirkung[8] nicht anachronistisch von ihrem Ende her beurteilen, so bietet es sich an, verschiedene Phasen zu unterscheiden. Dabei folge ich der mittlerweile gängigen literaturgeschichtlichen Einteilung in Früh-, Hoch- und Spätromantik.[9] Innerhalb dieser Phaseneinteilung geht es mir im Folgenden um die Politische Frühromantik, genauer: um den Fall Friedrich Schlegel. Die zentrale Behauptung ist, dass wir beim jungen Schlegel kein reaktionäres, antirevolutionäres und antimodernes politisches Denken vorfinden, sondern ganz im Gegenteil eine Radikalisierung des politischen Denkens der deutschen Aufklärung.[10] In der Auseinandersetzung Schlegels mit der Französischen Revolution und dem philosophischen Denken seiner Zeit, im Anschluss an Georg Forsters republikanische Praxis und Schriften, an Schillers politische Ästhetik und insbesondere an Kants Friedensschrift radikalisiert Schlegel den kosmopolitischen Republikanismus der 1790er Jahre. Das ist die zentrale ideengeschichtliche Bewegung, die man sehen muss, will man die Politische Frühromantik angemessen bewerten. Sie erscheint dann als eine progressive, sogar avantgardistische politische Bewegung, die die sich gerade bildenden geistigen und politischen Tendenzen der republikanischen Strömung nach 1789 in einmaliger Weise bündelt und radikalisiert.

Ich möchte zunächst noch einmal einige kurze Bemerkungen zum Forschungsstand in der in den letzten Jahren stark angewachsenen Republikanismusforschung vorausschicken. Dabei sollen vor allem einige begriffliche Klärungen vorgenommen und der romantische Republikanismus in der Forschungslandschaft verortet werden. Zweitens sollen einige Bemerkungen zu Schlegels Biographie und zur Herausbildung der Frühromantik gemacht werden. Drittens muss schließlich Kants kosmopolitischer Republikanismus in der Friedenschrift kurz noch einmal rekapituliert werden, mit dem sich Schlegel in seinem »Versuch über den Republikanismus« auseinandersetzt. Erst vor diesem Hintergrund

---

(1779-1829), in: Bernd Heidenreich (Hg.), Politische Theorien des 19. Jahrhunderts, Berlin 2002, S. 109-138.

[8] Vgl. zur europäischen Dimension Ernst Behler (Hg.), Die Europäische Romantik, Frankfurt/M. 1972. Die Bedeutung der Romantik für das moderne Bewusstsein betont Isaiah Berlin, Die Wurzeln der Romantik, Berlin 2004, S. 24.

[9] Vgl. Detlef Kremer, Romantik, Stuttgart 2007.

[10] Ein solches Verständnis findet sich zumindest angedeutet bei Leo Löwenthal, Die Romantik- die verdrängte Revolution, in: ders., Schriften Bd. 2, Frankfurt/M. 1990, S. 301-316. Um ein differenziertes philosophisches Bild der Romantik hat sich in den letzten Jahren vor allem Manfred Frank verdient gemacht. Vgl. etwa Manfred Frank, Unendliche Annäherung. Die Anfänge der philosophischen Frühromantik, Frankfurt/M. 1997 und ders., Auswege aus dem Deutschen Idealismus, Frankfurt/M. 2007.

können wir dann die Radikalisierung des kosmopolitischen Republikanismus
durch Schlegel deutlich sehen.

Ein humanistisch-perfektionistischer Republikanismus?

Die zentrale These der Radikalisierung des deutschen Republikanismus nach
1789 von Kant zu Schlegel möchte ich, wie bereits im Zusammenhang mit unserer Beschäftigung mit Georg Forsters Republikanismus angedeutet wurde, vor
dem Hintergrund der aktuellen Forschungsdebatte über den Republikanismus
entwickeln, die allerdings den deutschen Republikanismus nach 1789 bisher
übergeht.[11] Eine entscheidende Anregung erhielt diese Debatte durch die besag-
ten Studien von John Pocock und Quentin Skinner.[12] Beide haben in ihren Untersuchungen versucht zu zeigen, dass es in der transatlantischen, politischen
Ideengeschichte ein spezifisch republikanisches Paradigma gibt, das an den großen politisch-sozialen Revolutionen in England im 17. und Nordamerika im 18.
Jahrhundert beteiligt war. Pocock und Skinner interpretieren die republikanische
Ideengeschichte allerdings unterschiedlich. Während Pocock eine athenisch-
aristotelische Tradition ausmacht, sieht Skinner eine römische Tradition am
Werk. Im Kern geht diese Meinungsverschiedenheit auf ein unterschiedliches
Verständnis des republikanischen Freiheitsbegriffs zurück. Pocock favorisiert
einen positiven Freiheitsbegriff, Skinner dagegen einen negativen.

Für Pocock besteht die atlantische, republikanische Tradition zentral darin,
dass bürgerliche Tugend, Partizipation und Gemeinwohlorientierung als intrin-
sisches Gut, als substanzieller Teil eines guten Lebens angesehen werden. Hans
Baron hatte in seinen Studien zur italienischen Renaissance in diesem Sinne von
einem »civic humanism« bzw. Bürgerhumanismus gesprochen.[13] Aufgrund dieser Hervorhebung des intrinsischen Werts der bürgerlichen Tugend und Partizipation kann man die Deutung des Republikanismus durch Baron und Pocock
auch als »bürgerorientierten Republikanismus« bezeichnen und von einem »institutionenorientierten Republikanismus« unterscheiden.

---

[11] Vgl. als aktuellen Überblick zur Republikanismusforschung Cecile Laborde, John Maynor (Hg.),
Republicanism and Political Theory, Oxford 2008.
[12] Vgl. John Pocock, The Machiavellian Moment. Florentine Political Thought and the Atlantic
Republican Tradition, Princeton 1975 und Quentin Skinner, Liberty before Liberalism, Cambridge
1998.
[13] Vgl. Hans Baron, The Crisis of the early Italian Renaissance, 2 Bde., Princeton 1966.

Mit seinem neorömischen Republikanismus hebt Quentin Skinner nun im Gegensatz zu Baron und Pocock darauf ab, dass bürgerliche Tugend, Partizipation und Gemeinwohlorientierung nur Mittel zum Zweck der Sicherung der negativen Freiheit der Bürger in der republikanischen Tradition waren. Den Republikanern in der römischen Tradition ging es um die Erhaltung der freien Republik und das heißt für Skinner, um die Mittel zur Erhaltung der negativen Freiheit der Bürger im Inneren und der Freiheit der Republik nach außen.[14] Im Vergleich zu Pocock, der in der Tradition des humanistischen Perfektionismus auf den intrinsischen Wert des politisch-sozialen Lebens hinweist, hat dieses für Skinner im Rahmen des neuzeitlichen, rationalistischen Individualismus nur noch instrumentellen Wert. Skinner betont daher auch in viel stärkerem Maße als Pocock die Ideen der Herrschaft des Gesetzes und der Macht- und Gewaltenteilung in der neuzeitlichen republikanischen Tradition. Da in der Neuzeit die tugendhafte Beteiligung aller Bürger am politisch-sozialen Leben ihren intrinsischen Wert verliert und sich egoistisch-utilitaristische Werthaltungen verbreiten, treten im modernen Republikanismus zunehmend Institutionen als Ausfallbürgschaft für die bürgerliche Tugend ein. Insofern Skinners neorömischer Republikanismus diese Entwicklung reflektiert, könnte man ihn als »institutionenorientierten Republikanismus« bezeichnen.

Aus diesen zwei ideengeschichtlichen Erzählungen lassen sich ein eher kommunitaristischer, bürgerorientierter, humanistisch-perfektionistischer und ein eher liberaler, institutionenorientierter, rationalistisch-individualistischer Begriff des Republikanismus herausdestillieren. Mit dieser Unterscheidung können wir uns jetzt dem romantischen Republikanismus Schlegels nähern, um ihn damit ideengeschichtlich und begrifflich etwas klarer zu erfassen und in der Republikanismusforschung zu verorten. Wenn man mit dieser begrifflichen Unterscheidung auf Schlegel blickt, dann erkennt man aus meiner Sicht, wie sich innerhalb der politischen Diskussion des deutschen Reichs der 1790er Jahre von Kant über Forster zu Schlegel ein Übergang von einem rationalistisch-individualistischen Republikanismus zu einem humanistisch-perfektionistischen Republikanismus vollzieht.

Die neuzeitliche, transatlantische politische Ideengeschichte scheint allerdings in ihrer Haupttendenz genau in die entgegengesetzte Richtung zu verlaufen, weg von bürgerorientierten, humanistisch-perfektionistischen politischen Theorien

---

[14] Vgl. Skinner, Liberty before Liberalism.

hin zu institutionenorientierten, rationalistisch-individualistischen. Auch im Rahmen der hier angelegten Unterscheidung zweier Republikanismen könnte die Frühromantik daher als reaktionäre, antimoderne beziehungsweise antiwestliche Bewegung erscheinen. Dagegen ist jedoch einzuwenden, dass die neuzeitliche politische Ideengeschichte sich keineswegs in dieser einfachen Weise als Übergang von einer aristotelischen, humanistisch-perfektionistischen Theorie hin zu einer liberalen, rationalistisch-individualistischen Theorie darstellt. Vielmehr erlebt die humanistisch-perfektionistische Theorie in der Moderne immer wieder Renaissancen, ganz prominent zum Beispiel in der radikaldemokratischen Theorie Rousseaus mit ihrer Betonung der bürgerlichen Tugend und Zivilreligion. Gerade die radikaldemokratischen, revolutionären politischen Theorien der Moderne tragen häufig diesen humanistisch-perfektionistischen Charakter; selbst der im Hinblick auf sein Rechtsprinzip und die Gewaltenteilung ganz dem modernen rationalistischen, vernunftrechtlichen Individualismus verpflichtete Kant hatte bereits in den republikanischen Motiven seiner politischen Philosophie an Rousseau angeschlossen, wie wir gesehen haben. Der frühromantische Republikanismus ist genau in diesem Sinne ein moderner Republikanismus, indem er diese Motive bei Kant forciert. Die Modernität des romantischen Republikanismus zeigt sich darüber hinaus in seiner kosmopolitischen Ausrichtung, seiner progressiven geschichtsphilosophischen Fundierung und seinem damit verbundenen ästhetizistischen Bildungsprojekt. Dadurch schließt er an spezifische Konzepte der Aufklärung und des Sturm und Drang in Deutschland an, die wir von Lessing bis Schiller bereits kennengelernt haben.

Schlegel und die Herausbildung der Frühromantik

Frederick Beiser hat, wie bereits mehrfach erwähnt, in seiner wichtigen Studie zur Genese des politischen Denkens in Deutschland nach 1790 drei zentrale Strömungen ausgemacht: Liberalismus, Konservatismus und Romantik.[15] Der Republikanismus kommt somit bei Beiser als zentrale politische Strömung nicht vor, obwohl – worauf ich ebenfalls bereits hingewiesen hatte – der Republikbegriff auch in Deutschland nach 1789 der prominente Begriff im Kampf einiger Aufklärer gegen den Despotismus ist. Stattdessen muss bei Beiser der begriffsgeschichtlich erst im 19. Jahrhundert auftretende Liberalismusbegriff nun ein

---

[15] Vgl. Frederick Beiser, Enlightenment, Revolution and Romanticism: The Genesis of Modern German Political Thought 1790-1800, Harvard 1992.

extrem breites Spektrum von politischen Theorien fassen. Beiser ordnet dem Liberalismus radikale Republikaner wie Georg Forster und die deutschen Jakobiner ebenso zu wie Kant, der Reformen zu einer gewaltenteiligen, rechtsstaatlichen Republik vorschlägt, und Humboldt, der eine konstitutionelle Monarchie anstrebt. Darüber hinaus ist nicht ganz klar, inwiefern es sich bei der Romantik um eine eigenständige politische Strömung handelt. Meines Erachtens versteht man die Romantik besser als eine umfassendere philosophisch-ästhetische Haltung beziehungsweise eine literarische-künstlerische Bewegung, die sich im Lauf der Zeit mit unterschiedlichen politischen Strömungen verbindet. Ich denke daher, wie hier bereits durchgehend behauptet wurde, dass man mehr Klarheit gewinnt, wenn man neben den auch von Beiser genannten politischen Strömungen Konservatismus und Liberalismus als dritte den Republikanismus aufnimmt. Innerhalb des Republikanismus kann man dann zwischen einer revolutionären, radikaldemokratischen und einer reformistischen Variante unterscheiden. Die Politische Frühromantik schließt an diese republikanische Strömung im deutschen politischen Denken um 1790 an. Schlegel romantisiert und radikalisiert den deutschen Republikanismus, das heißt er führt die frühe romantische Philosophie mit der politischen Theorie des Republikanismus zusammen. Auf welche Weise er dies tut und wie dieser romantische Republikanismus dann im Detail aussieht, soll uns im Folgenden beschäftigen. Dazu und um Schlegel im damaligen politisch-sozialen Kontext zu sehen, müssen wir uns zunächst kurz seiner Biographie und der Herausbildung der Frühromantik etwas genauer zuwenden.

Der theoretische Kopf der Frühromantik, Friedrich Schlegel, wird am 10. März 1772 in Hannover geboren. Er und sein älterer Bruder August Wilhelm entstammen einer Familie mit einer lange zurückreichenden gelehrten und literarischen Tradition. So war bereits der Großvater literarisch interessiert, und auch der Vater und einige Onkel sind literarisch und wissenschaftlich tätig. Die Nähe zur Philosophie und Literatur war also von Kindheit an gegeben, und der schwierige, grüblerische und gesundheitlich labile Knabe eignet sich, nach einer gescheiterten Kaufmannslehre, selbst das nötige Gymnasialwissen an, um dann für ein Studium der Rechtswissenschaften nach Göttingen und später nach Leipzig zu gehen. Er beschäftigt sich während des Studiums jedoch zunehmend mit Philosophie, Literatur, Kunsttheorie und Geschichte und gibt die Rechtswissenschaft schließlich zugunsten einer Laufbahn als freier Schriftsteller 1794 auf.[16]

---

[16] Vgl. zur Biographie insbesondere Ernst Behler, Friedrich Schlegel.

Bereits 1792 hatte Schlegel Friedrich von Hardenberg kennengelernt, der sich bald Novalis nennen wird und mit dem ihn von da an ein reger Austausch freundschaftlich verbindet. 1792 trifft er auch auf Schiller, der jedoch nicht besonders angetan ist von dem jungen Schlegel. Später sollte sich durch einige wechselseitige kritische Rezensionen dieses von Beginn an kühle Verhältnis zu einer Feindschaft steigern. Schillers Konzeption einer politischen Ästhetik hat dennoch Eindruck auf den jungen Schlegel gemacht. 1793 assistiert er dann seinem Bruder August Wilhelm als Bote in der Liebesaffäre mit Caroline Böhmer, die, wie bereits angedeutet, eine glühende Anhängerin der Revolution ist und im Haus von Georg Forster in Mainz verkehrt. Hierdurch ist die Verbindung zum Mainzer Republikaner Forster gegeben, von der zuvor die Rede war, und mit Caroline ist sozusagen eine Mainzer Republikanerin Mitglied im Kreis der Frühromantiker.[17]

Schlegel folgt schließlich 1796 seinem Bruder August Wilhelm, der mittlerweile mit Caroline verheiratet ist, nach Jena. Hier entsteht um die Brüder herum die Jenaer Frühromantik, deren Zentralorgan etwas später die Zeitschrift »Athenäum« werden sollte und deren Haupttreffpunkt die Wohngemeinschaft der Schlegels ist, zu der neben Friedrich und August Wilhelm noch Caroline und Dorothea Veit, die Tochter von Moses Mendelssohn, gehören, die Friedrich im Berliner Salon von Henriette Herz kennengelernt hatte. Zum Jenaer Frühromantikerkreis gehören daneben etwa Ludwig Tieck, Friedrich Schleiermacher und die Philosophen Schelling und Fichte, dessen Wissenschaftslehre Schlegel mit der Französischen Revolution und Goethes »Wilhelm Meister« auf eine Stufe stellen wird. Man trifft sich in ungezwungener, bohèmehafter Atmosphäre zum »Symphilosophieren«.[18]

Es ist diese geistige Atmosphäre, aus der Schlegels Republikanismus hervorgeht, dem wir uns nun zuwenden wollen. Zuvor muss jedoch noch einmal kurz Kants Republikanismus rekapituliert werden, da sich Schlegel mit diesem in seinem »Versuch über den Republikanismus« auseinandersetzt. Bei Kants Republikanismus setzt die Radikalisierung und Romantisierung des Republikanismus durch Schlegel an.

---

[17] Vgl. Marita Gilli, Die Mainzer Republik 1792-93, in: Helmut Reinalter (Hg.), Republikbegriff und Republiken seit dem 18. Jahrhundert im europäischen Vergleich, Frankfurt/M. 1999, S. 71- 82.

[18] Vgl. allgemein zur Jenaer Frühromantik Kremer, Romantik und Gerhard Schulz, Romantik. Geschichte und Begriff, München 1996.

Rekapitulation: Kants Republikanismus

Wie wir gesehen haben, führt Kant zur Bestimmung der Verfassung der Republik, »damit man sie nicht mit der demokratischen verwechsle«,[19] in einem ersten Schritt in der Friedenschrift die Unterscheidung zwischen Herrschaftsform und Regierungsart ein. Herrschaftsformen unterscheidet er nach der Zahl der an der Staatsgewalt Beteiligten und nennt drei Formen: Autokratie, Aristokratie und Demokratie. Regierungsarten unterscheidet er zwei: Republikanismus und Despotismus. Bei dieser Bestimmung der Regierungsart geht es ihm um die »auf die Konstitution (den Akt des gemeinsamen Willens, wodurch die Menge ein Volk wird) gegründete Art, wie der Staat von seiner Machtvollkommenheit Gebrauch macht«.[20] Der Unterschied zwischen republikanischer und despotischer Regierungsart liegt für Kant im Vorhandensein einer gewaltenteiligen, rechtsstaatlichen Verfassung. Autokratien und Aristokratien können daher für ihn, insofern sie diesen Verfassungsprinzipien gerecht werden, ebenfalls eine republikanische Regierungsart »simulieren«. Der erste Definitivartikel der Friedenschrift kann daher resümieren: »Die erstlich nach Prinzipien der Freiheit der Glieder der Gesellschaft (als Menschen), zweitens nach Grundsätzen der Abhängigkeit aller von einer einzigen Gesetzgebung (als Untertanen), und drittens die nach dem Gesetz der Gleichheit derselben (als Staatsbürger) gestiftete Verfassung, – die einzige, welche aus der Idee des ursprünglichen Vertrages hervorgeht, auf der alle rechtliche Gesetzgebung eines Volkes gegründet sein muß, ist die republikanische.«[21]

In dieser politisch vorsichtigen Bestimmung des Republikbegriffs, die nicht auf den zu Kants Zeit bereits bei anderen Republikanern wie Forster gängigen antimonarchischen, radikaldemokratischen und revolutionären Republikbegriff abhebt, zeigt sich der kantische Reformismus, von dem bereits die Rede war. An anderen Stellen hat Kant jedoch durchblicken lassen, dass die demokratische Herrschaftsform die der Republik angemessene sei. Das hängt mit Kants Autonomiebegriff zusammen, der beinhaltet, nur solchen Gesetzen unterworfen zu sein, denen man selbst zugestimmt hat. In der Schrift »Über den Gemeinspruch« heißt es daher, wie wir oben bereits gesehen haben: »Alles Recht hängt nämlich

---

[19] Immanuel Kant (1796), Zum ewigen Frieden, in: ders., Werke, Bd. XI, Frankfurt/M. 1977, im Folgenden abgekürzt als ZeF, S. 206.
[20] Ebd.
[21] ZeF, S. 204.

von Gesetzen ab. Ein öffentliches Gesetz aber, welches für alle das, was ihnen rechtlich erlaubt oder unerlaubt sein soll, bestimmt, ist der Aktus eines öffentlichen Willens, von dem alles Recht ausgeht, und der also selbst niemand muß unrecht tun können. Hierzu aber ist kein anderer Wille als der des gesamten Volkes (da alle über alle, mithin ein jeder über sich selbst beschließt) möglich; denn nur sich selbst kann niemand unrecht tun.«[22] Dies lässt auf einen Republikbegriff Kants schließen, der als Ideal – als respublica noumenon – eine demokratische, gewaltenteilige und rechtsstaatliche Verfassung umfasst.

In diese Richtung weist auch die geschichtsphilosophische Pointe von Kants Unterscheidung von Herrschaftsform und Regierungsart. Die Republik im soeben explizierten Sinne eines demokratischen, gewaltenteiligen Rechtsstaats ist die ideale Republik. Dennoch können auch andere Herrschaftsformen eine republikanische Regierungsart zumindest »simulieren«. Kant legt in seiner Geschichtsphilosophie allerdings dar, dass ein »natürlicher Antagonism« beziehungsweise die »ungesellige Geselligkeit« der Menschen auf den republikanischen Zustand hinführen. Diese Teleologie ist jedoch – das zeigt, wie erwähnt, die dritte Kritik[23] – etwas, das wir in die Geschichte hineinlesen, in der vernunftreligiösen Hoffnung, dass es zutrifft.[24] Insofern ist es nach Kant allen gewaltsam entstandenen Herrschaftsformen, seien es Monarchien, Aristokratien oder Demokratien, vernunftrechtlich geboten, eine republikanische Regierungsart zumindest zu »simulieren« und sich darüber hinaus durch Reformen auf den Weg zur Verwirklichung der Republik zu machen. Diese Pflicht zur Republikanisierung ist für Kant der kategorische Imperativ der Politik. Ich werde zeigen, wie Schlegel diese Geschichtsphilosophie Kants mit ihrem republikanischen Telos aufgreift und radikalisiert.

Kants Republikanismus wird, wie wir ebenfalls gesehen haben, darüber hinaus zu einem kosmopolitischen Republikanismus transformiert, indem Kant in der Friedenschrift drei notwendige Bedingungen einführt, die zusammen als hinreichend für einen dauerhaften Frieden vorgestellt werden. Erstens sollen sich auf der Linie des Republikanisierungsgebots alle Einzelstaaten auf den Weg zur Reform zu einer Republik machen. Zweitens soll der zwischenstaatliche Naturzu-

---

[22] Immanuel Kant (1793), Über den Gemeinspruch: Das mag in der Theorie richtig sein, taugt aber nicht für die Praxis, in: ders., Werke, Bd. XI, Frankfurt/M. 1977, S. 150.

[23] Vgl. Immanuel Kant (1790), Kritik der Urteilskraft, in: ders., Werke Bd. X, Frankfurt/M. 1977.

[24] Vgl. Immanuel Kant (1794), Die Religion innerhalb der Grenzen bloßer Vernunft, in: ders., Werke Bd. VIII, Frankfurt/M. 1977.

stand durch eine Republikanisierung des internationalen Systems überwunden werden, wobei Kant als pragmatische Lösung einen Völkerbund vorschlägt. Idealerweise, auf der Linie seiner Geschichtsphilosophie, ist jedoch eine Welt- bzw. Republikenrepublik anzustreben. Drittens soll schließlich die Institutionalisierung eines Weltbürgerrechts die Menschheit »einer weltbürgerlichen Verfassung immer näher bringen.«[25] Das ist in nuce der kosmopolitische Republikanismus Kants, den Schlegel aufgreift und radikalisiert.

Schlegels Republikanismus

Für Friedrich Schlegel »ist eben das romantisch, was uns einen sentimentalen Stoff in einer phantastischen Form darstellt.«[26] Wenn von ihm in dieser Schrift um 1800 der Romantikbegriff als literarische Kategorie definiert wird, so erschöpft er sich für den jüngeren Schlegel doch nicht darin. In den drei Jahre zuvor veröffentlichten »Lyceums-Fragmenten« ist die romantische Poesie für ihn darüber hinaus »eine republikanische Rede; eine Rede, die ihr eigenes Gesetz und ihr eigener Zweck ist, wo alle Teile freie Bürger sind und mitstimmen dürfen.«[27] So zeigt sich, wie in den 1790er Jahren in der Idee der romantischen Poesie für den jungen Schlegel das Politische enthalten ist, eine bestimmte freiheitlich-egalitäre Ordnung des Politischen, eben eine republikanische Ordnung, die für ihn, wie wir sehen werden, am Ende nur in einer Weltrepublik münden kann. Die romantische Poesie ist für den jungen Schlegel »progressive Universalpoesie. Ihre Bestimmung ist nicht nur, alle getrennten Gattungen der Poesie wieder zu vereinigen, und die Poesie mit der Philosophie und der Rhetorik in Berührung zu setzen. Sie will, und soll auch Poesie und Prosa, Genialität und Kritik, Kunstpoesie und Naturpoesie bald mischen, bald verschmelzen, die Poesie lebendig und gesellig, und das Leben und die Gesellschaft poetisch machen.«[28] Mit dieser Vergesellschaftung der Poesie und Poetisierung der Gesellschaft schließt die Frühromantik an Schillers ästhetische Erziehung der Bürger zu Freiheit und Republik an, wie ich zuvor angedeutet hatte, mit dem Unterschied, dass die Poesie nun bereits einen direkten politischen, eben republikanischen Zweck hat.

---

[25] ZeF, S. 70.
[26] Friedrich Schlegel (1800), Gespräch über die Poesie, in: Kritische Friedrich-Schlegel-Ausgabe Bd. 2, hg. v. Hans Eichner, München 1967, S. 333.
[27] Friedrich Schlegel (1797), Lyceums-Fragmente, in: KFSA Bd. 2, S. 155.
[28] Friedrich Schlegel (1798), Athenäums-Fragmente, in: KFSA Bd. 2, S. 182.

Dieses Ineinandergreifen von Poesie, Philosophie und republikanischer Politik in der romantischen Universalpoesie, das auch in Schlegels berühmter Feststellung zum Vorschein kommt, »die französische Revolution, Fichtes Wissenschaftslehre, und Goethes Meister« seien die »größten Tendenzen des Zeitalters«,[29] ließ sich nun ohne allzu große Schwierigkeiten mit der kantischen Geschichtsphilosophie verbinden. Nach Kant lenkt ja ein »natürlicher Antagonismus« sozusagen hinter dem Rücken der Subjekte die Menschheitsgeschichte auf die ideale Republik hin. Schlegel wendet aber gegen Kants geschichtsphilosophische Herleitung seiner Theorie des republikanischen Friedens aus dem »natürlichen Antagonismus« ein, dass »die Gesetze der politischen Geschichte und die Prinzipien der politischen Bildung [...] die einzigen Data« sind, »aus denen sich erweisen läßt, daß der ewige Friede keine leere Idee sei.«[30] Das heißt, anstatt auf einen natürlichen, nicht-intentionalen Mechanismus zu setzen, kommt es laut Schlegel auf die politische Geschichte und die von den Romantikern intendierte Bildung der Menschen in ihr zur kosmopolitischen Republik an; und diese Bildungsaufgabe kommt der Kunst, der Universalpoesie zu, die eine neue Mythologie, eine neue Zivilreligion erschafft, die die Menschen zum »poetischen Staat« bildet. Ganz ähnlich haben zur gleichen Zeit die Tübinger Stiftler Hegel, Hölderlin und Schelling im »Ältesten Systemprogramm des deutschen Idealismus« argumentiert. In dieser Umstellung von einer rationalistischen Geschichtsphilosophie auf eine humanistisch-perfektionistische, die die ästhetische Dimension politischer Ordnungen betont, liegt meines Erachtens der tiefere Grund der Radikalisierung von Kants Lehre durch Schlegel. Die politische Geschichte und die politische Bildung der Menschen wird dadurch ein radikal offenes, kontingentes Projekt. Schlegel hält jedoch zugleich am Republikanismus der Aufklärung und an dem Kants fest. Nur gibt es für Schlegel nun kein natürliches oder rationales Gesetz, dass die Republik sozusagen notwendig hervorbringt – bereits bei Kant war ja die in die Geschichte hineingelesene Teleologie mehr ein Ansporn zum Tätigwerden denn ein historisches Faktum. Der Republikanismus ist für Schlegel eine menschliche Schöpfung, das Leben als Freie und Gleiche in einer Republik letztlich ein ästhetisches Projekt. Schlegel hebt deshalb hervor, dass man die Menschen auch als phantasiebegabte, für Kunst und Mythen empfängliche Wesen für

---

[29] Ebd. S. 198.
[30] Schlegel, Friedrich (1796), Versuch über den Republikanismus veranlaßt durch die Kantische Schrift zum ewigen Frieden, in: KFSA Bd. 7, hg. v. Ernst Behler 1966, München, S. 23.

das republikanische Projekt begeistern müsse, nicht alleine durch rationale Prinzipien oder die Berufung auf natürliche Mechanismen.

Diese geschichtsphilosophische Dynamisierung und Radikalisierung des Republikbegriffs finden wir gleich zu Beginn von Schlegels »Versuch über den Republikanismus«, wenn er zwischen einem Minimum, Medium und Maximum der republikanischen Freiheit unterscheidet. Er erklärt dort, dass die bürgerliche Freiheit der Republik eine »Idee« sei, »welche nur durch eine ins Unendliche fortschreitende Annäherung wirklich gemacht werden kann«.[31] Das Minimum dieser Idee umfasse das in Kants Rechtsbegriff gemeinte Zusammenstimmen der Freiheit eines jeden mit der gleichen Freiheit aller anderen unter einem zwangsbefugten Gesetz. Das Medium sei der kantische Autonomiebegriff und die Idee, nur solchen Gesetzen zu gehorchen, denen man auch selbst zugestimmt hat. Politisch äußere sich dies in einer nach Mehrheitsprinzip entscheidenden repräsentativen Volksversammlung. Diese demokratische, repräsentative, gewaltenteilige Republik hatten wir bei Kant als Ideal rekonstruiert. Das »unerreichbare« Maximum politischer Freiheit und Gleichheit – und hierin besteht nun die Radikalisierung – liegt für Schlegel darin, dass moralisches und politisches Handeln deckungsgleich würden, alle Zwangsgesetze aufgehoben und alle Menschen von sich aus mit allen anderen so im Einklang handeln würden, dass ihre Freiheit zusammenstimmen würde. Diese These vom »Absterben des Staates« hat später in linken politischen Bewegungen als faktisches Ziel erhebliche Prominenz erlangt. Bei Schlegel bleibt sie eine »unerreichbare« Idee, die aber dennoch als republikanisches Ideal der vollkommenen Herrschaftsfreiheit praktische Gültigkeit behalte. In diesem »politischen Imperativ« des unerreichbaren Maximums bringt Schlegel seine – für die frühe Romantik prägende – These von der Sehnsucht des Menschen nach dem Unendlichen politisch zum Ausdruck. Walter Benjamin hat diese These der unendlichen Annäherung auf den gegen Fichte und Kant entwickelten offenen Reflexionsbegriff des frühen Schlegel zurückgeführt.[32] Schlegel erklärt jedenfalls mit deutlichen Anklängen an Rousseau: »Die Voraussetzung, daß der Wille nicht aller einzelnen Staatsbürger mit dem allgemeinen Willen stets übereinstimmen werde, ist der einzige Grund der *politischen Herrschaft* und *Abhängigkeit*. So allgemein sie aber auch gelten mag, so ist ihr

---

[31] Ebd. S. 12.
[32] Vgl. Walter Benjamin (1919), Der Begriff der Kunstkritik in der deutschen Romantik, hg. v. Christoph Gödde und Henri Lonitz, Frankfurt/M. 2008, S. 32 ff.

Gegenteil durchaus denkbar.«[33] Wenn dies aber für eine einzelne Republik als
»unerreichbares Maximum« denkbar ist, dann ist für Schlegel auch eine kosmopolitische Republik auf dieser demokratischen, herrschaftsfreien Grundlage
denkbar. »Also nicht ein jeder [denkbare P.H.] Staat enthält das Verhältnis eines
Oberen zu einem Unteren, sondern nur der durch jenes faktische Datum empirisch bedingte. Es läßt sich allerdings ein *Völkerstaat* ohne dies Verhältnis denken, und ohne daß die verschiedenen Staaten in einem einzigen zusammen-
schmelzen müßten: eine nicht zu einer besonderen Absicht bestimmte, sondern
nach einem unbestimmten Ziel strebende (nicht hypothetisch, sondern thetisch
zweckmäßige) Gesellschaft im Verhältnis der Freiheit der Einzelnen und der
Gleichheit Aller, unter einer Mehrheit oder Masse von politisch selbständigen
Völkern. Die Idee einer *Weltrepublik* hat praktische Gültigkeit und charakteristische Wichtigkeit.«[34] Es ist dieser Gedankengang der unendlichen Annäherung an
ein unerreichbares republikanisches, herrschaftsfreies Maximum in einer Weltrepublik, den ich mit meiner These der Radikalisierung von Kants kosmopolitischem Republikanismus durch den romantischen Republikanismus Schlegels
herausarbeiten wollte.

Während Kant hier noch zurückhaltend war beziehungsweise gelegentlich gar
die Demokratie in seiner Bestimmung des Republikbegriffs als Despotismus
bezeichnete, heißt es bei Schlegel ohne Wenn und Aber: »Der Republikanismus
ist also notwendig demokratisch.«[35] Zudem verteidigt Schlegel gegen Kant das
Recht auf »Insurrektion«, wobei er zwei rechtmäßige Gründe für diese nennt.
Erstens könne es in einer republikanischen Verfassung ein Recht auf Insurrektion geben, durch das verhindert werde, dass die Verfassungswirklichkeit zusehends in Richtung einer »Annullierung« des in der Verfassung vorgeschriebenen
Republikanismus tendiere. Sein Beispiel ist ein Staatsnotstand, indem die Exekutive diktatorische Kompetenzen auf Zeit übertragen bekomme, sie aber nach dem
Notstand nicht mehr aufgebe. Zweitens sei eine Insurrektion gegen den absoluten Despotismus rechtmäßig, denn dieser sei gar kein Staat, sondern ein »Antistaat«.[36] In diese Richtung war aus dem Jenaer Kreis um den Kantianer Carl
Leonhard Reinhold, der Anfang der 1790er Jahre stark auf die Herausbildung der
Jenaer Frühromantik eingewirkt hat, bereits Johann Benjamin Erhard 1795 mit

---

[33] Schlegel, Versuch, S. 13.
[34] Ebd.
[35] Ebd. S. 17.
[36] Ebd. S. 25.

seiner Schrift »Über das Recht des Volkes zu einer Revolution« gegangen.[37] Der
junge Schlegel schließt auch an diese Jenaer Radikalisierung des Kantianismus
an.

Der revolutionäre, radikaldemokratische Charakter von Schlegels romantischem Republikanismus verdankt sich also dem Einfluss der radikalen deutschen
Republikaner, zu denen auch Erhard gezählt werden kann und deren zentrale
Figur Georg Forster ist. Es ist diese Strömung des deutschen politischen Denkens
um 1790, die Schlegel aufgreift und romantisiert. Für die Radikalisierungsthese
spricht zuletzt auch, dass Schlegel gegen Kant – der Nichtselbständigen und
Frauen den aktiven Bürgerstatus verweigerte – einwendet, »Armut und vermutliche Bestechbarkeit, Weiblichkeit und vermutliche Schwäche sind wohl keine
rechtmäßigen Gründe, um vom Stimmrecht ganz auszuschließen.«[38] Diese Ein-
wände gegen Kant zeigen deutlich die radikale Modernität der Frühromantik
und des romantischen Republikanismus. Die pauschale Etikettierung der Romantik als reaktionäre, antiwestliche Bewegung übersieht vollkommen, wie modern in einem ganz konkreten politischen Sinne die Frühromantik nicht zuletzt
in Fragen des Geschlechterverhältnisses und der Emanzipation der Frauen war.[39]

Der Niedergang des kosmopolitischen Republikanismus

Zum Ende möchte ich daher nochmal auf die eingangs erwähnten und bis heute
weit verbreiteten Etikettierungen der Romantik als reaktionäre, antimoderne,
antiwestliche, chauvinistische und rassistische Bewegung eingehen. Dies gilt nur,
wenn man vom Ende der romantischen Bewegung her die ganze Bewegung beur-
teilt. Wenn man dagegen verschiedene Phasen der Romantik unterscheidet, dann
zeigt sich, dass die Politische Frühromantik und der romantische Republikanismus Schlegels kein gegenaufklärerisches Projekt waren, sondern auf der Linie

---

[37] Johann Benjamin Erhard (1975), Über das Recht des Volkes zu einer Revolution, in: Johann Benjamin Erhard, Über das Recht des Volkes zu einer Revolution und andere Schriften, herausgegeben
und mit einem Nachwort von Hellmut G. Haasis, München 1970, S. 7–98. Vgl. zu Erhard und dem
Jenaer Kreis um Reinhold Dieter Henrich, Grundlegung aus dem Ich. Untersuchungen zur Vorgeschichte des Idealismus. Tübingen-Jena 1790-1794, 2. Bde., Frankfurt/M. 2004, S. 1189-1392.
[38] Schlegel, Versuch, S. 25.
[39] Vgl. zu dieser emanzipatorischen Rolle der Frauen in der Frühromantik und im deutschen Republikanismus auch nochmals die Biographie von Caroline Schlegel: Eckhart Kleßmann, Caroline, München 1975 und ders., Universitätsmamsellen. Fünf aufgeklärte Frauen zwischen Rokoko, Revolution
und Romantik, Frankfurt/M. 2008.

von Kants kritischer Philosophie liegen, als eine Weiterführung und Aufklärung der Aufklärung. Schlegel radikalisiert Kants kosmopolitischen Republikanismus. Er hebt gegen Kants immer noch nicht ganz über sich selbst aufgeklärten Rationalismus die ästhetischen und phantasiebegabten Seiten des Menschen hervor, ohne dadurch gleich dem Irrationalismus das Wort zu reden oder alle aufklärerischen Ideale von Freiheit und Gleichheit über Bord zu werfen. Vielmehr ist es ja so, dass Schlegel nun auch den besitzlosen Schichten und den Frauen das Recht auf Bildung und politische Teilhabe zuspricht. Was die frühe von der späteren Romantik unterscheidet, ist daher in politischer Hinsicht schlicht die Verabschiedung der aufklärerischen, republikanischen Ideale zugunsten konservativer, reaktionärer Herrschaftsmodelle. Während die Frühromantik in der progressiven Universalpoesie die Offenheit und Kontingenz der Geschichte als ein unendliches Werden hin zum republikanischen Maximum begreift, schließt die spätere Romantik diesen Möglichkeitshorizont zunehmend mit der Rückwendung zu mittelalterlichen Herrschaftsmodellen, beginnend mit Novalis' 1799 entstandenem Fragment »Die Christenheit oder Europa« und dann vor allem mit Adam Müllers »Elemente der Staatskunst«.[40] Schlegel selbst konvertiert nach 1800 zum Katholizismus und geht in österreichische Dienste. Die Romantik verbindet sich so nach der Jahrhundertwende allmählich mit der konservativen politischen Strömung, der wir uns gleich zuwenden werden.

Der radikaldemokratische und kosmopolitische Republikanismus als politische Strömung findet dagegen nach 1800 in Deutschland immer weniger Anhänger – einer der letzten von ihnen ist nach der Jahrhundertwende vielleicht noch Johann Gottlieb Seume[41] – und wird im 19. Jahrhundert vom nationalen Liberalismus, wie wir ihn bei Hegel kennengelernt haben, als zentraler, progressiver bürgerlich-politischer Strömung verdrängt. Dieser visiert allerdings eher den starken, nationalen monarchischen Rechtsstaat und nicht den republikanischen Staat in einer kosmopolitischen internationalen Gemeinschaft an, wie Kant, Forster und Schlegel dies taten. Aber auch der Republikanismus geht nach 1800 diesen Weg hin zum Nationalismus, wie ich am Beispiel Johann Gottlieb Fichtes abschließend noch kurz zeigen möchte.

---

[40] Vgl. Adam Müller, Elemente der Staatskunst, 3 Bde., Berlin 1809.
[41] Vgl. Inge Stephan, Johann Gottfried Seume. Ein politischer Schriftsteller der Spätaufklärung, Stuttgart 1973.

12. Fichte

Mit Johann Gottlieb Fichte wenden wir uns der zentralen Gründungsfigur des deutschen Idealismus zu, die aber auch auf die Jenaer Frühromantik um Friedrich Schlegel in entscheidendem Maße eingewirkt hat, wie wir anhand von Schlegels rühmenden Äußerungen über die »größten Tendenzen« des Zeitalters gesehen haben. Fichtes Stellung in der deutschen Geistesgeschichte ist jedoch äußerst kontrovers. Während die einen, wie Heinrich Rickert, Marianne Weber und Manfred Buhr,[1] in ihm einen der ersten deutschen Demokraten und Sozialisten sehen wollten, haben die anderen, wie etwa Arnold Gehlen und Helmut Schelsky, ihn als ersten fanatischen Nationalisten, Antisemiten und Proto-Nationalsozialisten betrachtet.[2]

Ich möchte hier dagegen zum Abschluss meiner Auseinandersetzung mit dem Republikanismus im deutschen politischen Denken nach 1789 Fichte als den Autor behandeln, mit dem sich der Republikanismus – wie schon der Liberalismus mit Hegel – nach 1800 mit dem Nationalismus verbindet. Das scheint mir jenseits aller Kontroversen eine relativ unumstrittene Interpretation zu sein. Jedenfalls wird diese hier verfolgt.

Der Republikaner

Johann Gottlieb Fichte wird am 19. Mai 1762 in Rammenau in der Oberlausitz als Sohn eines Bandwebers in ärmliche Verhältnisse geboren. Die Fichte-Legende berichtet, dass einem Verwandten des örtlichen Gutsherrn beim Aufsagen einer

---

[1] Vgl. Heinrich Rickert, Die philosophischen Grundlagen von Fichtes Sozialismus, in: Logos 11 (1922 / 1923) S. 149-180, Marianne Weber, Fichtes Sozialismus und sein Verhältnis zur Marxschen Doktrin, Tübingen 1925 und Manfred Buhr, Gerd Irrlitz, Der Anspruch der Vernunft. Die klassische bürgerliche deutsche Philosophie als theoretische Quelle des Marxismus, Bd. 1, Berlin 1968.
[2] Vgl. Arnold Gehlen, Deutschtum und Christentum bei Fichte, Berlin 1935, Helmut Schelsky, Theorie der Gemeinschaft nach Fichtes Naturrecht von 1796, Berlin 1935 sowie Ernst Bergmann, Fichte und der Nationalsozialismus, Breslau 1933. Vgl. zur weiteren Rezeptionsgeschichte Manfred Kühn, Johann Gottlieb Fichte. Ein deutscher Philosoph 1762-1814, München 2012.

Sonntagspredigt das Talent des Jungen auffiel, woraufhin dieser eine Ausbildung an der Landesschule Pforta in Naumburg finanziert bekam.[3]

Nach der Schulzeit ging Fichte zum Theologiestudium nach Jena und Leipzig, ohne jedoch einen Abschluss zu erlangen. Wie so viele andere Intellektuelle seiner Zeit musste er sich durch Hauslehrerstellen finanziell über Wasser halten. Bei dieser Gelegenheit geriet er in Kontakt mit der kantischen Philosophie, die ihn nicht mehr los ließ, wobei es vor allem Kants »Kritik der praktischen Vernunft« war, die ihn tief beeindruckte.

Fichte besuchte daraufhin Kant in Königsberg und veröffentlichte mit dessen Hilfe 1792 seine erste Schrift »Versuch einer Kritik aller Offenbarung«, die außerhalb Königsbergs anonym erschien und zunächst für eine Schrift Kants gehalten wurde. Als die Verwechslung durchschaut und Fichtes Name bekannt wurde, stieg er schnell zu wissenschaftlichem Ruhm auf. 1794 konnte er daher Carl Leonhard Reinhold auf dessen Lehrstuhl für Philosophie in Jena nachfolgen. Er erhielt damit den Lehrstuhl eines der zentralen Vertreter des Kantianismus in Deutschland, aus dessen Umkreis mit Johann Benjamin Erhard, wie wir bereits gesehen haben, einige radikale republikanische Köpfe hervorgegangen sind und der mit zur Herausbildung der Jenaer Frühromantik beigetragen hat. Fichte wird selbst Teil dieser Jenaer Frühromantik um Friedrich Schlegel und Novalis und entwickelt hier seine »Wissenschaftslehre«, die Schlegel als eine der »größten Tendenzen des Zeitalters« rühmen wird.

Fichte hat seine Philosophie als theoretische Umsetzung der Französischen Revolution begriffen. So schreibt er 1795: »Mein System ist das erste System der Freiheit; wie jene Nation von den äußeren Ketten den Menschen losreißt, reißt mein System ihn von den Fesseln der Dinge an sich, des äußeren Einflusses los, und stellt ihn in seinem ersten Grundsatz als selbständiges Wesen hin. Es ist in den Jahren, da sie mit äußerer Kraft die politische Freiheit erkämpften, durch inneren Kampf mit mir selbst, mit allen eingewurzelten Vorurteilen entstanden; nicht ohne ihr Zutun; ihr Valeur war, der mich noch höher stimmte, und jene Energie in mir entwickelte, die dazu gehörte, um dies zu fassen. Indem ich über

---

[3] Vgl. zur Biographie Kühn, Johann Gottlieb Fichte, und Wilhelm G. Jacobs, Johann Gottlieb Fichte. Eine Biographie, Berlin 2012.

diese Revolution schrieb, kamen mir gleichsam zur Belohnung die ersten Winke und Ahndungen dieses Systems.« (GA III, 2, S. 298)[4]

1793 hatte Fichte anonym zwei Schriften veröffentlicht, die »Zurückforderung der Denkfreiheit von den Fürsten Europens« und einen »Beitrag zur Berichtigung der Urteile des Publikums über die französische Revolution«, aber bald wurde auch hier bekannt, wer ihr Autor war. In der ersten Schrift wendet er sich gegen die Zensurmaßnahmen des Wöllnerschen Religionsedikts und die Verfolgung der Anhänger der Französische Revolution in Deutschland. Fichte war selbst mit seiner »Kritik aller Offenbarung« ins Visier der Zensur geraten, und auch Kant hatte 1793 bei der Veröffentlichung seiner Religionsphilosophie Schwierigkeiten bekommen. Fichte fordert von den Fürsten die »Denk- und Mitteilungsfreiheit« zurück, da beide unmittelbar aus dem Sittengesetz entsprängen. Dieses lege dem Menschen Pflichten auf, zu deren Umsetzung er Rechte, das heißt Freiheiten benötige. Insofern habe der Mensch »ein Recht zu den Bedingungen, unter denen allein er pflichtmäßig handeln kann, und zu den Handlungen, die seine Pflicht erfordert.« Unter Berufung auf den kantianischen Naturrechtler Schmalz unterscheidet Fichte veräußerliche und unveräußerliche Rechte. Nur veräußerliche Rechte dürften durch den Vertrag, der die bürgerliche Gesellschaft und die Obrigkeit hervorbringe, aufgegeben werden. Unveräußerliche Rechte sind für Fichte dagegen die sittliche Autonomie und die Vervollkommnung des Menschen, die durch die gemeinsame, öffentliche Suche nach der Wahrheit vorangetrieben werde. Der Einfluss der Vertragstheorie der Aufklärung und insbesondere Rousseaus auf den deutschen Republikanismus zeigt sich auch bei Fichte, wenn er schreibt, die bürgerliche Gesellschaft müsse »auf einem solchen Vertrag aller Mitglieder mit einem, oder eines mit allen gründen, und auf nichts anderes«.[5] So kann Fichte schließlich äußerst vehement und angriffslustig folgern: »Fürst, Du hast kein Recht unsere Denkfreiheit zu unterdrücken: und wozu du kein Recht hast, das mußt Du nie tun, und wenn um Dich herum die Welten untergehen, und Du mit Deinem Volke unter ihren Trümmern begraben werden solltest.« (GA III, 2, S. 28)

---

[4] Die Schriften Fichtes werden zitiert nach der Ausgabe J. G. Fichte-Gesamtausgabe, hg. v. Reinhard Lauth, Erich Fuchs, Hans Gliwitzky, Hans Jacob und Peter K. Schneider, Stuttgart-Bad Cannstatt 1962 ff. Die römische Ziffer verweist auf die Reihe, die arabische auf den Band.

[5] Vgl. Richard Schottky, Untersuchungen zur Geschichte der staatsphilosophischen Vertragstheorie im 17. und 18. Jahrhundert. Hobbes-Locke-Rousseau-Fichte, München 1962 und Jürgen Gebhardt, Johann Gottlieb Fichte, in: ders. (Hg.), Revolution des Geistes. Politisches Denken in Deutschland 1770-1830, München 1968, S. 69-100.

In der zweiten Schrift, dem »Beitrag zur Berichtigung der Urteile des Publikums über die Französische Revolution«, verteidigt er die Französische Revolution als ein »reiches Gemälde über den großen Text: Menschrecht und Menschenwert« gegen Attacken des Hannoveraner Konservativen August Wilhelm Rehberg, dem wir dann später wieder in Auseinandersetzung mit dem Konservatismus begegnen werden. Auch hier zeigt sich das enge Netzwerk des öffentlichen Diskurses, in dem sich die politischen Strömungen nach 1789 in wechselseitiger polemischer Abgrenzung herauskristallisieren. Rehberg hatte 1793 in seinen »Untersuchungen über die französische Revolution« die abstrakten Ideen der Revolution und insbesondere auch Rousseau attackiert.[6] Fichte verteidigt in seiner Schrift aber nicht nur Rousseau und die Ideen der Revolution, sondern vor allem das Recht eines Volkes auf Revolution, wie es zwei Jahre später, wie wir bereits gesehen haben, auch Johann Benjamin Erhard und dann Friedrich Schlegel tun werden. Fichte befindet sich also auf der Linie der Radikalisierung im deutschen Republikanismus, die wir bereits von Kant zu Schlegel gezogen haben. Für Fichte gilt 1793: »Keine Staatsverfassung ist unabänderlich, es ist in ihrer Natur, daß sie sich alle ändern. Eine schlechte, die gegen den notwendigen Endzweck aller Staatsverbindungen streitet, muß abgeändert werden; eine gute, die ihn befördert, ändert sich selbst ab.« (GA I, 1, S. 254) Vertragstheoretisch formuliert lässt sich das mit Fichte wie folgt fassen: »Zu jeder Revolution gehört die Lossagung vom ehemaligen Vertrage, und die Vereinigung durch einen neuen. Beides ist rechtmäßig, mithin auch jede Revolution, in der beides auf die gesetzmäßige Art, d.i. aus freiem Willen, geschieht.« (GA I, 1, S. 291) Anders als Erhard oder Schlegel ist er aber noch etwas vorsichtiger, was die Wünschbarkeit und praktische Umsetzbarkeit einer Revolution angeht: »Durch gewaltsame Staatserschütterungen und Umwälzungen kann ein Volk während eines halben Jahres weiter vorwärts kommen, als es in zehn Jahren gekommen wäre – aber es kann auch ebensoweit zurückkommen, und in die Barbarei des vorigen Jahrtausends zurückgeworfen werden. Die Weltgeschichte liefert Belege zu beiden. Gewaltsame Revolutionen sind stets ein kühnes Wagstück der Menschheit; gelingen sie, so ist der errungene Sieg des ausgestandenen Ungemachs wohl wert; mißlingen sie, so drängt ihr euch durch Elend zu noch größerem Elende durch. Sicherer ist allmähliches Fortschreiten zur größeren Aufklärung und mit ihr zur Verbesserung der Staatsverfassung.« (GA I, 1, S. 169). Fichte scheint also wie Kant prak-

---

[6] Vgl. August Wilhelm Rehberg, Untersuchungen über die französische Revolution, 2. Bde., Osnabrück, Hannover 1793.

tisch eher für Reformen zur Republik zu plädieren, insbesondere in Deutschland. An der Rechtsmäßigkeit der Französischen Revolution möchte er aber keinen Zweifel lassen. Ja, Fichte war bereit, sofort die französische Staatsbürgerschaft anzunehmen, wenn man ihn danach fragen würde.

Ein heute abstoßend wirkender Zug, der in Fichtes Werk bis zu den »Reden an die deutsche Nation« immer wieder auftaucht, kommt bereits in dieser frühen Revolutionsschrift zum Ausdruck. Es handelt sich um seinen Antisemitismus, der ihn später für alle fanatischen Nationalisten, Rassisten und Nationalsozialisten besonders anschlussfähig gemacht hat. 1793 schreibt er im Hinblick auf ein Bürgerrecht für Juden, auf das unter anderem Mendelssohn mit der jüdischen Aufklärung, aber auch Lessing mit seinem Bemühen um Toleranz hinwirken wollten: »Aber ihnen Bürgerrechte zu geben, da sehe ich wenigstens kein Mittel, als das, in einer Nacht ihnen allen die Köpfe abzuschneiden, und andere aufzusetzen, in denen auch nicht eine jüdische Idee sei. Um uns vor ihnen zu schützen, dazu sehe ich wieder kein ander Mittel, als ihnen ihr gelobtes Land zu erobern, und sie alle dahin zu schicken.« (GA I, 1, S. 293) Das klingt wie eine düstere Vorhersage der Zukunft.[7]

Durch seine »Kritik aller Offenbarung« und die beiden Revolutionsschriften zu erstem Ruhm aufgestiegen, beginnt Fichte in Jena, seine eigene Philosophie auszuarbeiten, die er 1794 in seiner »Grundlage der gesamten Wissenschaftslehre« vorlegen wird. Die Idee zu ihr kam Fichte während eines Rezensionsauftrages. Er sollte die 1792 anonym erschienene Schrift »Aenesidemus oder über die Fundamente der von Herrn Professor Reinhold in Jena gelieferten Elementarphilosophie« besprechen,[8] in der die Grundlegung des Kantianismus seines Vorgängers in Jena, Carl Leonhard Reinhold, angegriffen wurde. Bei der Arbeit an der Rezension findet Fichte nun zu seiner eigenen Philosophie, wie er in einem Brief vom Dezember 1793 berichtet: »Ich habe ein neues Fundament entdeckt, aus welchem die gesamte Philosophie sich sehr leicht entwickeln läßt.« (GA III, 2, S. 28) Dieses Fundament ist für Fichte das Wissen des Bewusstseins von sich selbst, das Selbstbewusstsein oder Ich, das sich nicht weiter erklären lasse, da jede Erklärung bereits ein Akt dieses Bewusstseins ist. Der erste Grundsatz von Fichtes »Wissenschaftslehre« lautet daher: »Das Ich sezt ursprünglich schlechthin

---

[7] Vgl. Erich Fuchs, Fichtes Stellung zum Judentum, in: Fichte-Studien 2 (1990), S. 160-177.

[8] Gottlob Ernst Schulze, Aenesidemus oder über die Fundamente der von Herrn Professor Reinhold in Jena gelieferten Elementarphilosophie. Nebst einer Verteidigung des Skepticismus gegen die Anmaßungen der Vernunftkritik, o. O. 1792.

sein eigenes Seyn.« (GA I, 2, S. 261) Diese Selbstsetzung des Ich geht allem Wissen voraus. Als zweiter Grundsatz wird dem Ich von Fichte ein »Nicht-Ich«, die Welt der Objekte, so wie sie dem Bewusstsein erscheinen, entgegengesetzt. In einem dritten Grundsatz schließlich wird diese Teilung als Bestimmung des Nicht-Ich durch das Ich gesetzt. Das ist die Grundlage von Fichtes subjektivem Idealismus, von dem aus die große philosophische Bewegung des deutschen Idealismus bis Hegel und Schelling dann ihren Ausgang nehmen wird.[9]

1799 gerät Fichte erneut ins öffentliche Rampenlicht, diesmal wegen eines Aufsatzes, der im von ihm und Niethammer herausgegebenen »Philosophischen Journal« erschienen ist. Der ganze Vorgang erscheint wie eine Wiederauflage des berühmten Spinozismus- beziehungsweise Pantheismusstreits, den Jacobi gegen Lessing und Mendelssohn angezettelt hatte. Diesmal wird Fichte des Atheismus bezichtigt und muss, auch weil er selbst gekränkt und unwirsch reagiert, seinen Lehrstuhl in Jena räumen. Aus seiner eigenen Sicht wird er vor allem wegen seines Eintretens für die Französische Revolution entlassen. »Ich bin ihnen ein Demokrat, ein Jacobiner«, so Fichte. (GA I, 6, S. 72) Er verlässt daraufhin Jena und geht nach Berlin.

Der Nationalist

Im Zuge des Wechsels nach Berlin und unter dem Eindruck der zunehmend weiter ausgreifenden napoleonischen Eroberungen entwickelt Fichte nun seinen Nationalismus, der dann in den »Reden an die deutsche Nation« zwischen 1807 und 1808 seinen Höhepunkt findet und dieses Werk zu Fichtes populärstem macht, das durch das 19. und frühe 20. Jahrhundert viele Auflagen erleben sollte.[10]

Dieser Wandel von Fichtes frühem, durch die Französische Revolution angestoßenen Republikanismus hin zu einem nationalen Republikanismus deutet sich bereits in der 1800 erschienen Schrift »Der Geschlossene Handelsstaat« an, in der sich Fichte gegen den kosmopolitischen Republikanismus von Kants Friedens-

---

[9] Vgl. dazu Dieter Henrich, Fichtes ursprüngliche Einsicht, in: ders., Hans Wagner (Hg.), Subjektivität und Metaphysik, Frankfurt/M. 1966, S. 188-232 und Dieter Henrich, Fichtes Ich, in: ders. Selbstverhältnisse, Stuttgart 1982, S. 57-82, sowie zum deutschen Idealismus Richard Kroner, Von Kant bis Hegel, 2 Bde., Tübingen 1921-1924.

[10] Vgl. Erich Fuchs, Spuren Fichtes in der deutschen Nationalbewegung 1819-1871, in: R. Burger, H.-D. Klein, W.H. Schrader (Hg.), Gesellschaft, Staat, Nation, Wien 1996, S. 201-235.

schrift wendet. Während sich Kant in seiner Theorie des kosmopolitischen Republikanismus den Frieden durch einen Völkerbund beziehungsweise in langer Sicht durch eine Weltrepublik erhofft und durch wechselseitigen Handel, also durch internationale Zusammenarbeit der Staaten, erhofft sich Fichte einen solchen Frieden gerade umgekehrt durch größtmögliche Abschließung und Autarkie der Einzelstaaten. Auch damit knüpft er an Überlegungen Rousseaus an, diesmal an jene zur internationalen Politik von Republiken.[11] Fichte kritisiert den internationalen Handel wie den freien Markt überhaupt. Die »Anarchie des Handels« (GA I, 7, S. 95) führe zu zwischenstaatlichen Machtungleichgewichten und zu Kriegen. Der gegen diese Anarchie gerichtete geschlossene Handelsstaat ist für ihn ein »Vernunftstaat«, den die Politik herzustellen habe. Entsprechend widmet Fichte die Schrift dem damaligen preußischen Finanzminister von Struensee.

Im Anschluss an die Vertragstheorie Rousseaus, in der jeder einzelne beim Vertragsschluss auf sein »Recht auf alles« verzichtet, werden für Fichte nun erst im vertraglich konstituierten Staat faktisch Rechte geschaffen. In einer neuartigen Eigentumstheorie ist dabei für ihn nun das Recht auf Eigentum ein »Recht auf eine bestimmte freie Tätigkeit« und nicht auf ein bestimmtes Gut. (GA I, 7, S. 85) Was Fichtes geschlossener Handelsstaat somit als vertraglich konstituierte Aufgabe erhält, ist jedem sein Recht auf eine freie Tätigkeit zu sichern. Jeder habe einen Anspruch darauf, einer Tätigkeit nachzugehen und davon leben zu können. Fichte unterscheidet dabei drei Berufsstände: die »Producenten« beziehungsweise Bauern, die »Künstler« (Handwerker, Fabrikanten) und den »Kaufmannsstand«.[12] Der Staat teilt durch eine staatliche Planwirtschaft die entsprechenden Berufe zu, setzt die Preise fest und regelt Produktion und Fabrikation entsprechend der Bedürfnisse. Es verwundert angesichts dieser Konzeption nicht, dass Fichtes »Geschlossener Handelsstaat« als erste sozialistische Schrift in deutscher Sprache angesehen wurde – und vielleicht ist das eine ideengeschichtliche Traditionslinie, die man vom Republikanismus nach 1789 bis in unsere Gegenwart ziehen kann: der Republikanismus als Vorläufer des Sozialismus und der Sozialdemokratie. Für diese Linie sprechen nicht zuletzt auch die demokratischen und kosmopolitischen beziehungsweise internationalistischen Motive, die

---

[11] Vgl. Iring Fetscher. Rousseaus politische Philosophie. Zur Geschichte des demokratischen Freiheitsbegriffs, Frankfurt/M. 1975, S. 179 ff.

[12] Vgl. dazu Zwi Batscha, Gesellschaft und Staat in der politischen Philosophie Fichtes, Frankfurt/M. 1970, S. 212 ff.

den Republikanismus mit dem Sozialismus verbinden – in Fichtes »Geschlossenem Handelsstaat« werden diese allerdings zurückgedrängt. Im Zuge der 1848er-
Revolution wurde im Sinne dieser Rezeptionslinie dann auch vom »rothen Re-
publikanergeschlecht« gesprochen, und Marx konnte 1850 erklären, die »Republik mit sozialen Institutionen« sei das »Traumbild, das den Barrikadenkämpfern
vorschwebte«.[13]

Eine andere, maßgeblich an Fichte anschließende ideengeschichtliche Tradition ist jedoch ohne Zweifel der Nationalismus. In der Folge der preußischen Niederlage gegen Napoleon 1806 wird Fichte mit großer Leidenschaft nationalpoli-
tisch aktiv und hält im von den Franzosen besetzten Berlin 1807/1808 seine »Reden an die deutsche Nation«. Die »Reden« müssen im Zusammenhang mit dieser
politischen Situation des geschlagenen Preußen gesehen werden, das nun durch
die Reformen eines Stein und Hardenberg beginnt, sich zu modernisieren. Die
ganze Reformbewegung mündet schließlich in den deutschen Befreiungskriegen,
mit denen die französische Besatzung abgeschüttelt wird. Das übertriebene Pathos und die chauvinistischen Ausfälle Fichtes müssen daher immer auch in
diesem Kontext als rhetorische Mittel zur patriotischen Agitation gesehen werden. Dennoch enthält die Schrift neben den bereits erwähnten antisemitischen
Zügen in Fichtes Denken nun auch eine sehr tief ansetzende Rechtfertigung der
Überlegenheit des deutschen Volkes, die eine fatale Wirkungsgeschichte entfaltet
hat.

In Anknüpfung an Herders expressivistische Theorie, dass in der Sprache eines Volkes ihr Geist zum Ausdruck komme, sind für Fichte die Deutschen ein
»Urvolk«, das eine nicht durch fremde Einflüsse verunreinigte Sprache besitze,
während die romanischen Völker, insbesondere die Franzosen, latinisiert seien.
Der romanische Volksgeist sei daher flach, während der deutsche tief sei. »Fichtes These«, so Helmut Plessner, »das deutsche Volk habe unter den europäischen
Völkern und besonders im Vergleich zu Frankreich eine eigentümliche Bedeutung, weil es ein ›Urvolk‹ sei mit gewachsener Sprache, nicht latinisiert und deshalb mit seinem Ursprung noch in Kontakt, aus ihm sich erneuernd und nicht
nur entstanden, wirkt dabei wie eine Analyse der ganzen im Begriff des Volkes
aufgespeicherten Affektladung«.[14] Fichte stellt Luthers religiösen Ernst und die
republikanische Freiheit der deutschen Reichstädte dem romanischen Katholi-

---

[13] Vgl. dazu Dieter Langewiesche, Republik und Republikaner. Von der historischen Entwertung
eines politischen Begriffs, Essen 1993, S. 41.
[14] Helmut Plessner, Die verspätete Nation, Frankfurt/M. 1974, S. 53.

zismus mit seinen oberflächlichen Zeremonien und der französischen absoluten Monarchie gegenüber. Ja, in eigentümlicher Verdrehung der Geschichte werden für Fichte nun die Deutschen zu den wahren Republikanern, die schon seit Jahrhunderten in der »föderalen Republik« des Reichs leben, während die Franzosen – die tatsächlichen republikanischen Revolutionäre, deren Mitbürger Fichte noch in den 1790er Jahren werden wollte – für die Herrschaft eines zentralistischen Despotismus und Cäsarismus stehen. »Die deutsche Nation ist die einzige unter den Neueuropäischen Nationen, die es in ihrem Bürgerstolze schon seit Jahrhunderten durch die That gezeigt hat, daß sie die Republikanische Verfassung zu ertragen vermöge.« (GA I, 10, S. 181)

Republikanismus, Sozialismus, Nationalismus

Das ist der Weg, den der Republikanismus als politische Strömung nach der Jahrhundertwende bei Fichte nimmt. Die Radikalisierung von Kants kosmopolitischem Republikanismus durch Forster, Fichte und Schlegel in den 1790er Jahren läuft aus in der leidenschaftlichen Nationalisierung des Republikanismus bei Fichte unter dem Eindruck der napoleonische Eroberung und Besatzung. Nur kurz angedeutet wurde dabei, dass sich in der Gestalt von Fichtes geschlossenem Handelsstaat eine mögliche politische Traditionslinie vom Republikanismus der Jahre nach 1789 hin zum Sozialismus und zur Sozialdemokratie des 19. Jahrhunderts eröffnet. Weitere Anhaltspunkte für diese Linie finden sich etwa in der bei Schlegel herausgearbeiteten These vom Absterben des Staates und in den demokratischen und kosmopolitischen Motiven des Republikanismus bei Kant, Forster und Schlegel.

Wirkmächtiger war jedoch zunächst der Nationalismus, der sich nicht nur in der politischen Strömung des Republikanismus nach 1800 ausbreitete, sondern auch im Liberalismus, wie wir am Beispiel von Hegel gesehen haben, und, wie wir sehen werden, ebenso im Konservatismus, dem wir uns nun zuwenden.

IV. Konservatismus

13. Goethe

Auch rund 180 Jahre nach seinem Tod ist Goethes politische Haltung weiterhin außerordentlich umstritten. Wie kann es sein, dass der Deutschen größter Dichter zugleich offenbar politisch nicht durchweg im Einklang mit der Moderne war? Das hinterlässt bis heute einen unangenehmen Nachgeschmack bei seinen Verehrern, und sie versuchen sich daher in Rettungskonstruktionen. Heinrich Heine und Ludwig Börne haben dagegen zunächst im 19. Jahrhundert noch recht eindeutig das konservative Moment Goethes gesehen und benannt, auch wenn die Charakterisierung als »Fürstenknecht« vielleicht ein wenig übers Ziel hinausschoss. Danach wurde jedoch das irritierende politische Moment an Goethe weitgehend ausgeblendet, und er wurde als »Klassiker« rezipiert, der jenseits aller irdischen politischen Händel steht.[1] Die politische Problematik ließ sich jedoch nicht für immer ausblenden und kehrte während der Weimarer Republik und dann insbesondere nach der NS-Diktatur wieder zurück. Gegen den nationalsozialistischen Ungeist wurde nun auch der Geist Goethes als Quelle der Erneuerung angerufen. Aber dafür musste man ihn der Tendenz der Zeit entsprechend nun zum Demokraten machen, oder zumindest zu einem innerlichen, moralischen, auf die Menschenbildung bezogenen Demokraten, wie es etwa ganz explizit Thomas Mann versucht hat.[2] Das war schon damals eine wenig überzeugende Konstruktion und Argumentation, denn es lässt sich kaum leugnen, dass Goethe kein Anhänger demokratischer Verfassungen war. Und dennoch wird diese Argumentation auch heute noch von seinen Verehrern ins Spiel gebracht, wenn neuere Arbeiten auf seine Aktivitäten in der feudalen, fürstlichen Politik in Weimar hinweisen, die durchaus nicht immer modernen menschenrechtlichen oder gar demokratischen Standards entsprochen haben.[3] Hier ist dann bis heute sehr emotional davon die Rede, dass Goethe zu Unrecht »mit Dreck« beworfen

---

[1] Vgl. zur Rezeptionsgeschichte Dieter Borchemeyer, Goethe, in: Etienne Francois, Hagen Schulze (Hg.), Deutsche Erinnerungsorte Bd. 1, München 2003, S. 187-206.

[2] Vgl. Thomas Mann, Goethe und die Demokratie, in. ders., Goethes Laufbahn als Schriftsteller. Zwölf Essays und Reden, Frankfurt/M. 1982, S. 283

[3] Vgl. W. Daniel Wilson, Das Goethe-Tabu. Protest und Menschenrechte im klassischen Weimar, München 1999.

werde und eigentlich ein Demokrat gewesen sei, der »sein« Volk nur als noch
nicht ganz reif für die Demokratie angesehen habe und es erst zu dieser erziehen
wollte.[4] Eine solch unglückliche Argumentation enthält selbst sehr fragwürdige
Konsequenzen, auf die ich hier nicht näher eingehen möchte. Man sollte sich
also besser nüchtern und auf die Fakten gestützt damit abfinden, dass Goethe in
politischer Hinsicht als einen konservativen Denker zu betrachten ist, und seinen
Konservatismus in seiner Zeit und als Reaktion auf seine Zeit rekonstruieren. Es
geht hier im Folgenden somit um die spezifische Ausformung von Goethes Konservatismus, der, so wird sich zeigen, bereits einige Elemente enthält, die dann
generell für das konservative Denken in den Jahren nach 1789 prägend werden
sollten, von Goethe über Gentz bis zum sich zunehmend der konservativen
Strömung zuwendenden preußischen Reformer Stein. Es handelt sich bei diesen
Elementen insbesondere um die Ablehnung der Französischen Revolution, um
eine organische Geschichts- und Politikvorstellung, die sich mit einer Art politischem Realismus verbindet, und um ein Festhalten an einer ständisch gegliederten Gesellschaft mit ihren nach Ständen spezifizierten Freiheiten und Privilegien.
Goethe schließt damit an erste ältere konservative Strömungen der Reichspublizistik im politischen Denken vor 1789 an, die sich als Reaktion auf die Aufklärung formieren, und fundiert diese im politischen Diskurs nach der Französischen Revolution in seiner Metamorphosenlehre naturphilosophisch.

Bevor wir uns der Rekonstruktion von Goethes Konservatismus zuwenden, sei
jedoch auch hier ein Blick auf die Biographie und die Prägungen geworfen, die
im Falle Goethes durch seine autobiographischen Schriften besonders reich vor
unseren Augen liegen.

Ein Frankfurter Patrizier

Goethe wurde in eine glückliche Konstellation geboren, wie er uns in seiner Autobiographie »Dichtung und Wahrheit« berichtet. »Am 28. August 1749, Mittags
mit dem Glockenschlag zwölf, kam ich in Frankfurt/M. auf die Welt. Die Konstellation war glücklich; die Sonne stand im Zeichen der Jungfrau, und kulmi-
nierte für den Tag; Jupiter und Venus blickten sie freundlich an, Merkur nicht
widerwärtig; Saturn und Mars verhielten sich gleichgültig; nur der Mond, der
soeben voll ward, übte die Kraft seines Gegenscheins um so mehr, als zugleich

---

[4] Vgl. Katharina Mommsen, Goethe und unsere Zeit, Frankfurt/M. 1999, S. 33.

seine Planetenstunde eingetreten war. Er widersetzte sich daher meiner Geburt, die nicht eher erfolgen konnte, als bis die Stunde vorübergegangen.«[5] Neben dieser glücklichen Gestirnskonstellation mit ihren vielfältigen symbolischen Bezügen, in denen etwa die Melancholie des Saturn und der kriegerische Geist des Mars nicht auf den Charakter des Kindes einwirken, war seine Geburt aber noch in anderer Hinsicht durch eine glückliche Konstellation bedingt. Goethe wurde in das wohlhabende Frankfurter Patriziat hineingeboren. Er war dadurch selbst ein Patrizier der freien Reichsstadt und freier Reichsbürger.[6] Vermutlich liegt bereits in dieser Geburt in eine gehobene, mit Freiheiten und Privilegien ausgestattete Familie eine psychologische Erklärung für Goethes späteren politischen Konservatismus, denn hier bestand ja von Kindheit an kein Grund, mit den politischen Verhältnissen zu brechen. Goethes Großvater väterlicherseits, Friedrich Georg Goethe, konnte durch Einheirat und durch einen geschickt geführten Weinhandel ein beträchtliches Vermögen erwerben, und der Großvater mütterlicherseits, Johann Wolfgang Textor, stieg zum Ratsherrn, dann zum Bürgermeister und schließlich zum Schultheißen des Kaisers auf. Die Familie war also zugleich finanziell wohlhabend und politisch einflussreich, und Goethe war zeitlebens auf seine Herkunft stolz. Dem Vater, Johann Kaspar Goethe, blieb allerdings aufgrund seiner Abneigung gegen das Losverfahren der Weg in die Frankfurter Politik versperrt. Er wurde jedoch von Karl VII. zum Kaiserlichen Rat ernannt, verdingte sich darüber hinaus als Anwalt und lebte ansonsten aus den Erträgen des Familienvermögens. Goethes Vater war vielseitig interessiert, hatte eine umfangreiche Bibliothek und übernahm im Verbund mit Hauslehrern die umfassende Erziehung des jungen Johann Wolfgang und seiner Schwester Cornelia, zu der eine Reihe von modernen und klassischen Sprachen, Geschichte, naturwissenschaftliche Fächer aber auch Zeichnen und Musik gehörten.

Als 1756 der Siebenjährige Krieg durch den Einfall Friedrichs II. in Sachsen beginnt, endet Goethes unbeschwerte Frankfurter Kindheit. Die Familie spaltet sich in Anhänger Friedrichs und solche der Habsburger. Der junge Goethe ist mit dem Vater »Fritzisch gesinnt«. »Es war die Persönlichkeit des großen Königs, die auf die Gemüter wirkte. Ich freute mich mit dem Vater unserer Siege, schrieb sehr gerne die Siegeslieder ab, und fast noch lieber die Spottlieder auf die Gegen-

[5] Johann Wolfgang Goethe, Dichtung und Wahrheit, in: Sämtliche Werke, Briefe, Tagebücher und Gespräche, Bd. 14, Frankfurt/M. 1986, S. 15.

[6] Vgl. zur Biographie für die hier behandelte Zeit insbesondere Nicolas Boyle, Goethe. Der Dichter in seiner Zeit, 2 Bde., Frankfurt/M. 2004.

partei, so platt die Reime auch sein mochten.«[7] Die Großeltern waren dagegen auf der Seite der Habsburger Kaiserdynastie und damit auf der der alten Reichs-ordnung – eine Position, die Goethe später selbst einnehmen wird. Durch dieses Einwirken des politischen Weltgeschehens auf den familiären Kreis zeigt sich eine frühe Sensibilisierung des Knaben für die Politik. Und die Wirkungen der Weltpolitik auf Goethes Familie nahmen noch zu, als die Franzosen Frankfurt besetzen und ein französischer General, Thoranc, im Haus der Goethes einquar-tiert wird. Johann Wolfgang, der sich bereits seit Kriegsausbruch durch ein Pup-pentheater die aus Sicherheitsgründen angeordnete Zeit im Haus vertreibt und dafür Geschichten erfindet, lernt nun durch Thoranc die französische Dramenli-teratur kennen und das Theater lieben. Damit ist die Grundlage für die literari-sche Leidenschaft Goethes gelegt.

1765 geht Goethe auf Wunsch des Vaters zum Jurastudium nach Leipzig, inte-ressiert sich aber bald mehr für die Poetikvorlesungen von Christian Fürchtegott Gellert. In der Leipziger Studentenzeit entsteht auch unter dem Eindruck erster Verliebtheit eine frühe Gedichtsammlung Goethes. Er macht Bekanntschaft mit Lessings »Laokoon«, dessen Unterscheidung von Raum- und Zeitkünsten ihn tief beeindruckt, sowie mit Winckelmanns Kunstgeschichte und Verehrung der Antike. 1768 erkrankt Goethe jedoch schwer und kehrt ins Elternhaus nach Frankfurt zurück.

Während der langen Krankheits- und Genesungszeit beschäftigt sich Goethe, angeregt durch eine Freundin der Familie, mit mystischen und alchemistischen Schriften und beginnt, erste naturwissenschaftliche Versuche durchzuführen. Dieser enge Zusammenhang zwischen Mystik, Alchemie und naturwissenschaft-lichen Studien ist für die damalige Zeit der Aufklärung nichts Ungewöhnliches, wie wir etwa auch an Forsters Rosenkreuzer-Zugehörigkeit gesehen haben, ver-weist aber zugleich auf den besonderen Charakter der Goetheschen Naturan-schauung, die immer auch mehr war als nüchterne Naturwissenschaft im mo-dernen Sinne. Das zeigt nicht zuletzt seine Feindschaft gegen Newtons Physik, die er später durch seine »Farbenlehre« zu widerlegen sucht. Die ersten naturwis-senschaftlichen Studien stehen daher vermutlich nicht zufällig im engen Zu-sammenhang mit dem Grundriss der eigenen Religiosität in »Dichtung und Wahrheit«.

---

[7] Goethe, Dichtung und Wahrheit, S. 54.

Nach der vollständigen Genesung setzt Goethe sein Jurastudium 1770 in Straßburg fort und schließt es 1771 mit einer Dissertation ab. In die Straßburger Zeit fällt jedoch vor allem sein von ihm selbst so gewertetes endgültiges Erweckungserlebnis durch die Begegnung mit Herder, auf die ich bereits in der Auseinandersetzung mit Herder hingewiesen hatte. »So hatte ich vom Glück zu sagen, daß, durch eine unerwartete Bekanntschaft, alles was in mir von Selbstgefälligkeit, Bespiegelungslust, Eitelkeit, Stolz und Hochmut ruhen oder wirken mochte, einer sehr harten Prüfung ausgesetzt ward, die in ihrer Art einzig, der Zeit keineswegs gemäß, und nur desto eindringender und empfindlicher war. Denn das bedeutendste Ereignis, was die wichtigsten Folgen für mich haben sollte, war die Bekanntschaft und die daran sich knüpfende Verbindung mit *Herder*.« Durch diese Begegnung wird Goethe in das neuere literarische Leben in Deutschland eingeführt und zum Dichter des Sturm und Drang. Seine »mystisch-religiösen chemischen Beschäftigungen« hatten ihn während der Frankfurter Genesungszeit »in dunkle Regionen geführt, und was seit einigen Jahren in der weiteren literarischen Welt vorgegangen, war mir meistens fremd geblieben. Nun wurde ich auf einmal durch Herder mit allem neuen Streben und mit allen den Richtungen bekannt, welche dasselbe zu nehmen schien. Er selbst hatte sich schon genugsam berühmt gemacht, und durch seine *Fragmente, die kritischen Wäldchen* und anderes unmittelbar an die Seite der vorzüglichsten Männer gesetzt, welche seit längerer Zeit die Augen des Vaterlands auf sich zogen. Was in einem solchen Geiste für eine Bewegung, was in einer solchen Natur für eine Gärung müsse gewesen sein, läßt sich weder fassen noch darstellen.«[8] Auch wenn Goethe in »Dichtung und Wahrheit« durchaus nicht mit Kritik an Herders herrischem Charakter und dessen Launen spart, so hat er doch dessen entscheidenden Einfluss klar gesehen und mit Dankbarkeit eingestanden. »Ich ward mit der Poesie von einer ganz andern Seite bekannt als bisher, und zwar in einem solchen, der mir sehr zusagte. Die hebräische Dichtkunst, welche er nach seinem Vorgänger Lowth geistreich behandelte, die Volkspoesie, deren Überlieferung im Elsaß aufzusuchen er uns antrieb, die ältesten Urkunden als Poesie, gaben das Zeugnis, daß die Dichtkunst überhaupt eine Welt- und Völkergabe sei, nicht ein Privaterbteil einiger feinen, gebildeten Männer. Ich verschlang das alles, und je heftiger ich im Empfangen, desto freigiebiger war er im Geben, und wir verbrachten die interessantesten Stunden zusammen.«[9] Hier wird die Wirkung von Herders Ex-

---

[8] Ebd., S. 442.
[9] Ebd., S. 445.

pressivismus auf Goethe ganz deutlich, jene Lehre, dass die Volkspoesie der authentische, organisch gewachsene Ausdruck eines Volksgeistes ist und dass sich der wahre Dichter zum Sprachrohr und zugleich zum Erneuerer dieses Volksgeistes machen muss. Auch mit Herders holistischer Auffassung des Ausdrucksgeschehens, die den Menschen nicht in Vernunft und Gefühl unterteilt, sympathisiert Goethe. Damit ist Goethes Berufung als Dichter des Sturm und Drang, ja, als Nationaldichter, als deutscher Dante oder Shakespeare, besiegelt. In diesem Sinne will er von nun an wirken, und sein erstes großes Stück, der »Götz«, entsteht während dieser Zeit ganz in diesem Geiste.

Anders als bei Herder haben diese Anschauungen, die auch eine geschichtsphilosophische und politische Dimension beinhalten, bei Goethe jedoch keine republikanischen Implikationen. Wie Herder besteht Goethe auf dem Eigenwert jeder organisch-historisch gewachsenen politischen Gemeinschaft als besonderer Individualität, und er wendet sich sein ganzes Leben lang gegen die lebensfremden Abstraktionen der Aufklärung und den absolutistischen Maschinenstaat.[10] Aber anders als Herder führt ihn dies nicht zu einem Begriff der Humanität, der republikanische politische Postionen enthält. Vielmehr wird er ganz in der Rolle des Nationaldichters den organisch gewachsenen Eigenwert, die besondere Individualität des Deutschen Reiches mit seiner Vielstaaterei, seinen zahlreichen kleinen Fürstentümern, Reichstädten und Herrschaften hervorheben.

Diese politischen Anschauungen Goethes lassen sich auf den Einfluss eines Mannes zurückführen, der bisher noch keine Erwähnung gefunden hat, auf Justus Möser, der aber für die Grundlegung und Entstehung des Konservatismus in Deutschland bereits in der vorrevolutionären Zeit eine überaus bedeutende Rolle spielt.[11]

Goethe war nach seiner juristischen Dissertation nach Frankfurt zurückgekehrt und betätigte sich als Anwalt, ging aber bald auf Anraten des Vaters als Praktikant ans Reichskammergericht in Wetzlar, ein Weg, den der mit Goethe in vielem verwandte Stein, wie wir noch sehen werden, auch einschlagen wird. Im Anschluss an diese Zeit entsteht der »Werther«, der Goethes internationalen Ruhm begründet. Das entscheidende Ereignis für seine weitere berufliche und auch finanzielle Existenz ist jedoch das Angebot des Herzogs Carl August, Geheimer Legationsrat und Mitglied von dessen Beratergremium, des Consiliums,

---

[10] Vgl. Hugh Barr Nisbet, Goethes und Herders Geschichtsdenken, in: Goethe-Jahrbuch 110, S. 115-133 und Rudolf Vierhaus, Goethe und der Historismus, in: ebd., S. 106-114.
[11] Vgl. Klaus Epstein, Die Ursprünge des Konservatismus in Deutschland, Berlin 1974, S. 345 ff.

im Herzogtum Sachsen-Weimar zu werden. 1776 tritt Goethe in die Dienste des Herzogs ein und wird – mit Ausnahme der zwei Jahre seiner Italienischen Reise in den 1780er Jahren – dort bis zu seinem Tod 1832 bleiben. Im Weimarer Kontext entwickelt sich in den 1790er Jahren die Weimarer Klassik durch die Freundschaft mit Schiller und im Verbund mit Wieland und Herder, für dessen Berufung nach Weimar sich Goethe einsetzt.

Beim ersten Treffen mit dem Herzog in Frankfurt kommt nun jenem Justus Möser und dessen Schrift »Patriotische Phantasien« eine entscheidende Rolle zu, wie Goethe berichtet. »Es lagen nämlich Mösers patriotische Phantasien und zwar der erste Teil, frisch geheftet und unaufgeschnitten, auf dem Tische. Da ich sie nun sehr gut, die Gesellschaft sie aber wenig kannte, so hatte ich den Vorteil, davon eine ausführliche Relation liefern zu können; und hier fand sich der schicklichste Anlaß zu einem Gespräch mit einem jungen Fürsten, der den besten Willen und den festen Vorsatz hatte, an seiner Stelle entschieden Gutes zu wirken.«[12] Der 1720 geborene Osnabrücker Jurist, Staatsmann und Publizist Möser bildet also gewissermaßen den geistigen Ausgangspunkt der Bekanntschaft Goethes mit dem Herzog Carl August, erneut eine nicht zuletzt hochgradig symbolische Anekdote. Zwischen Aufklärung und alter Reichstradition stehend, hatte sich Möser vor allem als Erforscher des germanischen Rechts und als Verteidiger der alten Reichordnung einen Namen gemacht, der wie Herder und Goethe eine organische, evolutive Geschichts- und Politikauffassung hegte.[13] Goethe schreibt dann auch weiter über ihn: »Mösers Darstellung, so dem Inhalt als dem Sinne nach, muß einem jeden Deutschen höchst interessant sein. Wenn man sonst dem deutschen Reiche Zersplitterung, Anarchie und Ohnmacht vorwarf, so erschien aus dem Moserischen Standpunkte gerade die Menge kleiner Staaten als höchsterwünschte zu Ausbreitung der Kultur im Einzelnen, nach den Bedürfnissen welche aus der Lage und Beschaffenheit der verschiedensten Provinzen hervorgehn; und wenn Möser von der Stadt, vom Stift Osnabrück ausgehend und über den westphälischen Kreis sich verbreitend, nunmehr dessen Verhältnis zu dem ganzen Reiche zu schildern wußte, und bei der Beurteilung der Lage, das Vergangenen mit dem Gegenwärtigen zusammenknüpfend, dieses aus

---

[12] Goethe, Dichtung und Wahrheit, S. 699 f.

[13] Vgl. Wilhelm Mommsen, Die politischen Anschauungen Goethes, Stuttgart 1948, S. 29, und Hans Reiss, Goethe, Möser and the Aufklärung. The Holy Roman Empire in Götz von Berlichingen and Egmont, in: Deutsche Vierteljahrsschrift für Literaturwissenschaft und Geistesgeschichte 69 (1986), S. 609-644.

jenem ableitete und dadurch, ob eine Veränderung lobens- oder tadelnswürdig sei, gar deutlich auseinander setzte: so durfte nur jeder Staatsverweser, an seinem Ort, auf gleiche Weise verfahren, um die Verfassung seines Umkreises und deren Verknüpfung mit Nachbarn und mit dem Ganzen aufs beste kennen zu lernen, und sowohl Gegenwart als Zukunft zu beurteilen.«[14] Möser scheint Goethe nicht weniger tief beeindruckt und geprägt zu haben als Herder.[15] Aus dieser Zusammenfassung der Möserschen Position heraus wird auch nachvollziehbar, warum sich Goethe für das kleine Fürstentum Sachsen-Weimar entscheidet und dort als Staatsmann tätig wird: Hier konnte er konkret an der »Ausbreitung der Kultur« mitwirken, durch sanfte Reformen das Vergangene mit dem Gegenwärtigen zusammenknüpfen, in einem organisch gewachsenen Gemeinwesen, das sich in ein ebenfalls organisch gewachsenes größeres Ganzes einfügt.[16]

Egmont und die Französische Revolution

Es versteht sich, dass Goethe aus dieser politischen Haltung heraus die Französische Revolution nur ablehnen konnte. Sein ganzes Denken war auf Evolution, auf organisches Wachstum ausgerichtet. Eine Revolution, die mit der Vergangenheit radikal brechen wollte, konnte ihn daher nur abstoßen. Noch rund 35 Jahre nach der Revolution, am 27. April 1825, erklärt Goethe: »Ich hasse jeden gewaltsamen Umsturz, weil dabei ebensoviel Gutes vernichtet als gewonnen wird. Ich hasse die, welche ihn ausführen, wie die, welche dazu Ursache geben.« Und ein Jahr zuvor, am 4. Januar 1824, erklärt er gegenüber Eckermann: »Es ist wahr, ich konnte kein Freund der französischen Revolution sein, denn ihre Greuel standen mir zu nahe und empörten mich täglich und stündlich, während ihre wohltätigen Folgen damals noch nicht zu ersehen waren. Auch konnte ich nicht gleichgültig dabei sein, daß man in Deutschland künstlicher Weise ähnliche Szenen herbeizuführen trachtete, die in Frankreich Folge einer großen Notwendigkeit waren.«[17] Für die Französische Revolution macht Goethe vor allem den Niedergang der Sitten in der französischen Monarchie verantwortlich, den er

---

[14] Goethe, Dichtung und Wahrheit, S. 700.
[15] Vgl. Winfried Woesler, Möser und Goethe, in: Goethe-Jahrbuch 113, S. 23-35.
[16] Vgl. Georg Schmidt, Goethe: politisches Denken und regional orientierte Praxis im alten Reich, in: Goethe-Jahrbuch 112, S. 198-212.
[17] Zitiert nach Johann Peter Eckermann, Gespräche mit Goethe in den letzten Jahren seines Lebens, in: Sämtliche Werke, Briefe, Tagebücher und Gespräche, Bd. 39, Frankfurt/M. 1999.

in der Halsbandaffäre verdeutlicht sieht, einem Betrugsfall um ein wertvolles Collier, in den auch die Königin Marie Antoinette verwickelt war. So schreibt er in den »Tag- und Jahresheften« 1789: »Schon im Jahre 1785 hatte die Halsbandgeschichte einen unaussprechlichen Eindruck auf mich gemacht. In dem unsittlichen Stadt-, Hof- und Staats-Abgrunde, der sich hier eröffnete, erschienen mir die greulichsten Folgen gespenterhaft, deren Erscheinung ich geraume Zeit nicht loswerden konnte.«[18] In Deutschland war eine Revolution nach Goethes Meinung dagegen nicht notwendig, und er wendet sich scharf gegen die »Freiheitsapostel«, die sie »künstlich« herbeizuführen suchten. Das geht vor allem gegen die Republikaner und nicht zuletzt auch gegen Georg Forster, mit dem Goethe in Mainz während der Revolution zusammentraf und mit dem er politisch überhaupt nicht übereinstimmte, so dass man politische Themen im gemeinsamen Gespräch schlicht ausblendete. Mit dem modernen Begriff der Republik, der diese der Monarchie gegenüberstellt, konnte Goethe wenig anfangen. Der Begriff der Republik ist überhaupt selten in seinem Werk zu finden.[19] Goethe denkt politisch viel eher in der älteren, für die überkommene Feudalgesellschaft üblichen Unterscheidung von Monarchie und Tyrannei.

Das zeigt auch sein kurz vor der Revolution 1788 veröffentlichtes Stück »Egmont«, das als sein politischstes Stück gelten kann. Wie Schiller greift Goethe dabei auf den Aufstand der Niederländer gegen die spanisch-habsburgische Monarchie im 16. Jahrhundert zurück. Aber anders als für den vorrevolutionären Schiller sind die Niederländer für Goethe gerade keine Republikaner, die als Menschen schlechthin am Fortschritt der universalen Geschichte der Freiheit mitwirken. Vielmehr sind sie beziehungsweise der im Zentrum stehende Held Egmont ganz entschieden Niederländer, die ihre althergebrachten ständischen Freiheiten und Privilegien, nicht die moderne Freiheit im Singular, gegen den modernen absolutistischen Einheitsstaat und seinen Despotismus verteidigen, den die spanische Krone unter Führung Albas in den Niederlanden durchsetzen möchte.[20] Im großen Dialog mit Alba erklärt Egmont daher, dass der niederländische Bürger wünscht, »seine alte Verfassung zu behalten, von seinen Landsleu-

---

[18] Zitiert nach Thomas P. Saine, Revolution und Reform in Goethes politisch-geschichtlichem Denken, in: Goethe-Jahrbuch 113, S. 147-162, S. 147. Vgl. auch Werner Krauss, Goethe und die Französische Revolution in: Goethe-Jahrbuch 94, S. 127-136.

[19] Vgl. Mommsen, Die politischen Anschauungen Goethes, S. 31.

[20] Vgl. Hans-Jürgen Schings, Freiheit in der Geschichte. Egmont und Marquis Posa im Vergleich, in: Goethe-Jahrbuch 110, S. 62-79.

ten regiert zu sein, weil er weiß, wie er geführt wird, weil er von ihnen Uneigennutz, Teilnehmung an seinem Schicksal hoffen kann.«[21] In diesen Zeilen kommt Goethes Anspruch an gute Regenten, an die sittliche Monarchie und ihre Staatsdiener zum Ausdruck. Es sind hier durchaus aufklärerische Ideen des Regenten als Diener des Staates bei Goethe anzutreffen. Das zeigt sich auch, wenn Egmont von der »Kenntnis des Landes und seiner Bedürfnisse« als einer Bedingung für gute Regierung spricht und dass »der Bürger von dem regiert sein will, der mit ihm geboren und erzogen ist, der gleichen Begriff mit ihm von Recht und Unrecht gefaßt hat, den er als seinen Bruder ansehen kann«. Auf Albas Einwand, dass der niederländische Adel doch wohl mit »seinen Brüdern sehr ungleich geteilt hat«, erwidert allerdings Egmont: »Das ist vor Jahrhunderten geschehen und wird jetzt ohne Neid geduldet.«[22] Hier kommt nun wiederum das Festhalten am Herkommen, an der ständischen Gesellschaft mit ihren je nach Stand verteilten Freiheiten und Privilegien zum Ausdruck, die schon durch ihre langsame organische Entwicklung und ihren langen Bestand gerechtfertigt ist. Egmont kann daher auch erklären: »Ein ordentlicher Bürger, der sich ehrlich und fleißig nährt, hat überall so viel Freiheit als er braucht.«[23] Mit dem neuen aufklärerischen republikanischen Denken der Volkssouveränität und der gleichen Freiheit aller Bürger haben diese Ansichten Goethes nichts gemein, und man kann sich fragen, ob er sie politisch-theoretisch überhaupt jemals ganz zu fassen vermochte.

Metamorphose und Politik

Goethes organisches, evolutives politisches Denken lässt sich mit seinen Studien zur Morphologie und zur Metamorphose der Pflanzen, das heißt mit seiner Naturanschauung, noch etwas genauer erhellen, ohne dass man ihn, der eine große Abneigung gegen alle philosophische Abstraktion hatte, dadurch gleichsam zu einem systematischen Theoretiker macht. Da Goethe jedoch selbst erklärt hat, alles, was von ihm bekannt geworden sei, seien »Bruchstücke einer großen Konfession«,[24] dürfen wir seine politischen und naturwissenschaftlichen Anschauun-

---

[21] Johann Wolfgang Goethe, Egmont, in: Sämtliche Werke, Briefe, Tagebücher und Gespräche, Bd. 5, Frankfurt/M. 1988, S. 526.
[22] Ebd., S. 526 f.
[23] Ebd., S. 486 f.
[24] Goethe, Dichtung und Wahrheit, S. 309.

gen zumindest als Teile dieser einen Konfession miteinander in Beziehung setzen.[25]

Goethe schließt 1790, also kurz nach Ausbruch der Französischen Revolution,
die »Metamorphose der Pflanzen« ab, mit der er die Gesetze der Entwicklung
aller organischen Gestalten in der Natur erfasst zu haben glaubt. Ganz explizit
versteht er unter organischen Gestalten nicht nur Pflanzen, sondern eben auch
andere Lebewesen wie den Menschen, und die Metamorphosenlehre kann sogar
auf soziale Gebilde wie menschliche Gesellschaften angewendet werden. »Die
Gestalt ist ein bewegliches, ein werdendes, ein vergehendes. Gestaltenlehre ist
Verwandlungslehre. Die Lehre von der Metamorphose ist der Schlüssel zu allen
Zeichen der Natur.«[26] Ihr grundsätzlicher Gedanke ist, dass alles, was in der natürlichen Welt erscheint, in einer bestimmten »Gestalt« erscheint, dass zugleich
jedoch überall in der Natur Bewegung und Verwandlung am Werk ist. Was sich
jedoch in all diesen Metamorphosen der organischen Gebilde nach Goethe
durchhält, ist ein bestimmter »Typus«, der das Lebewesen über seine Verwand-
lungen hinweg zu dem Lebewesen macht, das es ist. Goethe erkennt dabei ein
»pulsierendes Wechselverhältnis von Disposition und Determination«. Zum
einen konstituiert die typische innere Natur die Pflanze beziehungsweise das
Lebewesen und sichert seine Identität durch alle Metamorphosen hindurch. Zum
anderen wirkt jedoch die Umwelt auf das Lebewesen ein und modifiziert es.
Entscheidend ist nun, dass dieses Zusammenspiel von Disposition und Determination für Goethe entweder förderlich oder hinderlich für das Lebewesen sein
kann, bis zu dem Punkt, an dem es durch Umwelteinflüsse in einer letzten Verwandlung zu Grunde geht und getötet wird.

Es ist nicht allzu weit hergeholt, wenn man diese Überlegungen nun ins Politische überträgt und Goethes Ablehnung der Französischen Revolution sowie sein
Einstehen für organische, evolutive politische Veränderungen aus ihnen ableitet.
Ihm erschien die Französische Revolution wie eine hinderliche Umweltdetermi-
nation des politischen Lebens im Deutschen Reich, die es zumindest krankhaft
verwandelte, wenn nicht gar zu Grunde richtete. Von seiner Metamorphosenlehre her konnte Goethe durchaus vorsichtige politische Reformen befürworten, die
jedoch die überkommene, organisch gewachsene, typische innere Natur der

---

[25] Vgl. für einen solchen Versuch auch Theo Stammen, Johann Wolfgang Goethe, in: Jürgen Gebhardt (Hg.), Revolution des Geistes, München 1968, S. 17-42.
[26] Johann Wolfgang Goethe, Schriften zur Morphologie, in: Sämtliche Werke, Briefe, Tagebücher und
Gespräche, Bd. 27, Frankfurt/M. 1987, S. 349.

Gesellschaft nicht antasteten, sondern nur förderlich verwandelten. Ein revolutionärer Bruch mit dieser typischen inneren Natur der Gesellschaft des Deutschen Reichs wäre dagegen in seinen Augen ein unnatürlicher Eingriff gewesen, der dieses Lebewesen vernichtet hätte und damit gegen die Gesetze des Lebens selbst gerichtet gewesen wäre.

Konservatismus und Kosmopolitismus

Mit dieser Metamorphosenlehre hat Goethe seinem politischen Konservatismus und seiner Ablehnung der Revolution eine tiefe naturphilosophische Begründung gegeben. Andere Konservative der jüngeren Generation sind ihm darin nach 1789 nicht mehr durchweg gefolgt, auch wenn sie am organischen Denken und an ständischen Gesellschaftsmodellen festhalten werden. Der Konservatismus eines Gentz, aber vor allem der von Stein verbindet sich dann jedoch mit der modernen Bewegung des Nationalismus, dem Goethe mit seinem Festhalten am alten Reich immer gleichgültig gegenüberstand. Er konnte daher durchaus auch ein Anhänger Napoleons sein, selbst als dieser das Reich unter seine Gewalt gebracht hatte, insofern Napoleon als Kaiser an die Ordnungsidee der alten Welt anzuschließen und die Übel der Revolution rückgängig zu machen schien. Die deutsche nationale Befreiungsbewegung gegen Napoleon, aus der der deutsche Nationalismus hervorging, hat Goethe dagegen kaltgelassen. Er war seinem Selbstverständnis nach Frankfurter Patrizier und Staatsdiener in Weimar und dadurch Teil des großen Vielvölkergebildes des Reichs sowie als Schriftsteller Teil der internationalen literarischen Welt, der »Weltliteratur«, der er mannigfaltige Anregungen verdankte.[27]

Ein Spannungsverhältnis zwischen politisch konservativen Anschauungen (altständische Freiheiten und Privilegien) und Kosmopolitismus (Weltliteratur) gibt es daher bei Goethe noch nicht. Sein eigentümlicher Konservatismus ist zugleich ein kosmopolitischer Konservatismus und als solcher noch Ausdruck der vorrevolutionären politischen Welt. Goethe zeigt sich uns so als letzter wirkmächtiger Repräsentant dieser alten feudalen Welt. Mit dem nun heraufziehenden rationalen Reformkonservatismus von Gentz, Rehberg und Brandes und dem nationalen Reformkonservatismus eines Stein kristallisiert sich der moderne Konservatismus erst endgültig heraus.

---

[27] Vgl. Hans Reiss, Goethe und die Politik: Französische Revolution, Napoleon, Restauration, in: Friedrich Strack (Hg.), Evolution des Geistes: Jena um 1800, Stuttgart 1994, S. 175-196.

14. Gentz

Von dem Publizisten Friedrich Gentz, dem wir uns nun zuwenden, wurde einmal gesagt, er sei »der größte politische Schriftsteller in deutscher Sprache«.[1] Und Varnhagen von Ense, der ihn persönlich kannte, nannte ihn voller Bewunderung einen »Meteor am politischen Himmel und auf dem deutschen Schriftstellerboden. Eine Stellung wie er hat noch niemals jemand gehabt, und wird niemand wiedererlangen. Ein bürgerlicher Autor, schwang er sich zu fürstengleichen Leben und Ansehen, ein untergeordneter Beamter zu europäischer Wirksamkeit empor. Niemals ist der deutsche Schulstaub zu größerem Glanz aufgewirbelt, nie die pedantische Kraft in üppigere Fülle ausgeschlagen. Denn aller Trieb und Schwung in Gentz ist zuletzt doch einzig seine Schreibfeder, deren beredte Meisterschaft er zuerst in Druckschriften dargethan. Zu seiner Feder aber gehörte wieder der ganze Mensch, sein wundervolles Sprechen, seine Gaben des Geistes, seine Kenntnisse, seine Leidenschaften, und sogar seine Schwächen. Er hätte nicht schreiben können, was er geschrieben, hätt er nicht auch gelebt, was er gelebt hat.«[2] Die in diesen beiden Wertungen zum Ausdruck kommende außerordentliche Stellung von Friedrich von Gentz in der politisch-literarischen Öffentlichkeit der Zeit nach 1789 beruht vor allem auf seiner maßgeblichen Übersetzung von Edmund Burkes »Betrachtungen über die französische Revolution«, dem für den deutschen Frühkonservatismus zentralen Text. Zudem hat er als Förderer Adam Müllers und als Berater Metternichs wichtige Impulse für die Entwicklung des deutschen Konservatismus gegeben. Man kann Gentz aus diesen Gründen sicher den einflussreichsten deutschen konservativen Publizisten der Jahre nach 1789 nennen, auch wenn er mit seiner Bewunderung Burkes und Englands nicht alleine dasteht. Insbesondere der in Hannover sich herausbildende Frühkonservatismus eines August Wilhelm Rehberg und Ernst Brandes teilt diese Begeisterung für Burke und das englische Regierungssystem, und die Han-

---

[1] Golo Mann, Friedrich von Gentz. Gegenspieler Napoleons – Vordenker Europas, Frankfurt/M. 1995 (1947), S. 8. Vgl. zu Biographie auch Paul R. Sweet, Friedrich von Gentz. Defender of the Old Order, Westport 1970.
[2] Karl A. Varnhagen von Ense, Galerie von Bildnissen aus Rahel's Umgang und Briefwechsel, Zweiter Theil, Leipzig 1836, S. 158 f.

noveraner Frühkonservativen sollten dann über ihre Bekanntschaft mit dem Freiherrn vom Stein Einfluss auf die preußischen Reformen gewinnen.[3] Aber insofern Gentz Burke in maßgeblicher Form im deutschen Sprachraum bekannt macht und dann selbst mit wortgewaltigen Schriften gegen die Französische Revolution kämpft, ist er auf der publizistischen Seite der bedeutendste Konservative der Jahre nach 1789. Selbst Goethe, der als Bestsellerautor und Dichterfürst eine sicher um einiges bedeutendere Position im literarischen Diskurs als Gentz einnimmt, ist ihm im direkten politischen Einfluss nicht gleichzusetzen, insofern er seine konservative Ablehnung der Revolution immer nur in literarisch gewandter Form oder in seinen naturphilosophischen Studien öffentlich ausdrückt, während Gentz sich ganz explizit in politischen Schriften äußert. Wir werden jedoch sehen, dass es durchaus Ähnlichkeiten zwischen den politischen Anschauungen von Gentz und Goethe gibt, die sie beide als Vertreter einer konservativen Strömung erscheinen lassen. Dazu gehört insbesondere die Verankerung des Konservatismus in bestimmten naturphilosophischen, auf organisches Wachsen und Balancieren gerichteten Anschauungen, die anthropologische, geschichtsphilosophische und politische Implikationen haben. Bei Gentz tritt allerdings eine spezifisch kantianische Dimension in seiner Rechts- und Staatsphilosophie hinzu, eine vernunfttheoretische Begründung des Rechts, die sich so nicht bei Goethe findet, die wir aber sowohl im Hannoveraner Frühkonservatismus finden als auch später bei Stein. Gentz kann daher als Vertreter eines rationalen Reformkonservatismus[4] verstanden werden, der zusammen mit Rehberg und Brandes den älteren Frühkonservatismus Mösers und Goethes weiterentwickelt und den Reformkonservatismus des preußischen Reformers Stein in der politischen Öffentlichkeit nach 1789 vorbereitet.

Von Kant zu Burke

Friedrich Gentz wird am 2. Mai 1764 als Sohn eines preußischen Münzbeamten in Breslau geboren. Seine Mutter entstammt einer angesehenen Hugenottenfamilie. Der Großvater mütterlicherseits ist der preußische Minister Jean Pierre

---

[3] Vgl. Klaus Epstein, Die Ursprünge des Konservatismus in Deutschland. Der Ausgangspunkt: Die Herausforderung durch die Französische Revolution 1770-1806, Berlin 1973 sowie das nächste Kapitel zu Rehberg, Brandes und Stein.
[4] Vgl. Günther Kronenbitter, Wort und Macht. Friedrich Gentz als politischer Schriftsteller, Berlin 1994.

Frédéric Ancillon. Nach dem beruflichen Wechsel des Vaters nach Berlin besucht der junge Friedrich dort das Joachimsthaler Gymnasium und genießt eine
dem bürgerlich-aufgeklärten preußischen Beamtentum entsprechende Erziehung
und Bildung. Zum Freundeskreis der Familie gehört etwa der Popularphilosoph
Christian Garve, mit dem sich Gentz auch später noch freundschaftlich austauschen wird.[5]

Auf Wunsch und Vermittlung des Vaters geht Gentz nach der Schule zum Jurastudium nach Königsberg und wird in den Schülerkreis von Immanuel Kant
aufgenommen, der ihn tief prägen sollte. Gentz hat sich sein ganzes Leben lang
als Anhänger der kantianischen Philosophie begriffen, die er seine »alte Pflege-
mutter« nannte. Aber er hat dieser Philosophie doch später eine eigentümliche
Wendung gegeben, die nicht mehr ohne weiteres ihrem Geist entspricht. Das
wird uns im Weiteren noch beschäftigen.

Zunächst kehrt Gentz jedoch 1785 ohne abgeschlossenes Studium nach Berlin
zurück und tritt, wiederum auf Vermittlung des Vaters, als geheimer Sekretär im
Generaldirektorium in den preußischen Staatsdienst ein, später steigt er zum
Kriegsrat auf. Als junger, lediger Beamter gibt sich Gentz nun den Freuden des
Berliner Gesellschafts- und Nachtlebens hin, und seine dort sich langsam zeigen-
de Genuss- und Verschwendungssucht wird späterhin legendär werden. Wie
bereits zuvor in unserer Beschäftigung mit Humboldt kurz erwähnt wurde,
freundet sich Gentz während dieser Zeit mit dem jungen liberalen Adelsspross
an, dessen Talente und Auftreten ihn sehr beeindrucken. Beide verkehren sie in
den Salons der Berliner Spätaufklärung. Anders jedoch als Humboldt, der zwar
ebenfalls die Französische Revolution ablehnt, aber mit vielen ihrer Ideen durchaus übereinstimmt, wird Gentz bald zum vehementen Gegner aller revolutionären und auch liberalen Ideen werden. Die Berliner Salons der Spätaufklärung
erscheinen so als Entstehungsraum liberaler wie konservativer Strömungen.

Bei Ausbruch der Französischen Revolution ist Gentz aber zunächst noch von
dieser begeistert. Er publiziert daher im April 1791 in der »Berlinischen Monatsschrift« eine erste Schrift »Ueber den Ursprung und die obersten Prinzipien des
Rechts«, in der er die Revolution gegen Angriffe des uns bereits vertrauten Justus
Möser verteidigt. Gentz schreibt: »Ich kann es daher den philosophischen Köpfen, welche an der Spitze der französischen Revolution standen, nicht verdenken,
daß sie die Idee, die ursprünglichen Rechte der Menschheit aufzusuchen, mit so

---

[5] Vgl. dazu und zum Folgenden Golo Mann, Friedrich von Gentz, und Paul R. Sweet, Friedrich von
Gentz.

warmer Anhänglichkeit verfolgten.«[6] Ganz vom Geist der kantischen Philosophie erfüllt, erklärt er: »Vernunft und Freiheit: das ist die wahre Natur des Menschen. Aus dieser Natur, und aus keinen physischen Gesetzen, muß alles das hergeleitet werden, was ihn als Menschen eigenthümlich und ausschließlich charakterisiert.«[7] Und ganz kantianisch ist auch die Definition des Rechts, in der diejenige der späteren »Rechtslehre« anklingt: »Recht ist dies moralische Vermögen (die Erlaubnis) eines Individuums, die Freiheit der anderen so weit einzuschränken, als es zur Aufrechterhaltung seiner eigenen Freiheit nöthig ist.«[8] Gentz wird an dieser Deduktion des Rechts aus der Vernunft und Freiheit auch nach seiner Abwendung von der Französischen Revolution festhalten und an dem Gedanken, dass das Recht zum Zweck der Garantie der Übereinstimmung der Freiheit des einen mit der des anderen zwangsbefugt sein muss.

Eine entscheidende Wendung in Gentz' geistigem Leben tritt jedoch ein, als er Burkes »Reflections on the Revolution in France« kennenlernt und studiert. Nach kurzer Lektüre- und Bedenkzeit ist er von der Wahrheit der dort ausgeführten politischen Anschauungen über die Verfehltheit der Französischen Revolution überzeugt, liest seinem Freund Humboldt begeistert aus dem Buch vor und macht sich an seine große Übersetzung, die 1793 erscheint. Dieser Wandel in Gentz' politischem Denken folgt einerseits der Tendenz der Zeit, insofern sich mit der Eskalation der Revolution in Deutschland zunehmend mehr Intellektuelle von ihr abwenden. Zum anderen war es für ihn als preußischen Beamten natürlich opportun, gegen die Revolution zu sein, und er mag auch auf eine Beförderung gehofft haben, wenn er die alte Ordnung verteidigt. Diese Hoffnung wurde jedoch enttäuscht.[9]

In seiner Einleitung zur Burke-Übersetzung verteidigt er zu Beginn die Aufklärung, ihre wissenschaftliche und politische Publizistik, die eine förderliche Wirkung auf die Herausbildung aufgeklärter Regierungen gehabt habe. Dann erklärt er allerdings: »Jetzt hat sich das Verhältnis sonderbar geändert. Unser mit Kenntnissen aller Art gesättigtes Jahrhundert will über das Ziel hinausfliegen, und fängt an des Zügels zu bedürfen. Eine einseitige, regellose, ausschweifende

---

[6] Friedrich Gentz, Ueber den Ursprung und die obersten Prinzipien des Rechts, in: Berlinische Monatsschrift, April (1791), S. 393.

[7] Ebd., S. 375.

[8] Ebd., S. 379.

[9] Vgl. Günther Kronenbitter, Friedrich von Gentz, in: Bernd Heidenreich (Hg.), Politische Theorien des 19. Jahrhunderts, Berlin 2002, S. 93-108.

Bearbeitung des Verstandes, die mit der Bildung des Charakters in keinem Ebenmaß steht, treibt in allen Ländern von Europa die rastlose, unmuthige, neuerungssüchtige Stimmung hervor.«[10] Gegen diese »neuerungssüchtige Stimmung« will Gentz mit seiner Übersetzung Burkes und den eigenen Schriften vorgehen, und es ist nicht zuletzt der Gedanke der organischen Verfassungsentwicklung bei Burke, der dafür besonders geeignet erscheint.

Von Burke bekehrt, gibt Gentz ab 1795 eine eigene Zeitschrift heraus, die »Neue deutsche Monatsschrift«, in der er über die politischen Ereignisse berichtet, gegen Frankreich agitiert und das englische politische System preist. Von 1799 bis 1800 erscheint zudem das »Historische Journal«, in dem Gentz ebenfalls gegen die französische Politik und für England argumentiert. Zunehmend wendet er sich nun der Außenpolitik zu, denn das napoleonische Hegemoniestreben erscheint ihm jetzt als größte politische Gefahr. Wurde er zuvor bereits von der preußischen Regierung finanziert, so erhält er nun auch aus England finanzielle Unterstützung für sein publizistisches Treiben. Und er benötigt jetzt auch immer mehr Geld, denn seine privaten Ausschweifungen nehmen erhebliche Ausmaße an. Die 1793 geschlossene Ehe mit der Tochter des Oberbaurates Gilly scheitert an diesen privaten Lebensverhältnissen.

Die gescheiterte Ehe, Schulden, eine ins Stocken geratene Karriere im preußischen Staatsdienst und seine immer heftiger werdende antifranzösische Haltung unterminieren Gentz' soziale und politische Stellung in dem auf Neutralität setzenden Preußen. Auf Vermittlung des kaiserlichen Gesandten Graf Stadion gelangt er daraufhin in österreichische Dienste, geht erst für eine Zeit nach England, um Kontakte zur englischen Politik zu knüpfen, und dann 1802 nach Wien, wo er schließlich zu Metternichs Berater und damit zu einem der Hauptprotagonisten der Reaktion aufsteigt. 1805/1806 legt er mit »Fragmente aus der neuesten Geschichte des politischen Gleichgewichts in Europa« sein letztes größeres Werk vor. Im Anschluss wird er vor allem über anonym veröffentlichte Schriften und durch Denkschriften auf Staatsmänner und insbesondere auf Metternich einzuwirken versuchen.[11]

---

[10] Friedrich Gentz, Einleitung, in: Edmund Burke, Betrachtungen über die französische Revolution. Nach dem Englischen des Herrn Burke neu bearbeitet, mit einer Einleitung, Anmerkungen, politischen Abhandlungen und einem Verzeichnis der in England über diese Revolution erschienenen Schriften von Friedrich Gentz. In Zwei Theilen. Erster Theil, Neue Auflage, Berlin 1794, S. VIII.
[11] Vgl. Günther Kronenbitter, Friedrich von Gentz und Metternich, in: Rüdiger Rill, Ulrich Zellenberg (Hg.), Konservatismus in Österreich, Graz 1999, S. 71-88.

Rationaler Reformkonservatismus

Wie lässt sich nun der rationale Reformkonservatismus von Gentz genauer fassen? Wie bereits erwähnt, enthält Gentz' politisches Denken eine kantianische, rationalistische Dimension, insofern er den Rechtsbegriff aus der Vernunft und dem natürlichen Freiheitsrecht deduziert. Indem sich die einzelnen Individuen als Träger vernunftnotwendiger negativer Freiheitsrechte zu einem Vertrag nötigen, konstituieren sie das staatliche Rechtssystem. Denn das so abgeleitete Recht benötigt zur Durchsetzung und Garantie der negativen Freiheitsrechte der Einzelnen eine zwangsbefugte Gewalt. »Der gesellschaftliche Vertrag ist die Basis der allgemeinen Staatswissenschaft. Eine richtige Vorstellung von diesem Vertrage, und seinen unmittelbaren Wirkungen ist das erste Erforderniß zu einem reinen Urteil über alle Fragen und Aufgaben der Politik.«[12] Man kann Gentz' Konservatismus durch diesen Ausgangspunkt auch als einen rational begründeten Etatismus bezeichnen, da die Autorität und Legitimität der staatlichen Zwangsgewalt vernunftrechtlich begründet wird. »Der wesentliche Zweck des Staates ist kein anderer als der, die Rechte aller Mitglieder durch einen obersten Schiedsrichter und Beschützer des Rechts auf immer zu sichern.«[13] Die gegen Kant und das Vernunftrecht der Aufklärung gerichtete Wendung in der politischen Theorie von Gentz zeigt sich in der Folge jedoch an zwei Punkten.

Zum einen wendet er sich gegen jede weitere spezifizierende Ableitung der politischen Ordnung über diese vernunftrechtliche Begründung des Schutzes der negativen Freiheit hinaus. Politische Freiheits- und Gleichheitsrechte, aber auch liberale Rechte wie freie Meinungsäußerung sind nach Gentz nicht aus der vernunftrechtlichen Staatsbegründung und aus dem Gesellschaftsvertrag ableitbar. Im Zusammenhang mit der Verfolgung der deutschen liberalen Bewegung und den Karlsbader Beschlüssen 1819, an denen Gentz mitwirkt, wird er sich daher auch ohne Selbstwiderspruch für die Zensur einsetzen. Ebenso wenig ist für ihn eine bestimmte Staatsform, sei es Monarchie, Aristokratie, Demokratie oder eine Mischverfassung, vernunftrechtlich deduzierbar. Gentz' rationaler Etatismus ist somit ein äußerst limitierter, autoritärer Liberalismus, der hinter den liberalen

---

[12] Friedrich Gentz, Beiträge zur Berichtigung einiger Ideen der allgemeinen Staatswissenschaft, in: Historisches Journal I / 3 (1799), S. 277-312, S. 280. Vgl. auch Adrien Haesler, Die Vertragslehre bei Friedrich von Gentz. Nach dem Historischen Journal dargestellt, in: Schweizerische Beiträge zur Allgemeinen Geschichte 1 (1943), S. 147-167.

[13] Gentz, Beiträge zur Berichtigung einiger Ideen der allgemeinen Staatswissenschaft, S. 302 f.

Schlussfolgerungen in Kants Rechts- und Staatsphilosophie sowie hinter denen seines Freundes Humboldt weit zurückbleibt und die republikanischen Elemente bei Kant, Forster und Schlegel natürlich vollkommen ablehnt. Auf diese Weise, so bemerkt Günther Kronenbitter zutreffend, verwendete Gentz »die naturrechtliche Vertragslehre jedoch, ganz im Gegensatz zu Kant und dessen Schülerkreis, dazu, alle normativen Ansprüche zurückzuweisen, die die Revolutionsanhänger aus dem Naturrecht ableiteten. Er bemühte sich, die engen Grenzen des Geltungsanspruchs des auf der Naturrechtslehre aufbauenden Staatsrechts aufzuzeigen. Gentz setzte seine Rechtstheorie allen vertragstheoretisch begründeten politischen Freiheits- und Gleichheitsansprüchen entgegen. So kehrte er die geistigen Waffen der Revolutionsfreunde gegen diese selbst. [...] Der rationale Konservatismus, dem er in dieser Hinsicht zuzuordnen ist, adaptierte die Theorieelemente des aufklärerischen Naturrechts für die Zwecke der Revolutionskritik.«[14]

Zum anderen führt diese Beschränkung der vernunftrechtlichen Begründung der politischen Ordnung dazu, dass nach Gentz für jede weitere Spezifizierung der politischen Ordnung auf empirische Erkenntnisse zurückgegriffen werden muss. Politische Freiheit und Gleichheit haben für ihn immer nur eine relative Geltung bezogen auf eine historisch gewachsene politische Ordnung. »Die höhere Philosophie, die reine spekulative Staatswissenschaft hat mit Gleichheit und Ungleichheit unter den Menschen nur in so weit zu thun, als das *Recht* dabei im Spiele ist. Vor dieser Philosophie ist jede Ungleichheit legitimirt, sobald sie dem [oben deduzierten negativen, P.H.] Rechtsbegriff nicht widerspricht. Sollen andre allgemeine Grundsätze auf das System der bürgerlichen Ungleichheit angewendet werden, so können es nur die der gesellschaftlichen und politischen Weisheit, des wahren Menschenstudiums, der Philosophie der Erfahrung seyn. In allem, wo das Recht keine Stimme hat, muß der Erfahrung ewig die erste bleiben.«[15] Hier kommt Gentz' Burke-Lektüre ins Spiel, denn dieser hatte ja gegen die rationalistische Konstruktion der politischen Ordnung am Reißbrett durch die französischen Revolutionäre auf die organisch gewachsene Verfassungsentwicklung Englands über viele Generationen verwiesen. Zu Beginn seiner Schrift fasst Burke seine Ablehnung aller staatsrechtlichen Abstraktionen der französischen Revolutionäre – die indirekt natürlich auch Kant und den Republikanismus trifft – pointiert zusammen. Burke erklärt dort in Gentzscher Übersetzung:

---

[14] Kronenbitter, Friedrich von Gentz, S. 102
[15] Friedrich Gentz, Ueber die politische Gleichheit, in: Historisches Journal II / 1 (1800), S. 3-51, S. 39 f.

»Ich kann nicht in irgendeiner Angelegenheit, wo menschliche Handlung und menschliches Interesse im Spiel ist, Lob und Tadel austeilen, wenn man mir nichts als den isolierten Gegenstand zeigt, so wie er, von jedem äußeren Verhältnis entkleidet, in aller Blöße und Einsamkeit einer metaphysischen Abstraktion dasteht. Umstände (welche freilich bei den meisten dieser Herren für nichts mehr geachtet werden) geben im Reiche der Wirklichkeit jedem politischen Prinzip seine eigentümliche Farbe und seinen unterscheidenden Charakter. Umstände sind es, was jeden bürgerlichen und politischen Plan wohltätig oder verderblich für die Menschheit macht«[16] Gentz geht in dieselbe Richtung, indem er die evolutionäre Entwicklung konkreter Verfassungen gegen die revolutionäre Schaffung abstrakter politischer Ordnungen wendet. In seiner Auseinandersetzung mit Kants Schrift »Über den Gemeinspruch« zum Verhältnis von Theorie und Praxis in der »Berlinischen Monatsschrift« 1793 schreibt Gentz daher: »In jeder bürgerlichen Verfassung muß Macht übertragen, muß Macht irgendwo konzentrirt werden, um das Recht zu schützen. Wo soll diese Macht ihren Sitz haben? Wie soll sie ausgeübt werden? Was soll ihr Schranken setzen? Was soll sie sicher stellen? [...] Auf diese überaus wichtigen Fragen weiß die reine Theorie der Rechte keine Antwort zu geben. Nur Kenntniß des Menschen, des Einzelnen und großer Massen, Kenntniß menschlicher Fähigkeiten, Neigungen, Schwachheiten und Leidenschaften, anhaltende Beobachtung, Vergleichung mannichfaltiger Lagen und Umstände, Studium der gesellschaftlichen Verhältnisse, und vielleicht erst eine lange Reihe kostbarer Versuche, kann sie beantworten.«[17]

Gleichgewicht

Damit nähern wir uns den anthropologischen, geschichtsphilosophischen Elementen in Gentz politischem Denken, die Ähnlichkeiten zu Goethes naturphilosophischen Studien aufweisen, insofern es hier wie dort um ein organisches

---

[16] Edmund Burke, Betrachtungen über die französische Revolution. Nach dem Englischen des Herrn Burke neu bearbeitet, mit einer Einleitung, Anmerkungen, politischen Abhandlungen und einem Verzeichnis der in England über diese Revolution erschienenen Schriften von Friedrich Gentz. In Zwei Theilen. Erster Theil, Neue Auflage, Berlin 1794, S. 8.

[17] Friedrich Gentz, Nachtrag zu dem Räsonement des Hrn Professor Kant über das Verhältniß zwischen Theorie und Praxis, in: Berlinische Monatsschrift, Dezember (1793), S. 518-554, S. 539 f. Vgl. zu dieser Auseinandersetzung, an der sich unter anderem auch Rehberg beteiligte, Dieter Henrich (Hg.), Kant, Rehberg, Gentz. Über Theorie und Praxis. Einleitung von Dieter Henrich, Frankfurt/M. 1967.

Wachstum zwischen Beharren und Neuerung geht und um die Balancierung des Alten und Neuen. Der zentrale Begriff bei Gentz ist denn auch der des »Gleichgewichts«, den er in seinem letzten Werk über die »Neueste Geschichte des politischen Gleichgewichts in Europa« ausarbeitet. Goethe hat das Werk mit großem Interesse zur Kenntnis genommen, wenn es ihm auch in seiner antifranzösischen Tendenz als gefährlich erschien.[18] In einem Brief an den Historiker Johannes von Müller hat Gentz seine diesbezüglichen Ansichten wie folgt zusammengefasst: »Zwei Principien constituiren die moralische und intelligible Welt. Das eine ist das des immerwährenden Fortschrittes, das andere das der nothwendigen Beschränkung dieses Fortschrittes. Regierte jenes allein, so wäre nichts mehr fest und bleibend auf Erden und die ganze gesellschaftliche Existenz ein Spiel der Winde und Wellen. Regierte dieses allein, so würde alles versteinern und verfaulen. Die besten Zeiten sind immer die, wo diese beiden entgegengesetzten Principien im glücklichen Gleichgewichte stehen.«[19]

Dieses Gleichgewichtskonzept beziehungsweise diese Vorstellung vom Kampf der fortschrittlichen mit den beharrenden Kräften wendet Gentz nun sowohl auf die Staatstheorie beziehungsweise Innenpolitik als auch auf die internationale Politik an. Ja, selbst seine eigene publizistische und politische Aktivität versteht er unter der Prämisse dieses Konzepts. Dass es sich hierbei um eine in einem umfassenden, durchaus naturphilosophischen Sinn entwickelte Gleichgewichtskonzeption handelt, die Ähnlichkeit zu Goethes Metamorphosenlehre aufweist, zeigt sich sehr deutlich in einem späteren Brief von Gentz an eine alte Jugendfreundin: »Die Weltgeschichte ist ein ewiger Uebergang vom Alten zum Neuen. Im steten Kreislaufe der Dinge zerstört alles sich selbst, und die Frucht, die zur Reife gediehen ist, löst sich von der Pflanze ab, die sie hervorgebracht hat. Soll aber dieser Kreislauf nicht zum schnellen Untergange alles Bestehenden, mithin auch alles Rechten und Guten führen, so muß es nothwendig neben der großen, zuletzt immer überwiegenden Anzahl derer, welche für das Neue arbeiten, auch eine kleinere geben, die mit Maß und Ziele das Alte behaupten, und den Strom der Zeit, wenn sie ihn auch nicht aufhalten kann, noch will, in einem geregelten Bette zu erhalten sucht. In Epochen gewaltiger Erschütterungen, wie die unsrige, nimmt der Streit zwischen den Parteien einen leidenschaftlichen, überspannten, oft wilden und verderblichen Charakter an; das Prinzip bleibt jedoch immer das

---

[18] Vgl. Gustav Seibt, Goethe und Napoleon. Eine historische Begegnung, München 2010, S. 50f.
[19] Gentz an J. v. Müller, 23. 12. 1805, in: Friedrich von Gentz, Schriften. Ein Denkmal, hg. v. Gustav Schlesier, 5 Bde., Bd. IV, Mannheim 1838-1840, S. 176f.

nämliche, und die Besseren auf beiden Seiten wissen sich vor den Torheiten und
Mißgriffen ihrer Bundesgenossen wohl zu verwahren.«[20] In diesem Zitat kommt
ganz deutlich auch Gentz' zu Reformen bereiter Konservatismus zum Tragen,
insofern das Neue nicht aufgehalten, sondern nur in »geregelte Bette« geleitet
werden soll. Dieser rationale Reformkonservatismus entspricht in der Theorie
dem von Rehberg, Brandes und Steins, dem wir uns gleich zuwenden wollen. In
seiner praktischen Politik hat sich Gentz nach seinem Wechsel in österreichische
Dienste allerdings als wesentlich reformunwilliger erwiesen, als er es in diesem
späten Brief darstellt. Seine antifranzösische Agitation, seine Ablehnung der
liberalen und der landständischen Verfassungsbewegungen und seine Unterstützung der Zensur durch die Karlsbader Beschlüsse zeigen ihn eher als reaktionä-
ren Feind des Neuen.

Im innenpolitischen, staatstheoretischen Bereich führen das Gleichgewichtskonzept und die durch die Burke-Lektüre ausgelöste Anglophilie den Gentz der
1790er Jahre und der Jahrhundertwende zu einer Bewunderung der englischen
Verfassung. In der englischen Verfassung sieht er zu dieser Zeit mit der Trennung von Gesetzgebung und Regierung, der Bindung der Regierung an die Gesetzgebung und dem Vetorecht der Regierung ein vorbildliches, organisch gewachsenes System balancierter Machtteilung. Zu anderen Gelegenheiten wird er
aber auch die souveräne Bündelung von Gesetzgebung und Verwaltung als notwendig für die Erhaltung der bürgerlichen negativen Freiheit gegen aufrührerische Kräfte propagieren.[21]

Wider den Kosmopolitismus – und den Nationalismus?

Es liegt auf der Hand, dass Gentz mit diesen anthropologischen und geschichtsphilosophischen Prämissen seines politischen Denkens kein Anhänger einer
republikanischen Theorie des menschlichen Fortschritts hin zu einer kosmopolitischen Ordnung sein konnte. Der Mensch ist für ihn »nie ein reines Vernunftwesen, und wird und kann es in keinem Zeitpunkt seiner hiesigen Dauer seyn.
Ein geheimnisvolles Band knüpft ihn unaufhörlich an eben die Natur, über welche sein Geist ihn unaufhörlich erhebt. Der kriegerische Trieb, das anscheinend
feindselige Prinzip, das alle Naturwesen in Thätigkeit setzt, lebt, wirkt und ath-

---

[20] Gentz an A. v. Helvig, Oktober 1827, in: Friedrich von Gentz, Schriften. Ein Denkmal, hg. v. Gustav
Schlesier, 5 Bde., Bd. V, Mannheim 1838-1840, S. 319.
[21] Vgl. Kronenbitter, Wort und Macht, S. 76 f.

met auch in ihm.«[22] So ist seine Konzeption der internationalen Politik, die sich sowohl gegen den Kosmopolitismus als auch gegen eine französische, napoleonische Hegemonie wendet, die eines Mächtegleichgewichts, einer Balance of Power, eine »Verfassung neben einander bestehender und mehr oder weniger mit einander verbundener Staaten, vermöge deren keiner unter ihnen die Unabhängigkeit oder die wesentlichen Rechte eines anderen, ohne wirksamen Widerstand von irgend einer Seite, und folglich ohne Gefahr für sich selbst verletzen kann.«[23] Der ewige Frieden der kosmopolitischen Republikaner ist für ihn dagegen eine »Schimäre«.[24] Ob er damit der im vorherigen Abschnitt skizzierten republikanisch-kosmopolitischen Theorie und ihrer Entwicklung von Kant über Forster zu Schlegel gerecht wird, mag bezweifelt werden, betrachtet sie doch keineswegs realitätsfern den Menschen als reines Vernunftwesen, schon bei Kant nicht durchgängig und dann sicher nicht in der Weiterentwicklung bei Schlegel.

Gentz selbst scheint neben seiner Betonung der Unausweichlichkeit internationaler Machtpolitik zumindest zeitweise in seiner antifranzösischen Agitation mit dem sich gegen Frankreich entwickelnden deutschen Nationalismus sympathisiert zu haben, ohne allerdings das extreme nationale Pathos von Fichtes »Reden an die deutsche Nation« oder das von Ernst Moritz Arndt zu teilen. Überdies fördert er Adam Müllers romantisch-konservativen Nationalismus[25] und tauscht sich sogar 1809 mit Stein über den Plan einer deutschen Erhebung aus, weist allerdings zuletzt Steins Pläne als nicht mit den aktuellen österreichischen Interessen übereinstimmend zurück.[26] Gegenüber den deutschen nationalen Befreiungskriegen unter Steins maßgeblicher Mitarbeit blieb er daher distanziert. Die kühle Machtpolitik seines rationalen Reformkonservatismus bestimmte ihn zuletzt auch in dieser Frage, sein nationaler Etatismus blieb instrumentalistisch und machttheoretisch begründet.

---

[22] Friedrich Gentz, Über den ewigen Frieden, in: Historisches Journal II / 3 (1800), S. 771.

[23] Friedrich Gentz, Fragmente aus der neuesten Geschichte des politischen Gleichgewichts in Europa, in: Friedrich Gentz, Gesammelte Schriften, hg. v. Günther Kronenbitter, 7 Bde., Bd. IV, Hildesheim 1997 / 1998, S. 1.

[24] Vgl. Kronenbitter, Wort und Macht, S. 299 ff.

[25] Vgl. dazu Peter Paul Müller-Schmid, Adam Müller, in: Bernd Heidenreich (Hg.), Politische Theorien des 19. Jahrhunderts, Berlin 2002, S. 109-138.

[26] Vgl. Kronenbitter, Wort und Macht, S. 273 und Heinz Duchhardt, Stein, Eine Biographie, Münster 2007, S. 246 ff.

Von Gentz zu Stein

Wenn hier von einem Weg von Gentz zu Stein gesprochen wird, dann sollte das nicht in einem einfachen kausalen Sinn der geistigen Beeinflussung missverstanden werden. Wie kurz vermerkt wurde, standen beide zwar in Kontakt, aber eine der Ausgangsüberlegungen dieses Kapitels war es, dass wir hier eher einen exemplarischen und idealtypischen ideengeschichtlichen Pfad von Möser und Goethe über Gentz, Rehberg und Brandes hin zu Stein für die Entwicklung des Konservatismus nach 1789 zeichnen können. Ich hatte daher versucht nachzuzeichnen, wie Gentz auf seinem Weg von Kant zu Burke einen rationalen Reformkonservatismus entwickelt, der mit dem früheren Konservatismus Mösers und insbesondere Goethes sowie mit Burkes »Betrachtungen über die Revolution« die Berufung auf eine Konzeption organischen Wachstums teilt. Aber zugleich enthält er eine vernunftrechtliche, rationale Rechts- und Staatstheorie, die über den Konservatismus eines Goethe hinausweist. Diese eigentümliche Mischung des rationalen Reformkonservatismus, die wir auch bei Rehberg und Brandes finden und die Stein aufgreift, wurde am Beispiel von Gentz herausgearbeitet, da er als konservativer Publizist und Burke-Übersetzer eine hervorgehobene und wirkmächtige Position im deutschen literarisch-politischen Diskurs einnimmt. Gerade aus diesem Grund wird er für seine publizistische Agitation auch von preußischer und englischer Seite finanziert.

Wie sich nun abschließend jedoch gezeigt hat, wendet sich Gentz spätestens mit Beginn seiner Tätigkeiten für Metternich zumindest als offizieller Unterstützer von Steins offensiver Nationalisierung ab, die dieser ihm 1809 unterbreitet. Der Weg des deutschen Reformkonservatismus hin zu einem leidenschaftlichen Nationalismus und zu den Befreiungskriegen 1813 – den, wie wir gesehen haben, in anderer Form auch der deutsche Liberalismus von Humboldt zu Hegel und der Republikanismus bei Fichte geht – führt daher über Gentz' rationalen Reformkonservatismus hinaus, und wir werden ihn anhand der Person Steins weiter verfolgen müssen. Gentz' nationalistischer Etatismus war ein rationaler, machttheoretischer Nationalismus.

15. Stein

Am Anfang war Stein. In Abwandlung meines Aperçus zu Beginn dieses Buches und des weitaus bekannteren, das Thomas Nipperdey seiner bedeutenden »Deutschen Geschichte« vorangestellt hat,[1] könnte man in dieser Weise hier zum Ende ein über lange Zeit vorherrschendes Narrativ der deutschen, nationalen politischen Geschichtsschreibung zusammenfassen.[2] In dessen Folge wurde die Figur des Freiherrn von Stein ins Heroische überhöht, als eine Art »Gegennapoleon«.[3] Diese Überhöhung hat begreiflicherweise in den letzten Jahrzehnten eine Relativierung der Stellung und Wirkung des Freiherrn in der deutschen Geschichte nötig gemacht. Als paradigmatische Absage an die ältere Erzähltradition kann Hans-Ulrich Wehlers Urteil aufgefasst werden, Stein sei »maßlos überschätzt« worden.[4] Dieses Urteil verweist zugleich auf den Wandel der theoretischen Prämissen der Geschichtswissenschaft. Nach dem Siegeszug der Struktur- und Sozialgeschichte stellte sich die Frage, welche Stellung und welchen Einfluss man einzelnen Personen in der Historie überhaupt noch zugestehen will. Die Forschung zur Wirkung Steins zwischen Französischer Revolution und Restauration musste sich daher der Frage des Zusammenhangs von Individuum und geschichtlicher Entwicklung stellen. Insbesondere das Modell der Sattelzeit mit seiner Betonung der Gleichzeitigkeit des Ungleichzeitigen scheint auch im Hinblick auf Steins politische Vorstellungswelt einen aufschlussreichen Analyserahmen zu bieten, um den Zusammenhang von Individuum und geschichtlicher Entwicklung zu untersuchen. So ist dann auch in jüngster Zeit der Freiherr als

---

[1] Vgl. Thomas Nipperdey, Deutsche Geschichte 1800-1866. Bürgerwelt und starker Staat, München 1983. Nipperdey schreibt bekanntlich: »Am Anfang war Napoleon.«

[2] Vgl. etwa Gerhard Ritter, Stein. Eine politische Biographie, Stuttgart 1958. Ritter schreibt in seiner Biographie über Stein: »Sein Name ist geradezu zum Symbol geworden für die Anfänge der deutschen Nationalbewegung« (S. 10).

[3] Vgl. Werner Gembruch, Nationalistische und personalistische Tendenzen in der Stein-Historiographie, in: Nassauische Annalen 90 (1979) S. 81-97, und Heinz Duchhardt (Hg.), Karl von und zum Stein: der Akteur, der Autor, seine Wirkungs- und Rezeptionsgeschichte, Mainz 2003.

[4] Hans-Ulrich Wehler, Vom Feudalismus des Alten Reiches bis zur Defensiven Modernisierung der Reformära 1700-1815. Deutsche Gesellschaftsgeschichte Bd. 1, München 1987, S. 399.

»Sattelzeitgenosse« bezeichnet worden.[5] Die darauf folgende Charakterisierung Steins als eines »durch und durch pragmatischen, praxisorientierten und undogmatischen Spitzenbeamten, der seine konzeptionellen Einsichten aus seiner langjährigen Verwaltungspraxis gewann«, scheint ebenfalls auf eine Relativierung seiner historischen Legende zu zielen.[6] Sie bildet den Gegenpol zur mythischen Überhöhung und verkleinert ihn zum Bürokraten, der die Lösung einzelner Verwaltungsprobleme als einzige Wirkung zugeschrieben bekommt. Gegen den Pragmatiker Stein sprechen nun aber wiederum viele Ereignisse seines Lebens, insbesondere die Entlassung aus dem preußischen Dienst 1807, in deren Verlauf er sich als vollkommen unpragmatisch und durchaus dogmatisch, als stark von bestimmten politischen Ideen und Überzeugungen geprägt erweist.

Also unternimmt diese Untersuchung, als ihren allgemeinen Ausgangspunkt, den Versuch einer vermittelnden Charakterisierung Steins zwischen den beiden angeführten Positionen. Sie möchte ihn im bisher entwickelten Diskurs der politischen Strömungen der Jahre nach 1789 verorten, als einen nicht zuletzt politisch-praktisch einflussreichen Vertreter eines rationalen Reformkonservatismus, der an die von Gentz, Rehberg und Brandes angestoßene konservative Strömung anschließt. Im Zuge der preußischen Reformen und der französischen Besatzung entwickelt Stein diesen Konservatismus zu einem leidenschaftlichen nationalistischen Reformkonservatismus weiter, der schließlich nach dem Sieg über Napoleon und dem Wiener Kongress in einem romantischen Konservatismus mündet. Das ist die abschließende Form, in der sich der deutsche Konservatismus in der Phase seiner Entstehung nach 1789 in dieser bedeutenden politischen Figur herauskristallisiert.

Es ist dazu aber nicht nötig, nochmals die einzelnen Etappen von Steins Leben in Gänze nachzuzeichnen. Dies ist wiederholt an anderer Stelle geschehen, und was den generellen Verlauf des Lebens angeht, so liegen nur noch vereinzelte Details im Dunkeln.[7] Vielmehr soll an drei Momenten der Biographie eine Untersuchung vorgenommen werden. Die Auswahl entbehrt auf den ersten Blick nicht einer gewissen Willkür, ist aber durch den allgemeinen historischen Ereig-

---

[5] Thomas Welskopp, »Sattelzeitgenosse. Freiherr Karl vom Stein zwischen Bergbauverwaltung und gesellschaftlicher Reform in Preußen«, in: Historische Zeitschrift 271 (2000), S. 347-372.
[6] Ebd., S. 371.
[7] Neben der Biographie von Ritter sind hier vor allem zu nennen: Max Lehmann, Freiherr vom Stein, Leipzig 1921, und Franz Herre, Freiherr vom Stein. Sein Leben- seine Zeit, Köln 1973 sowie Heinz Duchhardt, Stein. Eine Biographie, Münster 2007.

nisverlauf angelegt. Das erste Moment bildet die Reaktion Steins auf die Französische Revolution, die eingerahmt wird durch eine Erläuterung von Steins Situation zu dieser Zeit. Das zweite Moment zeigt Stein kurz vor den preußischen Reformen. Auch hier wird die Gesamtsituation betrachte und die »Nassauer Denkschrift« untersucht. Abschließend wird drittens Steins Rolle bei der preußischen Erhebung und beim Wiener Kongress, der in die Restauration überleitet, hinterfragt.

Revolution: Intellektuelle Faszination und emotionale Ablehnung

Wir finden Stein bei Ausbruch der Französischen Revolution als Kammerdirektor in Kleve und Hamm, in der westfälischen Provinzialverwaltung des preußischen Staates. Der am 26. Oktober 1757 in das reichsritterliche Geschlecht der vom Stein Hineingeborene hatte nach dem Studium der Rechte in Göttingen (1773-1777) eine ungewöhnliche berufliche Wendung vollzogen. Von Haus aus stand die Reichsritterschaft den Institutionen des Reichs nahe und auch Stein war von den Eltern über das Studium der Weg zum Dienst am Reichskammergericht oder am Reichstag zugedacht. So wird er 1777 Praktikant am Reichskammergericht in Wetzlar und verbringt dann 1778 auf seiner Bildungsreise auch einige Zeit am Reichstag in Regensburg. Indessen scheint er an dieser beruflichen Aufgabe wenig Gefallen gefunden zu haben und verfällt in depressive Stimmungen. Einen Ausweg aus dieser Lage bietet ihm der Eintritt in das preußische Bergwerksdepartement als Referendar im Februar 1780.[8]

Man kann sagen, dass sich Stein trotz seiner Standesehre und der Neigung zur Reichstradition hier für den modernen preußischen Verwaltungsstaat und die Entwicklung der industriellen Revolution und gegen die verstaubten Reichsinstitutionen entscheidet. Dafür spricht auch seine Begeisterung für die moderne Naturwissenschaft in Form der Geologie und für die moderne Technik. Er unternimmt mehrere Reisen, um sich über neueste wissenschaftliche und technische Entwicklungen im Bergbau zu unterrichten.[9] Diese führen ihn 1786 sogar

---

[8] Diese berufliche Wendung ist in der Forschung viel diskutiert worden. Vgl. Heinrich Ritter v. Srbik, Die bergmännischen Anfänge des Freiherrn vom Stein 1779 und ihr Nachklang 1811 / 1812, in: Historische Zeitschrift 146 (1932) S. 476-496 und Gerhard Ritter, Vom jungen Stein, in: Historische Zeitschrift 148 (1933) S. 70-88 sowie Ritter, Stein, 32 ff. und Kurt v. Raumer, Der junge Stein, in: Historische Zeitschrift 184 (1957) S. 497-530, zuletzt Welskopp, Sattelzeitgenosse, und Duchhardt, Stein.

[9] Vgl. Srbik, Die bergmännischen Anfänge.

nach England, wo er aber – ob zu Recht, bleibt unklar – der Wirtschaftsspionage verdächtigt wird und ihm daher häufig die Besichtigung technischer Anlagen verweigert wird.[10] Stein hat trotzdem 1799 in der Saline Königsborn die erste Dampfmaschine Westdeutschlands errichten lassen.[11] So aufgeschlossen Stein aber damals der technischen Seite der industriellen Revolution begegnet, so wenig ist bei ihm an liberalen Wirtschaftskonzepten zu entdecken. Seine Verwaltungstätigkeit zielt auf »Technologietransfer, die Ausbildung kompetenter technischer Unterbeamter, die statistische und geomorphologische Erfassung des Landes, Investitionsförderung und -lenkung, die Bereitstellung einer leistungsfähigen Infrastruktur und die Durchführung technischer Modellprojekte in staatlicher Regie«.[12] Die Industrien werden dadurch zu »Anhängseln der Bergbehörden«.[13]

Ähnlich zwiespältig fällt dann auch Steins Beurteilung der Französischen Revolution aus. Er schreibt am 10. 6. 1790 an seinen Freund Reden: »Unsere Freunde jenseits des Rheins beweisen, dass zum praktischen Leben Ideen Reichthum und Fähigkeit, sie mit Leichtigkeit zu verbinden, nicht genug ist, sondern dass es hauptsächlich auf kalte, ruhige Vernunft und einen festen, beharrlichen Charakter ankömmt. Es liegt jedoch sehr vieles in den Proces Verbaux der National Versammlung und man findet viel belehrendes darin, und ich wünschte doch, eine Zeit lang unter diesem aufbrausenden gährenden Volk zu leben, um Zeuge von allen diesen erschütternden Auftritten zu seyn. Vielleicht ist dieses kommendes Jahr möglich.«[14] Auch bei Stein zeigt sich die Faszination für die Französische Revolution, die bei so vielen aus der gebildeten Schicht im Reich damals anzutreffen war. Und wie Campe oder der junge Humboldt möchte auch Stein nach Frankreich reisen, um Augenzeuge der revolutionären Ereignisse zu sein. Doch gleichzeitig scheint bei ihm von Anfang an eine gewisse Skepsis gegen die hochfliegenden Ideen und Ziele der Revolution vorzuherrschen. Er setzt dagegen die kalte, ruhige Vernunft des preußischen Beamten und den festen, beharrlichen Charakter des christlichen Reichsritters. Seine Haltung lässt sich wohl aus Steins Herkunft heraus erklären. Einerseits bestimmt sie seine Standes-

---

[10] Vgl. Ritter, Stein, S. 44 ff.
[11] Welskopp, Sattelzeitgenosse, S. 364.
[12] Ebd., S. 363.
[13] Ebd., S. 363.
[14] Stein an Reden, Hamm, 10. Juli, 1790, in: Erich Botzenhart (Hg.), Freiherr vom Stein. Briefwechsel, Denkschriften und Aufzeichnungen Bd. 1, Berlin 1931, S. 172.

ehre und seine Neigung zur alten ständischen Ordnung, die wir auch bei Goethe angetroffen haben, und andererseits die tiefe christliche Überzeugung, die er im Elternhaus vor allem durch die Mutter anerzogen bekam.[15] Die Faszination für das revolutionäre Frankreich scheint ihm aber doch keine Ruhe gelassen zu haben, denn sechs Monate später schreibt er erneut an Reden, er gehe »auf einen Monat nach Nassau und von da – welches ich Ihnen doch nur sub sigillum confessionis sage, nach Strassburg – die Idee mich zu expatriieren, kann ich nicht eher aufgeben, bis ich sie an Ort und Stelle untersucht habe.«[16]

Aus der Reise ist letztlich jedoch nichts geworden, und mit Beginn des ersten Koalitionskrieges schlägt Steins Haltung in Ablehnung gegen die Französische Revolution und die Franzosen überhaupt um. In Koblenz erlebt er im Juli 1792 voller Siegeszuversicht den Auszug der preußischen Armee. Er schreibt an Frau von Berg: »Der Geist, der in der Armee herrscht, von Disciplin, von kriegerischem Mut, von Bereitwilligkeit, jeder Gefahr sich zu unterziehen, jede Beschwerde zu dulden, ist wirklich sehr achtungswerth, und es ist seelenerhebend, hierin das Werk des grossen Mannes zu erkennen, den wir selbst nach seiner langen Regierung zu früh verloren.«[17] Es scheint, als habe Stein die nationale Begeisterung und die revolutionäre Gewalt, mit der die französischen Armeen kurz darauf im Reich einfallen sollten, noch nicht erfasst. In der Erinnerung an Friedrich II. steckt zugleich die Überzeugung von der Überlegenheit des friderizianischen Machtstaats und seiner Söldnerheere. Jedoch erobern die Franzosen im Oktober 1792 Mainz und wenig später auch Frankfurt. Die preußischen Truppen ziehen sich zurück und viele kleinere Landesherren laufen zum Feind über. In dieser Phase wird Stein zum ersten Mal politisch aktiv. Durch »eifrigen diplomatischen Vermittlerdienst«[18] hat er Anteil an der Entscheidung Friedrich Wilhelms II., den Rückzug der preußischen Truppen zu stoppen, um erneut gegen die Revolutionsarmeen zu marschieren. Tatsächlich gelingt noch im Dezember die Rückeroberung Frankfurts, die Stein im preußischen Hauptquartier erlebt. Seine Ablehnung der Französischen Revolution ist nach diesen Ereignissen noch verstärkt worden. Im März 1793 schreibt er an Frau von Berg: »Französische Anarchie und Sittenlosigkeit wird für den ruhigen, sittlichen Deutschen

---

[15] Vgl. Ulrich Noack, Christentum und Volksstaat in der politischen Ethik des Freiherrn vom Stein, in: Historische Zeitschrift 147 (1933), S. 40-52.

[16] Stein an Reden, Cleve, 14. Dezember 1790, in: Botzenhart (Hg.), Freiherr vom Stein Bd. 1, S. 176.

[17] Stein an Frau von Berg, Nassau, 23. Juli 1792, in: Botzenhart (Hg.), Freiherr vom Stein Bd. 1, S. 197.

[18] Ritter, Stein, S. 76.

nicht ansteckend seyn, er wird im Kampf mit dieser unglücklichen Nation vielleicht nicht erobern, aber auch gewiss nicht unterliegen, und das Beispiel der
Gräuel, die seine Nachbarn begehen, das Elend, welches zwei zahlreiche und
glänzende Stände dieser Nation leiden, wird manches Vorurteil vernichten und
manches Gute beschleunigen. Ich erwarte mir einen Krieg von mehreren Jahren,
aber seine Einflüsse sind vorteilhaft, sie stellen Energie und Muth wieder her, sie
geben einen Reiz zur Thätigkeit, sie werden die Abneigung gegen die scheussli-
che Nation der Franzosen vermehren.«[19] Es zeigt sich, wie bei Stein eine emotionale Abneigung gegen die französische Nation entsteht, die er aber sogleich als
Kraft für eine gemeinsame deutsche Tätigkeit umzusetzen hofft. Dennoch fällt
jetzt seine Beurteilung der Stärke des Reichs weniger optimistisch aus, und er
rechnet mit einem längeren Krieg. Allein, an eine Niederlage des Reichs glaubt er
immer noch nicht. Mit dem Verweis auf die zwei leidenden Stände wendet er
sich dazu nun entschieden gegen die Ideen der Französischen Revolution.[20] In
diese Zeit fallen auch Steins erste Initiativen zur Belebung der ständischen Korporationen. Waren sie doch eigentlich ein durch den absolutistischen modernen
Verwaltungs- und Einheitsstaat überlebtes und rückständiges Element, so sieht
Stein wie Hegel in ihnen eine wirtschaftlich und politisch auch in Zukunft bedeutende Kraft.[21] Hier kann man auf den Göttinger Freundeskreis Steins aus
Studientagen verweisen, zu dem neben Reden noch die Hannoveraner Frühkonservativen Brandes und Rehberg gehörten. Vor allem an den Schriften Burkes,
aber doch auch der Philosophie Kants orientiert, teilen alle vier »die Idee des
Volkes als einer in vielen Generationen fortlebenden Einheit, die ihre Staatsverfassung als geschichtliches Erbteil überliefert, [...] da sich allein im Herkommen
der durch zahllose geschichtliche Faktoren bedingte Wille der Nation ausdrückt

---

[19] Stein an Frau von Berg, Cleve, 5. März 1793, in: Botzenhart (Hg.), Freiherr vom Stein Bd. 1, S. 216.
[20] Die geflohenen Bourbonen und französischen Adligen hielten sich an Steins Amtssitz in Hamm
auf, und er hat sich äußerst wohlwollend über sie geäußert. Vgl. Stein an Frau von Berg, Hamm, 3.
Oktober 1793, in: Botzenhart (Hg.), Freiherr vom Stein Bd. 1, S. 224-225. »Im ganzen ist ihr Betragen
ruhig, in ihren Äußerungen über die Geschichte der Zeit sind sie vorsichtig, hier und da lassen sie
freilich Unmuth blicken, dass man sie vernachlässigt, dass man die grosse Sache der gesellschaftlichen
Ordnung mit Kälte und Inkonsequenz treibt.« (S. 225)
[21] Vgl. Bericht Steins, Cleve, 14. Dezember 1793, in: Botzenhart (Hg.), Freiherr vom Stein Bd. 1,
S. 226-229. Stein verweist auf die alten Landtagsrezesse von 1660 (sic!) und erklärt die Wichtigkeit
der Stände für den Gang der Geschäfte. Ritter sieht hierin eher eine theoretische Vorliebe Steins als
eine aus praktischer Erfahrung mit den Ständen gewonnene Erkenntnis. Vgl. Ritter, Stein, S. 62 ff.

und im Laufe der Zeiten gestaltet.«[22] Und dazu gehören im Reich die ständischen Vertretungen und ihre lokale Selbstverwaltung. Der revolutionäre Umsturz steht dieser Auffassung fern. Sie ist aber insofern kantianisch, als sie das überkommene Recht auch vernunftrechtlich zu begründen sucht und dort, wo durch vernünftige Einsicht Verbesserung nötig erscheint, behutsame Reformen vorgenommen werden sollen. Diesen rationalen Reformkonservatismus und seine kantianischen Motive hatten wir zuvor detailliert bei Friedrich von Gentz rekonstruiert.

Nachdem Preußen 1795, gelockt durch territoriale Gewinne in Polen, im Baseler Frieden auf eine Neutralitätspolitik umschwenkt, ist Stein empört.[23] Das 1797 im Frieden von Campoformio zwischen Napoleon und Österreich ausgehandelte Abkommen verspricht den Habsburgern Schonung, wenn Frankreich dafür das linke Rheinufer erhält. Dies bringt Stein nun auch gegen die zweite deutsche Großmacht in Rage, die ebenso wie Preußen aufgrund von Eigeninteressen dem Zerfall des Reichs tatenlos zusieht. Hinzu kommt, dass Stein dadurch den linksrheinischen Teil seines klevischen Amtsbezirkes verliert, denn er war mittlerweile zum Oberkammerpräsidenten für alle westfälischen Provinzen aufgestiegen.[24] Unter dem Eindruck dieser Erlebnisse entsteht Steins nationalpolitische Agenda, die er in einer Denkschrift an seinen Gönner Heinitz, den Minister des Berg- und Hüttendepartements in Berlin, 1798 erstmals darlegt. Deutschland müsse sich verstärken, um seine Unabhängigkeit zu behaupten, »was nur geschehen kann durch die Vereinigung seiner Kräfte, die eine fehlerhafte Verfassung zerstückelt hatte. Ich betrachte die Vergrößerung der beiden Militärmächte als ein notwendiges und für Deutschland wünschenswertes Ereignis und die Säkularisation als ein Mittel, diese totale Vereinheitlichung in Gang zu bringen; ich kann demgemäß ein System (des Verzichts) nicht gutheißen, das diesem Ziel

---

[22] Ritter, Stein, S. 106. Vgl. Erich Weniger, Rehberg und Stein, in: Niedersächsisches Jahrbuch 2 (1924), S. 1-124 und Stein an Frau von Berg, Wetter, 2. September 1792, in: Botzenhart (Hg.), Freiherr vom Stein Bd. 1, S. 197-198. »Unter allen denen vielen menschlichen Wesen dieser Erde, mit denen ich in Verbindung kam, sind es nur drey, mit denen ich in einem vollkommenen Verhältnis der Übereinstimmung der Empfindungen und Begriffe stehe, [...] dies sind meine Schwester Marianne, Rehberg und Sie.« (S. 197)

[23] Ritter zitiert Steins Zornesausbruch ohne Angabe der Fundstelle, in dem Stein von der »Perfidie« der preußischen Grundsätze und der preußischen »Charakterlosigkeit« spricht. Vgl. Ritter, Stein, S. 80.

[24] Vgl. auch hierzu Ritter, Stein, S. 81, wieder ohne Angabe der Fundstelle. Stein spricht von einer »schwarzen und vollständigen Treulosigkeit« Österreichs.

absolut entgegengesetzt ist, da es die Schwächung Deutschlands fortdauern läßt und zur Auflösung und dem Sturz der großen Staaten führen muß, die Deutschland bilden.«[25] Der letzte Abschnitt bezieht sich auf Verhandlungen während des Kongresses von Rastatt, in deren Verlauf in Berlin über den Verzicht auf Entschädigungen für die linksrheinischen Gebiete nachgedacht wurde, wenn Österreich auch verzichtet. Den grundlegenden Gedanken bildet aber die Vereinigung Deutschlands durch den Zusammenschluss der beiden Großmächte Preußen und Österreich. Unter dem Druck der revolutionären Armeen und dem Genie Napoleons gibt es für Stein auch keine Rücksicht mehr auf alte Reichstraditionen. Die alte Reichsverfassung ist für ihn nun der eigentliche Grund der deutschen Schwäche, sie habe Deutschland zerstückelt. Die Säkularisation der alten geistlichen Herrschaften zugunsten der beiden großen Staaten erscheint Stein jetzt als legitimes Mittel im Angesicht der französischen Gefahr. Man könnte hier von einem beschleunigten Wandel der Steinschen politischen Vorstellungswelt sprechen, der umso stärker wird, je stärker der napoleonische Druck auf das Deutsche Reich wird. Das Ergebnis ist ein eigentümliches Amalgam alter und neuer politischer Ideen, das wir als rationalen Reformkonservatismus bezeichnet hatten, verbunden mit einer bereits hier sich andeutenden, stark antifranzösischen nationalistischen Leidenschaft.

Reform: Defensive Modernisierung und offensive Nationalisierung

Am 27. Oktober 1804 tritt Stein als Minister für Akzise- Zoll- Fabriken- Manufaktur- und Kommerzwesen in das Berliner Generaldirektorium ein. Die preußische Diplomatie hatte soeben ihre Rolle als Schützerin der norddeutschen Neutralität durch die Hinnahme der französischen Okkupation Hannovers aufgegeben. Dieser Schritt trägt zur alliierten Niederlage bei Austerlitz bei. In Berlin wächst in dieser Zeit der Unmut über die verfehlte Außenpolitik der königlichen Kabinettsräte. Unter Mitwirkung Steins entsteht in Bürokratie und Militär eine Oppositionspartei, der auch Mitglieder der königlichen Familie angehören. Ihr Ziel ist, die königliche Alleinherrschaft aus dem Kabinett einzuschränken und die Entscheidungsgewalt auf ein Ministerpräsidium zu übertragen, das sich auf

---

[25] Zitiert nach Wilhelm Steffens, Rheingrenze und territoriale Entschädigungsfrage in der preußischen Politik der Jahre 1795-1798. Zugleich ein Beitrag zur Stein-Forschung, in: Westfälische Forschungen 6 (1953), S. 149-181.

Basis eines sachlich-rationalen Ressortprinzips zusammensetzt.[26] Die außenpolitische Lage spitzt sich jedoch zu, und bis zur totalen preußischen Niederlage in Jena im Oktober 1806 können sich die Opponierenden nicht durchsetzen. Nach der Niederlage flüchtet der ganze Hof nach Königsberg, Berlin wird von den Franzosen besetzt und in der Verfügungsgewalt Friedrich Wilhelms III. verbleiben nur noch die nördlichen preußischen Provinzen. Stein gelingt es bei dieser kopflosen Flucht gerade noch, die Staatskasse zu retten. In Königsberg brechen die Streitigkeiten über die Organisation der Regierung mit verstärkter Heftigkeit wieder aus. Der König kommt schließlich der Oppositionspartei ein Stück entgegen, allerdings ohne auf die letzte Entscheidungsgewalt zu verzichten. Stein verweigert daraufhin die Mitarbeit in dem neugeschaffenen Ministerrat und ertrotzt dadurch seine Entlassung im Januar 1807.

Dieses Verhalten Steins ist alles andere als pragmatisch. In dieser Situation, in der der preußische Staat und seine Regierung kurz vor dem völligen Kollaps stehen, über formelle Fragen der Staatsverfassung zu streiten, erscheint doch höchst bemerkenswert und verweist auf Steins dezidierte politische Anschauungen, die offenbar sein Handeln stark prägen. Hinzu kommt, dass neben diesen politischen und verfassungstheoretischen Fragen bei Stein auch persönliche Feindseligkeiten gegen einige Kabinettsräte seine Haltung bestimmen. So schreibt dann Friedrich Wilhelm III. an Stein vielleicht nicht ganz falsch: »Dass Sie vielmehr als ein widerspenstiger, trotziger, hartnäckiger und ungehorsamer Staatsdiener anzusehen sind, der, auf sein Genie und seine Talente pochend, weit entfernt, das Beste des Staates vor Augen zu haben, nur durch Capricen geleitet, aus Leidenschaft und aus persönlichem Hass und Erbitterung handelt.«[27] Der König irrt aber sicher in der Annahme, Stein habe nur aus Eigeninteresse gehandelt. Er hat wohl seit seiner Politisierung unter dem Einfluss der Französischen Revolution immer für den preußischen Staat und dadurch vermittelt für ein Deutsches Reich wirken wollen. Aber zugleich steckt hier doch eine zutreffende Charakterisierung einiger emotionaler Triebkräfte Steins im königlichen Urteil.

---

[26] Vgl. Ritter, Stein, S. 140 ff. »Es war eine Verfassungskrisis allerersten Ranges, ein hochpolitisches Problem. Will man die Gegensätze zuspitzend, ein wenig übertreiben, so könnte man sagen: es ging um die Verdrängung der alten absolutistischen Monarchie durch ein System der absoluten Bürokratie.« (S. 141)

[27] Friedrich Wilhelm III. an Stein, Königsberg, 3. Januar 1807, in: Erich Botzenhart (Hg.), Freiherr vom Stein. Briefwechsel, Denkschriften und Aufzeichnungen Bd. 2, Berlin 1937, S. 162-164, S. 163.

Jedenfalls zieht sich Stein nach seiner Entlassung auf seinen Nassauer Besitz zurück, wo er wenig später mit der Abfassung seiner berühmten »Nassauer Denkschrift« beginnt. Sie enthält das vollständigste Bild der Steinschen politischen Vorstellungswelt. Hier sollen allerdings nur die zentralen Gedanken dargelegt werden, ohne auf die Details einzugehen. Bei diesen Details handelt es sich vor allem um verwaltungstechnische Erörterungen, die den Großteil der Denkschrift ausmachen. In einem Brief an Reden hat Stein seine Hauptanliegen selbst für uns zusammengefasst: »Wie kann der Gemeingeist wieder belebt werden? Wie die negativen Eigenschaften des Regenten weniger nachtheilig würkend gemacht werden? Dieses kann in tantum geschehen durch Bildung einer Behörde, welche der Vereinigungspunkt ist der verschiedenen Verwaltungszweige, jenes, indem man der Nation einen Antheil an der Geschäftsführung unter gewissen Einschränkungen und Bestimmungen giebt.«[28] In dieser kurzen Zusammenfassung kommt Steins rationaler Reformkonservatismus zum Ausdruck, der vor allem eine rationale Staatsorganisation anstrebt und der Nation behutsam Anteil an den Staatsgeschäften zugestehen möchte.

Die Nassauer Denkschrift beginnt dann auch mit dem Hinweis auf den Staatsrat der Minister, der als höchstes Entscheidungsgremium die Regierung aus dem Kabinett ablösen soll. Die Minister sollen Ministerien vorstehen, die rein nach Ressortprinzip organisiert sind. Die alte Mischung von Ressort- und Territorialprinzip wird abgelehnt, da durch sie die »Einheit in der Verwaltung verschwindet, ganz entgegengesetzte Grund Sätze werden zu derselben Zeit in demselben Geschäftszweig und derselben Sache, an verschiedenen Orten angewandt, und es ist wegen dieser fehlenden Einheit unmöglich, allgemeine Massregeln zu ergreifen und auszuführen. Je grösser der Staat, um so nötiger ist es aber, solche Einrichtungen zu treffen, wodurch Einheit in seiner Bewegung erhalten und die zerstückelten Geschäfts Zweige endlich an einem Punkt zu einem Ganzen verbunden werden.«[29] Bis hier könnte man Steins Ideen immer noch als eine Art bürokratischen Absolutismus bezeichnen. Ein in eine andere Richtung weisender Zug kommt jedoch durch die Überlegungen zur Provinzialverwaltung und kommunalen Selbstverwaltung in die Denkschrift. In die Verwaltung sollen auf diesen Ebenen die Stände einbezogen werden. »Auch meine Dienst Erfahrung

---

[28] Stein an Reden, Nassau, 3. Juli 1807, in: Botzenhart (Hg.), Freiherr vom Stein Bd. 2, S. 233.
[29] Denkschrift Steins »Ueber die zweckmäßige Bildung der obersten und der Provinzial, Finanz und Polyzey Behörden in der preußischen Monarchie« (Nassauer Denkschrift), in: Botzenhart (Hg.), Freiherr vom Stein Bd. 2, S. 214.

überzeugt mich innig und lebhaft von der Vortrefflichkeit zweckmäßig gebildeter Stände, und ich sehe sie als ein kräftiges Mittel an, die Regierung durch die Kenntnisse und das Ansehen aller gebildeten Classen zu verstärken, sie alle durch Ueberzeugung, Theilnahme und Mitwürkung bey den National Angelegenheiten an den Staat zu knüpfen, den Kräften der Nation eine freye Thätigkeit und eine Richtung auf das Gemeinnützige zu geben, sie von müssigem sinnlichen Genuss oder von leeren Hirngespinsten der Metaphysik, oder von Verfolgung bloos eigennütziger Zwecke abzulenken und ein gut gebildetes Organ der öffentlichen Meynung zu erhalten.«[30] Wichtig ist hier vor allem die Ausweitung der Stände auf alle gebildeten Klassen. An anderer Stelle der Denkschrift wird die politische Partizipation allen Besitzern eines bedeutenden Eigentums zugestanden.[31] Dies ist wirklich ein aus der alten tertiären Struktur des Ancien Regime hinausweisendes Element in Steins Denken. Zugleich ist es aber ein höchst vorsichtiger Schritt, und die Gruppe der zur politischen Teilnahme Berechtigten wird durch ihn nicht viel größer. Die französische Volkssouveränität, die die deutschen Republikaner eingefordert hatten, ist hier noch nicht in Sicht.[32] Vielmehr ist der Staat für Stein eine Erziehungsanstalt, der den Bürger erst zu politischer Beteiligung erziehen und von den sinnlichen Genüssen und Hirngespinsten der Metaphysik ablenken muss. Zu Recht ist hier von einer defensiven Modernisierung gesprochen worden,[33] denn diese Zugeständnisse an den Zeitgeist

---

[30] Ebd., S. 220 ff.

[31] Ebd., S. 225. »An die Stelle der Bureaucratie muss nicht eine auf kümmerlichen und schwachen Fundamenten beruhende Herrschaft weniger Gutsbesitzer errichtet werden, sondern es kommt die Theilnahme an der Verwaltung der Provinzial Angelegenheiten sämtlichen Besitzern eines bedeutenden Eigenthums jeder Art zu.«

[32] Vgl. Wilhelm Mommsen, Freiherr vom Stein, in: Geschichte in Wissenschaft und Unterricht 8 (1957), S. 329-341. »Die Reformpläne von Stein wandten sich in erster Linie an die Schicht von Bildung und Besitz, noch nicht an die Masse der Bevölkerung. [...] Das war noch nicht Demokratie, aber eine Voraussetzung demokratischer Entwicklung.« (S. 334) Dagegen aber Barbara Vogel, Verwaltung und Verfassung als Gegenstand staatlicher Reformstrategien, in: Bernd Sösemann (Hg.), Gemeingeist und Bürgersinn: die preußischen Reformen, Berlin 1993, S. 25-40. »Steins Reformansatz war nicht auf Staatsbildung ausgerichtet, sondern auf ständische Selbstverwaltung.[...] Auf diese Weise sollte die Spaltung zwischen Staat und Nation überwunden werden. Tatsächlich wäre dadurch das staatliche Gewaltmonopol gefährdet gewesen, ohne der Staatbürgergesellschaft einen Schritt näher zu sein, denn eine Nation in diesem Sinne existierte in Preußen noch nicht.« (S. 32). Vgl. auch Herbert Obenaus, Verwaltung und ständische Repräsentation in den Reformen des Freiherrn vom Stein, in: Journal für die Geschichte Mittel- und Ostdeutschlands 18 (1969), S. 130-179.

[33] Vgl. Hans-Ulrich Wehler, Vom Feudalismus des Alten Reiches bis zur Defensiven Modernisierung der Reformära.

sind erst durch die französische Eroberung ausgelöst worden. Sie erhalten aber durch Stein einen weiteren, weniger defensiven Zielpunkt. »Erspahrung an Verwaltungs Kosten ist aber der weniger bedeutende Gewinn, der erhalten wird durch die vorgeschlagene Theilnahme der Eigenthümer an der Provinzialverwaltung, sondern weit wichtiger ist die Belebung des Gemeingeistes und Bürgersinns, die Benutzung der schlafenden oder falsch geleiteten Kräfte und der zerstreut liegenden Kenntnisse, der Einklang zwischen dem Geist der Nation, ihren Ansichten und Bedürfnissen und denen der Staats Behörden, die Wiederbelebung der Gefühle für Vaterland, Selbständigkeit und National Ehre.«[34] In diesen Zeilen steckt bereits das Ziel der Erhebung gegen die französischen Besatzer. Man könnte diese gewünschte Folgewirkung der defensiven Modernisierung als offensive Nationalisierung bezeichnen.[35]

Steins Wiedereintritt in den preußischen Dienst kommt dann im Oktober 1807 erstaunlicherweise auf Wunsch Napoleons zustande. Die von ihm in der Folge angestoßenen Reformen sind aber alle Fragment geblieben. Im November 1808 muss er, wiederum unter dem Einfluss Napoleons, den preußischen Dienst verlassen und ins böhmische Exil fliehen. Die zuvor unter seiner Leitung verwirklichten Reformen umfassen prinzipiell drei Bereiche: Im ersten, agrarpolitischen Bereich führt Stein die Bauernbefreiung fort, das heißt die Aufhebung der Erbuntertänigkeit. Den zweiten Bereich bilden die Neuorganisationen der zentralen und provinzialen Behörden. Sie folgen dem Entwurf der Nassauer Denkschrift und auf der Ebene der preußischen Provinzialbehörden sind sie unter seiner Ägide annähernd verwirklicht worden.[36] In einem dritten Bereich soll eine kommunale Selbstverwaltung für Stadt und Land geschaffen werden. Dies gelingt während Steins Zeit aber nur für die Städte.[37] Wichtig ist für unseren Zusammenhang, dass »alle [...] Reformgesetze von Mitarbeitern des verschiedensten

---

[34] Denkschrift Steins, S. 227.

[35] Vgl. Kurt v. Raumer, Zur Beurteilung der preußischen Reformen, in: Geschichte in Wissenschaft und Unterricht 18 (1967), S. 333-348. »Das Übergehen der Erneuerung in antifranzösische ›resistance‹ ist aufs stärkste zu betonen und eröffnet eigentlich erst das Verständnis für ihre geschichtliche Erscheinung.« (S. 337)

[36] Vgl. Marion Gray, Der Ostpreußische Landtag des Jahres 1808 und das Reformministerium Stein. Eine Fallstudie politischer Modernisation, in: Journal für die Geschichte Mittel- und Ostdeutschlands 26 (1977), S. 129-145.

[37] Vgl. Alfred Hartlieb von Wallthor, Der Freiherr vom Stein und die Selbstverwaltung, in: Westfälische Forschungen 15 (1962), S. 129-139. »Obwohl man Stein nicht einfach als ihren Schöpfer bezeichnen darf, weil die Vorarbeiten weit zurückreichen und der Anteil der Mitarbeiter sehr groß ist, wäre sie (die Städteordnung P.H.) ohne seine mitreißende Kraft nicht erlassen worden.« (S. 138)

Grades entworfen und ausgeführt sind, wobei Steins eigener Anteil oft schwierig zu bestimmen ist«.[38] Hier sind etwa die in Königsberg an der Philosophie Kants und der Wirtschaftstheorie Smith' geschulten Reformer, die Schrötter und Schön, zu erwähnen. Stein hat die Reformen also nicht alleine durchgeführt. Er war Teil einer Reformpartei.[39] Innerhalb dieser hat er aber durchaus eine führende Stellung eingenommen.[40]

Restauration: Revolutionäre Erhebung und romantische Rückwendung

Während Napoleons Grand Armée 1812 in Russland ihrem Untergang entgegen marschiert, entdecken wir unseren Freiherrn am Hof des russischen Zaren. Dieser hatte Stein im April zu sich geholt und mit der Gründung eines »deutschen Comites« beauftragt. Ziel des Comites soll die Agitation für einen deutschen Volksaufstand gegen die französischen Besatzer sein. Weiter sollen die deutschen Soldaten, die mit Napoleon nach Russland ziehen, zum Überlaufen gebracht werden, um eine deutsche Legion zu bilden. Nach einem Entwurf Steins entsteht ein »Aufruf an die Teutschen«, in dem es heißt: »Deutsche wählt, folgt dem Ruf Eures Beschützers, folgt dem Ruf des Vaterlandes, der Ehre, oder beugt Euch unter das Joch seines Unterdrückers und geht unter in Schande, Elend, Erniedrigung.«[41] Als Beschützer fungiert hier der russische Zar. Mit seiner Hilfe wird der Sieg über Napoleon in Aussicht gestellt. Im Rahmen einer europäischen ideengeschichtlichen Perspektive auf das Entstehen des Nationalismus ist daneben auch Steins Hinweis auf die spanische und portugiesische Erhebung gegen Napoleon interessant, die die deutsche Erhebung in einen größeren, europäi-

---

[38] Ritter, Stein, S. 182.
[39] Vgl. Reinhart Koselleck, Preußen zwischen Reform und Revolution. Allgemeines Landrecht, Verwaltung und soziale Bewegung 1791-1848, Stuttgart 1967. »Die Reformpartei, die sich innerhalb der preußischen Verwaltung seit langem schon in lockerer Weise zusammengefunden hatte, wurde von der Flut des Zusammenbruchs nach oben getragen.« (S. 153) Koselleck verweist ebenfalls auf den ideengeschichtlichen Einfluss von Kants »Metaphysik der Sitten«, in der Reformen zur Herstellung der bürgerlichen Gesellschaft vorgesehen sind, da diese den revolutionären Zufall ausschalten.
[40] Vgl. Kurt v. Raumer, Deutschland um 1800. Krise und Neugestaltung, Wiesbaden 1980. Raumer verweist auf das »Vulkanische« in Steins Gestalt. Dieses sei allerdings, durch das Nebeneinander von Altertümlichem und Progressivem in seiner Vorstellungswelt, zu einem »gemäßigten Liberal-Konservatismus abgeschwächt« worden. (S. 371)
[41] Entwurf Steins zu dem Aufruf »An die Deutschen sich unter den Fahnen des Vaterlandes und der Ehre zu sammeln«, ohne Datum, in: Erich Botzenhart (Hg.), Freiherr vom Stein. Briefwechsel, Denkschriften und Aufzeichnungen Bd. 4, Berlin 1933, S. 36. Vgl. auch die Druckfassung ebd., S. 37-38.

schen Kontext einreiht. »Erinnert Euch, dass Ihr seit Jahrhunderten in der Geschichte die Stelle eines grossen, in den Künsten des Krieges und des Friedens
sich auszeichnenden Volkes einnehmt, lernt aus dem neuesten Beyspiel der Spa-
nier und Portugiesen, was der kräftige Wille eines Volkes gegen den eingedrun-
genen übermüthigen, räuberischen Fremdling vermag.«[42] In dieser Zeit entsteht
auch eine Denkschrift Steins an den Zar Alexander I. In ihr äußert sich der Freiherr über eine künftige deutsche Verfassung. So schreibt er: »Könnte ich aber
einen Zustand wieder aus der Vergangenheit hervorrufen, so wäre es der unter
unseren grossen Kaysern des 10. bis 13. Jahrhunderts, welche die Deutsche Verfassung durch ihren Wink zusammenhielten und fremden Nationen Schutz und
Gesetze gaben.«[43] Dies ist Steins Verfassungsideal und wahrscheinlich der Ausdruck dessen, was er als Reichsritter unter Vaterland und Nation verstand. Hier
deutet sich im Übrigen bereits eine Wende zu einem romantischen Konservatismus an, mit seiner Verklärung mittelalterlicher Lebensformen. Angesichts der
offensichtlichen Hindernisse, die der Wiederherstellung dieses alten Zustandes
entgegenstehen, deutet Stein aber eine zweite Möglichkeit an. »Ist die Wiederherstellung der alten Monarchie unmöglich, so bleibt die Theilung Deutschlands
zwischen Oesterreich und Preussen der Wiederherstellung der alten Reichsverfassung vorzuziehen.«[44] Dies erinnert an die in der zweiten Hälfte der 1790er
Jahre unter dem Druck der Revolutionsarmeen entwickelten Ideen; es scheint
hier für Stein die einzig realistische Option zu sein.

Im Januar 1813 kommt es dann zur Konvention von Tauroggen, in der der
General Yorck, ohne Einwilligung des preußischen Königs, zu den russischen
Truppen überläuft. Der Zar wendet sich sofort mit einem Bündnisangebot an
Friedrich Wilhelm III. Doch in Berlin zögert man. So rücken die russischen
Truppen zusammen mit Yorcks Truppen ohne Bündnisabschluss am 20. Januar
1813 auf preußischen Boden vor. Stein wird zum Bevollmächtigten der russischen Okkupationsmacht ernannt. In Königsberg organisiert er mit Hilfe alter
Freunde aus der Reformpartei eine Ständeversammlung. Ähnliche Pläne hatte er
bereits in einer Denkschrift an den Zaren dargelegt. »Hat die Armee die Hauptstadt und den grössten Theil der Provinz besetzt, so geschieht die Anordnung
dieser Angelegenheiten mit Zuziehung der Regierung und der Stände der Pro-

---

[42] Ebd., 35.
[43] Denkschrift Steins für Alexander I., Petersburg, 17. September 1812, in: Botzenhart (Hg.), Freiherr
vom Stein Bd. 4, S. 94.
[44] Ebd., 95.

vinz, deren Zusammenberufung alsdann veranstaltet wird.«[45] Zu den Angelegenheiten der Ständeversammlung sollte der Beschluss zur Bildung einer Landwehr gehören.[46] Und die Ständeversammlung in Königsberg beschließt dann auch nach einigen Turbulenzen die Bewaffnung. Die preußische Insurrektion hatte begonnen, ohne dass der König in den Gang der Ereignisse einbezogen wurde – ein durchaus revolutionär zu nennendes Vorgehen Steins.[47] Am 19. März kommt es aber doch noch in Kalisch zum Bündnis zwischen Friedrich Wilhelm III. und dem Zaren. Acht Tage später erfolgt die Kriegserklärung an Frankreich. Auch in der Proklamation von Kalisch lässt sich Steins Einfluss erkennen. Dort heißt es zur Frage der deutschen Verfassung: »Je schärfer in seinen Grundzügen und Umrissen dies Werk heraustreten wird aus dem ureigenen Geiste des deutschen Volkes, desto verjüngter, lebenskräftiger und in Einheit gehaltener, wird Deutschland wieder unter Europens Völkern erscheinen können.«[48] Der Verfasser der Proklamation, Rehdiger, hatte von Stein den Auftrag erhalten. Vor allem die Betonung des ureigensten Geistes des deutschen Volkes und seiner Einheit dürfte auf Stein zurückgehen, und man wird in dieser Betonung des »Volksgeistes« vielleicht auch einen Einfluss von Herders Denken auf Stein vermuten können. Der in der Tradition der deutschen, nationalen politischen Geschichts-

---

[45] Denkschrift Steins für Alexander I., Petersburg 6./8. Dezember 1812, in: Botzenhart (Hg.), Freiherr vom Stein Bd. 4, S. 177.

[46] Ebd., S. 178, wo Stein die Bewaffnung darlegt. Vgl. Werner Gembruch, Krieg und Heerwesen im politischen Denken des Freiherrn vom Stein, in: Militärgeschichtliche Mitteilungen 9 (1971), S. 27-54 und Wolfgang Döring, Die Entwicklung der wehrpolitischen Ideen des Freiherrn vom Stein, in: Die Welt als Geschichte. Eine Zeitschrift für Universalgeschichte 6 (1940), S. 15-43.

[47] Vgl. dazu Heinz Kamnitzer, Stein und das »Deutsche Comite« in Rußland 1812 / 13, in: Zeitschrift für Geschichtswissenschaft 1 (1953), S. 50-92 aus marxistischer Perspektive und Ritter, Stein, S. 91 ff. Dazu Kurt v. Raumer, Die Autobiographie des Freiherrn vom Stein, in: Westfälische Forschungen 7 (1954), S. 14-61. Stein beschrieb die Erhebung aus der Erinnerung von 1823 wie folgt: »Der Entschluß des Königs und seines Volks bleibt in hohem Grad edel, es war vortrefflich an jenem, sich den Wünschen seines Volkes anzuschließen, heldenmüthig an diesem, mit Strömen von Blut seine alte Ehre und seine Selbständigkeit wieder zu erkämpfen; diese Gesinnung, diese hohe Begeisterung äußerte sich überall im Preußischen, und unter meinen Augen in Breslau auf eine herrliche seelenerhebende Art, zahlreiche ströhmten freywillig herbey, unter ihnen Jünglinge von 16 Jahren aus den Oberen Ständen, die freudig als Gemeine sich einstellten und den ganzen Krieg als solche dienten.« (S. 54)

[48] Proklamation von Kalisch, 25. März 1813, in: Ernst Rudolf Huber (Hg.) 1961: Dokumente der deutschen Verfassungsgeschichte Bd. 1, Stuttgart 1961, S. 73.

schreibung stehende Gerhard Ritter sieht in der Proklamation den Höhepunkt von Steins politischem Schaffen.[49]

Nach dem Sieg über Napoleon erfolgen auf dem Wiener Kongress 1814/1815 die Verhandlungen über die Neuordnung Europas. Die deutsche Frage ist in diesen größeren Zusammenhang eingebettet. Stein hat dabei einerseits über den Zaren und über Humboldt und Hardenberg Einfluss auf die offiziellen Verhandlungen. Andererseits steht er in enger Verbindung mit dem im Dezember 1813 gegründeten Verein der Mediatisierten. Zwischen diesen Lagern schwankt er dann auch hin und her. Zuletzt begibt er sich aber auf die Seite der Mediatisierten, zu deren Lager er ja durch sein Reichsrittertum und den Besitz an der Lahn gehört. In einer Erwiderung auf Humboldt fordert er für die Reichsritterschaft: »a) erbliche Landstandschaft als ritterschaftliche Corporation, die mit dem adlichen Gutsbesitz in dem ganzen ständische Verfassung haben – den Deutschland von jeher verbunden war; b) Autonomie in seinen Familien Verhältnissen; c) privilegirten Gerichtsstand; d) Patrimoniale Gerichtsbarkeit; e) ermässigte Abgaben Bestimmung; f) Aufhebung des Lehnsverbands als eine Entschädigung für die ungeheuren Lasten, so man dem Adel aufgebürdet und die grossen Vorrechte, so er verloren hat.«[50] Stein unterstützte daneben bereits im November 1814 eine Protesterklärung der Mediatisierten, in der diese die Wiederherstellung des Kaiserreichs verlangten. Und in einer Denkschrift im Februar 1815 fordert er dann selbst die Erneuerung des Kaiserreichs. Dort schreibt er zur Rolle des Kaisers: »Les droits honorifiques des L'empereur sont le titre imperial, sa qualite de chef hereditaire et de la federation, tous le actes legislatifs et judiciaires passent en son nom.«[51] Die Kaiserkrone soll den Habsburgern angetragen werden. Mit dieser Wendung stößt Stein natürlich auf keine Unterstützung bei den preußischen Gesandten Humboldt und Hardenberg, die, wie wir gesehen haben, weiterhin liberalen Reformen zuneigen und zudem die preußischen Interessen vertreten – zumal er versucht, den Zaren für seine Pläne einzuspannen. In seinem Tagebuch

---

[49] Vgl. Ritter, Stein, S. 437. »Niemals wieder sind die verbündeten Monarchen den Hoffnungen und Wünschen der deutschen Nation so weit entgegengekommen wie in diesen beiden Sätzen auf die man sich in der Reaktionsperiode nach 1815 unzählige Male berufen hat. Insofern bezeichnet die Kalischer Proklamation einen Höhepunkt im Leben Steins: einen Höhepunkt seines Einflusses auf die große Politik.«

[50] Bemerkungen Steins über Humboldts Entwurf einer Bundesverfassung, Wien, 26./29. Dezember 1814, in: Erich Botzenhart (Hg.), Freiherr vom Stein. Briefwechsel, Denkschriften und Aufzeichnungen Bd. 5, Berlin 1933, S. 109.

[51] Denkschrift Steins, Wien, 17. Februar 1815, in: Botzenhart (Hg.), Freiherr vom Stein Bd. 5, S. 144.

hat er für den 17. Februar eingetragen: »Unterredete mich mit dem Kaiser [Zar, P.H.] über die Nothwendigkeit, die kaiserliche Würde wiederherzustellen. Ich stellte ihm alles vor, was in meinem Memoire enthalten ist, und er sah es lebhaft ein, äusserte, erst der Zustimmung des Königs von Preussen gewiss sein zu wollen.«[52] Der letzte Satz zeigt jedoch an, dass Steins Plan nicht durchführbar war. Mit seiner romantischen Rückwendung hin zur ständischen Gesellschaftsordnung vor der Revolution hat sich Stein ins politische Abseits manövriert.[53] Er zieht sich dann auch bald aus der großen Politik zurück. Der Wiener Kongress hat später zwar die Restauration eingeleitet, aber diese war eher ein autoritärer Stillstand. Was Stein wollte, war der Weg zurück. Dieser romantische Konservatismus war politisch nicht durchsetzbar. Er hat allerdings dann in der deutschen Geistesgeschichte durch die Politische Romantik enorme Wirkung gewonnen.

Zuletzt ein romantischer Konservativer

Ich habe versucht zu zeigen, wie Steins politische Vorstellungswelt durch die großen revolutionären Kräfte, die industrielle Revolution und vor allem die Französische Revolution, in Bewegung gerät. Er wird durch die Französische Revolution politisiert und entwickelt in der Auseinandersetzung mit ihr und im Austausch mit seinen Studienfreunden, den Hannoveraner Frühkonservativen Rehberg und Brandes, sowie mit Gentz einen rationalen Reformkonservatismus, der sich mit einer zunehmend radikaleren, antifranzösischen nationalistischen Haltung verbindet, die schließlich in der Idee einer offensiven Nationalisierung und den Befreiungskriegen mündet. Der Reformkonservatismus zeigt sich insbesondere an der Verknüpfung von alter, ständischer Repräsentation und modernem, bürokratischem Einheitsstaat während der Reformzeit. Solange die französische Besatzung anhält, überwiegen die progressiven Elemente in Steins Vorstellungswelt. Sein Vorgehen bei der preußischen Erhebung lässt geradezu auf eine

---

[52] Tagebuchaufzeichnungen Steins während des Wiener Kongresses, in: Botzenhart (Hg.), Freiherr vom Stein Bd. 5, S. 215.

[53] Vgl. dazu Ernst Anrich, War Stein Romantiker?, in: Historische Zeitschrift 153 (1936), S. 290-305 und Kurt v. Raumer, Der Freiherr vom Stein und Goethe, in: Historische Zeitschrift 201 (1965), S. 13-56. Raumer erklärt, man dürfe nicht das »konservative Fluidum« übersehen, das Goethe und Stein im Zeitalter der Restauration umgab »und insbesondere Stein von der Dynamik seiner Jugend und Reformzeit zu trennen scheint«. (S. 54). Vgl. außerdem dazu den Sammelband Heinz Duchhardt (Hg.), Stein. Die späten Jahre des preußischen Reformers 1815-1831, Göttingen 2007.

verspätete kurzzeitige Revolutionierung Steins in nationalistischer Absicht schließen.

Als dann aber der Druck der revolutionären Kräfte durch die Niederlage Napoleons aufgehoben ist, treten die rückwärtsgewandten Elemente in seinem Denken zunehmend in den Vordergrund. Mit seiner Vorliebe für das Alte Reich unter den deutschen Kaisern des Mittelalters, seiner Betonung des ständisch-nationalen Gemeingeistes und seinem Einsatz für die Reichsritterschaft entpuppt sich Stein so am Ende als Vertreter eines romantischen Konservatismus, dem Adam Müller bereits 1809 in seinen »Elementen der Staatskunst« theoretisch Ausdruck verliehen hatte.[54] Stein, der am Ende romantisch-konservative politische Praktiker, und Müller, der romantisch-konservative politische Theoretiker, repräsentieren so auf ihre je eigene Weise die finale Kristallisation des deutschen Konservatismus nach 1789.

---

[54] Vgl. Adam Müller, Elemente der Staatskunst, 3 Bde., Berlin 1809.

16. Schluss

In einer der großen Reflexionspassagen, die Leo Tolstois »Krieg und Frieden« durchziehen, wird von der auf die Französische Revolution folgenden Zeit der napoleonischen Eroberungen und Kriege gesagt: »Die Erzählungen und Schilderungen aus jener Zeit reden alle ohne Ausnahme nur von der Opferwilligkeit, der Vaterlandsliebe, der Verzweiflung, dem Gram und der Heldenhaftigkeit [...]. In Wirklichkeit aber verhielt sich das anders. Jene Vorstellung haben wir nur deswegen, weil wir von der Vergangenheit nur die allgemeinen welthistorischen Bestrebungen jener Zeit sehen und nicht alle die persönlichen, menschlichen Interessen, welche die Leute hatten. Und doch wird in Wirklichkeit das allgemeine Streben durch die persönlichen Interessen der Gegenwart in solchem Maß an Bedeutung übertroffen, daß es sich durch diese hindurch niemals fühlbar macht und überhaupt nicht zu bemerken ist. Der größte Teil der damals lebenden Menschen wandte dem allgemeinen Gang der Dinge gar keine Aufmerksamkeit zu, sondern ließ sich nur durch die persönlichen Interessen der Gegenwart leiten. Und die Tätigkeit gerade dieser Menschen war in jener Zeit das nützlichste. Diejenigen dagegen, die den allgemeinen Gang der Dinge zu verstehen suchten und mit Selbstaufopferung und Heldenhaftigkeit dabei mitwirken wollten, waren die nutzlosesten Mitglieder der Gesellschaft; sie sahen alles verkehrt, und alles, was sie taten, um zu nützen, stellte sich als nutzloser Unsinn heraus [...]. Bei historischen Ereignissen zeigt sich klarer als sonstwo, wie richtig das Verbot ist, vom Baum der Erkenntnis zu essen. Nur die unbewußte Tätigkeit bringt Früchte, und diejenigen Menschen, die bei einem historischen Ereignis eine Rolle spielen, verstehen niemals dessen Bedeutung. Wenn sie sie zu begreifen suchen, wird ihre Tätigkeit unfruchtbar.«[1] Tolstoi hat sicher damit Recht, dass der überwiegende Teil der Menschen zu allen Zeiten sich mit den alltäglichen persönlichen Dingen befasst und nicht mit den allgemeinen welthistorischen Bestrebungen, und dass daran nichts Verwerfliches ist, sondern dass das ganz natürlich und nützlich ist, damit das alltägliche Leben weitergehen kann. Aber seine Verurteilung derjenigen, die sich um ein Verstehen ihrer Zeit bemühen und an ihrer Gestaltung mit-

---

[1] Leo Tolstoi, Krieg und Frieden, Frankfurt/M. 2001, S. 1633 f.

zuwirken hoffen, lässt einen Fatalismus durchscheinen, der übertrieben wirkt.[2]
Damit soll im Umkehrschluss nicht gesagt sein, dass die in dieser Studie untersuchten Individuen, die am allgemeinen Gang der politischen Entwicklungen der
damaligen Zeit durch ihre Schriften Anteil nahmen oder ihn aktiv zu beeinflussen suchten, immer alles durchschaut oder alles vollständig in ihrer Gewalt gehabt hätten. Vielmehr hatte ich auf die strukturellen Kräfte und Zwänge hingewiesen, die ihr Denken und Handeln bestimmt haben. Daneben habe ich bei
Gelegenheit versucht, persönliche Antriebe und Leidenschaften hervorzuheben,
und es darf sicherlich auch mit dem Auftreten nichtintendierter Handlungsfol-
gen gerechnet werden. Aber es hat sich doch ebenfalls gezeigt, dass diese Individuen durch explizit geäußerte und begründete politische Ideen zum Handeln
motiviert wurden und dass dies, wenn sie eine einflussreiche Stellung einnehmen
konnten, zur Herausbildung von politischen Strömungen beziehungsweise zu
institutionellem Wandel führte. Und dies konnte wiederum durchaus nützliche
Folgen zeitigen, wenn wir hier einmal als solche einen progressiven Wandel zu
mehr Freiheit und Gleichheit verstehen wollen: Humboldts Initialisierung des
deutschen Frühliberalismus und seine Bildungsreform oder Forsters Eintreten
für die Mainzer Republik und sein Einfluss auf die Radikalisierung des romantischen Republikanismus kann man hier einordnen, aber auch Steins Reformen in
Preußen. Der gleiche Vorgang konnte allerdings selbstverständlich auch eher
reaktionäre, restaurative Folgen haben: Gentz' Tätigkeit im Regime Metternichs
oder Steins romantische Rückwendung zum Alten Reich können wohl für diese
Tendenz angeführt werden.

Ich hatte zu Beginn vor diesem sozialontologischen Hintergrund die zentrale
These aufgestellt, dass am Anfang des modernen politischen Denkens in
Deutschland die Französische Revolution steht, wenn auch langfristige strukturelle Entwicklungen wie die Herausbildung des modernen Staates und der bürgerlichen Gesellschaft sowie die Aufklärung das politischen Denken nach 1789
vorbereiten. Erst nach der Revolution kristallisieren sich die politischen Strömungen des Liberalismus, Republikanismus und Konservatismus in Deutschland
in Reaktion auf das epochale Ereignis der Französischen Revolution vollständig
heraus. Erst hier wird die Wahl zwischen Reform, Revolution und Restauration
zum unausweichlichen zentralen politischen Thema. Wer überhaupt politisch
dachte, musste sich nun gegenüber diesen Optionen positionieren. Während die

---

[2] Vgl. zu Tolstois Fatalismus Isaiah Berlin, Der Igel und der Fuchs, in: ders., Russische Denker, Frank-
furt/M. 1981, S. 51-123.

Liberalen wie Humboldt und Hegel auf Reformen setzten und zunächst die bürgerlichen, negativen Freiheiten konstitutionell in einer immer noch monarchischen Verfassung absichern wollten, drängten die Republikaner in zunehmender
Radikalisierung von Kant zu Schlegel auf eine Insurrektion, um die demokratische Republik einzuführen, denn der Republikanismus war nach dem Verständnis des jungen Schlegel »notwendig demokratisch«. Allerdings zeigt sich damit
auch, dass man innerhalb der drei Strömungen noch einmal differenzieren muss
und dass es in den 1790er Jahren einen reformistischen, rationalistischen und
einen revolutionären, perfektionistischen Republikanismus in Deutschland gab.
Desgleichen reagierte der Konservatismus zunächst, wie wir am Beispiel Goethes
gesehen haben, auf die Revolution mit einer vehementen Ablehnung und einem
Bestreben, an die ständische politische Tradition des Reichs anzuknüpfen. Er
differenzierte in sich selbst dann aber eine Fraktion des Reformkonservatismus
aus, die durchaus in Parallelität zum Liberalismus kantianische Momente der
Begründung von Recht und Freiheit aufnahm – kaum allerdings solche der politischen Gleichheit, wie wir bei Gentz gesehen haben – und sie im Zuge einer
defensiven Modernisierung umzusetzen suchte. Bei Stein konnten wir jedoch
sehen, wie sich der Konservatismus nach der Befreiung von der französischen
Besatzung in einer romantischen, restaurativen Rückwendung zunehmend wieder an den vorrevolutionären ständischen Freiheiten und Privilegien orientierte.
  Ich hatte allerdings auch darauf verwiesen, dass gegen die hier vertretene zentrale These des Anfangs mit der Französische Revolution in der Forschung prominente alternative Erklärungsmodelle vorhanden sind, denen zufolge – wie wir
im letzten Kapitel gesehen haben – am Anfang der politischen Moderne in
Deutschland tatsächlich erst Napoleon stehe oder der Reformer Stein beziehungsweise die deutsche Nationalbewegung als Resultat der Befreiungskriege, die
maßgeblich durch Stein initiiert wurden.[3] Als Ergebnis dieser Untersuchung lässt
sich dagegen jedoch festhalten, dass es sich dabei um eine Nationalisierung der
drei hier untersuchten politischen Strömungen nach 1800 handelt, die sich als
solche aber bereits nach 1789 herauskristallisiert hatten. Die zweite These dieser

---

[3] Vgl. wie bereits erwähnt Thomas Nipperdey, Deutsche Geschichte 1800-1866. Bürgerwelt und
starker Staat, München 1983, mit seiner berühmten Eröffnung »Am Anfang war Napoleon« und zum
nationalistischen Stein-Bild Werner Gembruch, Nationalistische und personalistische Tendenzen in
der Stein-Historiographie, in: Nassauische Annalen 90 (1979) S. 81-97, sowie Heinz Duchhardt,
Karl Teppe (Hg.), Karl von und zum Stein: der Akteur, der Autor, seine Wirkungs- und Rezeptionsgeschichte, Mainz 2003.

Untersuchung hatte daher darauf abgezielt, dass wir eine Transformation von einer eher kosmopolitischen Ausrichtung der drei politischen Strömungen nach 1789 hin zu einer nationalistischen Ausrichtung als Reaktion auf die napoleonische Eroberung nach 1800 beobachten können.

In einer Synthese der beiden Thesen dieser Untersuchung können wir also als Gesamtergebnis festhalten, dass sich mit Liberalismus, Republikanismus und Konservatismus nach 1789 drei zunächst eher kosmopolitisch ausgerichtete politische Strömungen in Deutschland herausbilden, die sich nach 1800 als Reaktion auf die napoleonische Eroberung nationalisieren. Für diesen Befund sprechen auch statistische Untersuchungen, die durch eine Erhebung der Häufigkeit signifikanter Begriffe wie »Nation«, »Volk« oder »Vaterland« in zeitgenössischen Zeitschriften zu ähnlichen Ergebnissen gelangen.[4]

Diese Transformation vom Kosmopolitismus zum Nationalismus verläuft dabei je nach politischer Strömung in spezifischer Weise. Wie ich gezeigt hatte, wandelt sich der Liberalismus von Humboldts individualistisch-humanistischem negativen Freiheitsbegriff, der gegen den Staat eine Sphäre individueller Selbstbildung abgrenzen soll, hin zu Hegels sozialem Freiheitsbegriff, der als theoretischer Ausdruck der preußischen Reformbestrebungen der 1810er Jahre die bürgerliche Freiheit erst im Nationalstaat sich verwirklichen sieht. Der Republikanismus koppelt nach 1789 zunächst seinen positiven politischen Freiheitsbegriff an eine kosmopolitische republikanische Verfassung, die entweder, wie bei Kant und Schlegel, sowohl auf der Ebene der Einzelstaaten als auch des internationalen Systems eine Republikanisierung impliziert oder, wie bei Forster, eine Vereinigung der deutschen mit den französischen Republikanern. Fichte transformiert dann nach 1800 in Reaktion auf die napoleonische Eroberung diesen kosmopolitischen Republikanismus in einen nationalistischen Republikanismus, indem er das deutsche Volk als ein »Urvolk« betrachtet, das aufgrund seines kulturellen Charakters anders als die latinisierten Völker wahrhaft zur Republik befähigt sei. In einer für die damalige Zeit und Fichtes eigene frühere Position seltsamen Begriffsverwendung wird ihm dabei nun das eigentlich noch nicht den moder-

---

[4] Vgl. Helga Schultz, Mythos und Aufklärung. Frühformen des Nationalismus in Deutschland, in: Historische Zeitschrift 263 (1996), S. 31-67. Vgl. auch die Erhebungen zur Zahl der Übersetzungen französischer Schriften über die Revolution in Deutschland nach 1789, die Mitte der 1790er Jahre einen Höhepunkt erreichte und dann nach 1800 stark abfiel, bei Rolf F. Reichardt, Das Blut der Freiheit. Französische Revolution und demokratische Kultur, Frankfurt/M. 1998, S. 290-303.

nen republikanischen Anforderungen der Französischen Revolution entsprechende alte Deutsche Reich zur wahren Republik. Schließlich haben wir gesehen, wie Goethes auf das alte Reich mit seinem Vielvölkergemisch, seiner Vielstaaterei, seinen ständischen Freiheiten und Privilegien gerichteter kosmopolitischer Konservatismus zunächst von Gentz in einen auf den nationalen Einzelstaat als Akteur im internationalen Machtkampf gerichteten rationalen Reformkonservatismus umgewandelt wird. Der Freiherr vom Stein gibt diesem bei Gentz noch sehr kühlen und realistischen Fokus auf den rational reformierten Einzelstaat dann ab 1806 als Reaktion auf die napoleonische Besatzung eine leidenschaftliche und offensiv nationalistische Tendenz. Das Gesamtergebnis dieser Untersuchung lässt sich daher wie folgt in einer Typologie abbilden:

	Liberalismus	*Republikanismus*	*Konservatismus*
Kosmopolitismus	Humboldt	Kant Forster Schlegel	Goethe
Nationalismus	Hegel	Fichte	Gentz Stein

Was folgt aus den so präsentierten Ergebnissen dieser Studie für unser Bild der Geschichte des modernen politischen Denkens in Deutschland und darüber hinaus der modernen deutschen Geschichte generell? Für eine abschließende Antwort möchte ich an Überlegungen von Georg Schmidt anschließen, der im Hinblick auf die deutsche Geschichte seit der Aufklärung von einer ersten, zweiten und dritten Moderne gesprochen hat. Schmidt sieht im »komplementären Reichsstaat« der deutschen Aufklärung des 18. Jahrhunderts, der durch seine Einbeziehung vieler Einzelstaaten die Abschließung des Nationalstaats noch nicht kannte, eine erste Moderne. Auf diese erste Moderne folge ab 1830 bis in die 1970er Jahre die nationalstaatliche verfasste zweite Moderne. Diese werde seit den 1970er Jahren von einer dritten Moderne abgelöst, die neue, die Nationalstaaten übergreifende politische Verfassungen kenne und dadurch an die erste Moderne anknüpfe.[5] Das ist eine ungemein anregende Perspektive, die einen neuen Blick auf die deutsche Geschichte und die politische Ideengeschichte ermöglicht. Strittig scheint mir aber zu sein, ob man den Reichsstaat des 18. Jahr-

---

[5] Vgl. Georg Schmidt, Wandel durch Vernunft. Deutsche Geschichte im 18. Jahrhundert, München 2009, S. 14f.

hunderts schon als in vollem Sinne modern betrachten kann, fehlen ihm doch noch wesentliche Verfassungsprinzipien wie die Volkssouveränität und die Menschen- und Bürgerrechte, die erst mit der Französischen Revolution prägende Kraft gewinnen und ohne die Schmidts dritte Moderne heute jede Legitimität einbüßen würde.

Unstrittig scheint mir dagegen eine Position zu sein, die behauptet, dass das politische Denken nach 1789 in Deutschland bereits grundlegend moderne Züge aufweist; und vor allem im damaligen Liberalismus und Republikanismus, aber in Teilen auch im rationalen Reformkonservatismus eines Gentz und Stein, sind die genannten wesentlichen politischen Prinzipien der Moderne bereits deutlich zu erkennen. So kann man in Abwandlung von Schmidts Einteilung sagen, dass wir nach 1789 eine erste, kosmopolitische Moderne im politischen Denken in Deutschland erkennen können, die dann nach 1800 von einer zweiten, nationalistischen Moderne abgelöst wird beziehungsweise im politischen Kampf mit dieser unter dem Druck der Ereignisse unterliegt. Nach den beiden Weltkriegen, seit der Gründung der Vereinten Nationen und der Europäische Union sowie im Zuge der Globalisierung scheint jedoch in einer dritten Moderne wieder an den Kosmopolitismus der ersten kosmopolitischen Moderne nach 1789 angeschlossen zu werden – und zwar in allen politischen Strömungen, im Liberalismus, Republikanismus und sogar im Konservatismus. Keine dieser Strömungen scheint sich dieser so beschriebenen ideengeschichtlichen Entwicklung heute entziehen zu können.[6]

Aus dieser Perspektive können wir das politische Denken in Deutschland zwischen 1789 und 1820 daher auch deshalb als ein Laboratorium der Moderne verstehen, weil hier auf dem Boden einer ersten Moderne mit zwei alternativen Konzepten oder Möglichkeiten der Zukunft dieser Moderne experimentiert wurde: mit einer kosmopolitischen und einer nationalistischen Moderne. Wenn das zutrifft, dann kann diese Epoche des politischen Denkens in Deutschland durchaus eine paradigmatische, weltgeschichtliche Bedeutung für die moderne politische Ideengeschichte reklamieren.

---

[6] Vgl. etwa die positive Anknüpfung an die Mainzer Republik des der CDU angehörenden Bundestagspräsidenten Norbert Lammert: Sie gingen voran, in: Die Zeit, Nr. 13, 21.3.2013, S. 21.

Literatur

Gottfried Achenwall, Johann Stephan Pütter (1750), Anfangsgründe des Naturrechts, hg. v. Jan Schröder, Frankfurt/M. 1995.

Wolfgang Albrecht, Den einen Wahrheitssucher, den anderen Irreführer. Zeitschriftenmaterialien zur Wirkung Lessings im Jahrzehnt seines Todes, in: Lessing Yearbook 23 (1991), S. 1-67.

Peter-André Alt, Schiller. Leben – Werk – Zeit. Eine Biographie, 2 Bde., München 2000.

Peter-André Alt, Aufklärung, Stuttgart 2001.

Claus Altmayer, Aufklärung als Popularphilosophie. Bürgerliches Individuum und Öffentlichkeit bei Christian Garve, Saarbrücken 1992.

Benedict Anderson, Imagined Communities. Reflections on the Origin and Spread of Nationalism, London 1992.

Ernst Anrich, War Stein Romantiker?, in: Historische Zeitschrift 153 (1936), S. 290-305.

Reinhold Aris, History of Political Thought in Germany from 1789 to 1815, New York 1968 (1936).

Aristoteles, Politik, hg. v. Olof Gigon, München 1998.

Olaf Asbach, Von der Geschichte politischer Ideen zur »History of Political Discourse«? Skinner, Pocock und die Cambridge School, in: Zeitschrift für Politik 12 (2002), S. 637-667.

Olaf Asbach, Die Zähmung der Leviathane. Die Idee einer Rechtsordnung zwischen Staaten bei Abbé de Saint-Pierre und Jean-Jacques Rousseau, Berlin 2002.

Shlomo Avineri, Hegels Theorie des modernen Staates, Frankfurt/M. 1976.

Wilfried Barner, Gunter E. Grimm, Helmuth Kiesel, Martin Kramer, Lessing. Epoche, Werk, Wirkung, München, 6. Auflage 1998.

Frederick M. Barnard, Herder's Social and Political Thought. From Enlightenment to Nationalism, Oxford 1965.

Frederick M. Barnard, Herder on Nationality, Humanity, and History, Montreal 2003.

Hans Baron, The Crisis of the early Italian Renaissance, 2 Bde., Princeton 1966.

Zwi Batscha, Gesellschaft und Staat in der politischen Philosophie Fichtes, Frankfurt/M. 1970.

Zwi Batscha, Richard Saage (Hg.), Friedensutopien. Kant, Fichte, Schlegel, Görres, Frankfurt/M. 1979.

Zwi Batscha, Studien zum deutschen Frühliberalismus, Frankfurt/M. 1981.

Zwi Batscha, Jörn Garber, Einleitung, in: dies. (Hg.), Von der ständischen zur bürgerlichen Gesellschaft. Politisch-soziale Theorien im Deutschland der zweiten Hälfte des 18. Jahrhunderts, Frankfurt/M. 1981, S. 9-38.

Franz J. Bauer, Das »lange« 19. Jahrhundert. Profil einer Epoche (1789-1917), Stuttgart 2004.

Alexander Gottlieb Baumgarten (1750), Theoretische Ästhetik. Die grundlegenden Abschnitte aus der »Aesthetica«, Hamburg 1988.

Jakob Baxa, Adam Müller. Ein Lebensbild aus den Befreiungskriegen und aus der deutschen Restauration, Jena 1930.

Christopher A. Bayly, Die Geburt der modernen Welt. Eine Globalgeschichte 1780-1914, Frankfurt/M. 2006-

Ernst Behler, Friedrich Schlegel, Hamburg 1966.

Ernst Behler (Hg.), Die Europäische Romantik, Frankfurt/M. 1972.

Walter Benjamin (1919), Der Begriff der Kunstkritik in der deutschen Romantik, hg. v. Christoph Gödde und Henri Lonitz, Frankfurt/M. 2008.

Arthur Benz, Der moderne Staat. Grundlagen der politologischen Analyse, München 2008.

Reinhard Brandt, Das Erlaubnisgesetz, oder: Vernunft und Geschichte in Kants Rechtslehre, in: ders. (Hg.), Rechtsphilosophie der Aufklärung, Berlin 1982, 223-285.

Richard Brinkmann et al., Deutsche Literatur und Französische Revolution. Sieben Studien, Göttingen 1974.

Frederick Beiser, Enlightenment, Revolution, and Romanticism. The Genesis of Modern German Political Thought 1790-1800, Harvard 1992.

Frederick Beiser, Schiller as Philosopher: A Re-Examination, Oxford 2008.

Ernst Bergmann, Fichte und der Nationalsozialismus, Breslau 1933.

Isaiah Berlin, Der Igel und der Fuchs, in: ders., Russische Denker, Frankfurt/M. 1981, S. 51-123.

Isaiah Berlin, Der Magus in Norden. J.G. Hamann und der Ursprung des modernen Irrationalismus, Berlin 1995.

Isaiah Berlin, Three Critics of the Enlightenment. Vico, Hamann, Herder, Princeton 1997.

Isaiah Berlin, Die Wurzeln der Romantik, Berlin 2004.

Arnold Berney, August Ludwig von Schlözers Staatsauffassung, in: Historische Zeitschrift 132 (1925), S. 43-67.

Arnold Berney, Reichstradition und Nationalstaatsgedanke 1789-1815, in: Historische Zeitschrift 140 (1929), S. 57-86.

T.C.W. Blanning, Reform and Revolution in Mainz 1792-1803, Cambridge 1983.

Werner K. Blessing, Gedrängte Evolution. Bemerkungen zum Erfahrungs- und Verhaltenswandel in Deutschland um 1800, in: Helmut Berding, Etienne Francois, Hans-Peter Ullmann (Hg.), Deutschland und Frankreich im Zeitalter der Französischen Revolution, Frankfurt a. M 1989., S. 426-451.

Harald Bluhm, Jürgen Gebhardt (Hg.), Politische Ideengeschichte im 20. Jahrhundert. Konzepte und Kritik, Baden-Baden 2006.

Harald Bluhm, Politische Ideengeschichte im 20. Jahrhundert. Einleitung, in: ders., Jürgen Gebhardt (Hg.), Politische Ideengeschichte im 20. Jahrhundert. Konzepte und Kritik, Baden-Baden 2006, S. 9-30.

Jean Bodin (1576), Sechs Bücher über den Staat, München 1983 / 1986.

Hans Erich Bödeker, The Concept of the Republic in Eighteenth-Century German Thought, in: Jürgen Heideking, James A. Henretta (Hg.), Republicanism and Liberalism in America and the German States 1750-1850, Cambridge 2004.

Martin Bollacher, Lessing: Vernunft und Geschichte. Untersuchungen zum Problem religiöser Aufklärung in den Spätschriften, Tübingen 1973.

Martin Bollacher, Geschichte und Aufklärung. Über den Begriff der Vernunft in Lessings Spätwerk, in: Tijdschrift voor de Studie van de Verlichting en van het Vrije Denken 10 (1982), S. 127 – 140.

Dieter Borchemeyer, Goethe, in: Etienne Francois, Hagen Schulze (Hg.), Deutsche Erinnerungsorte Bd. 1, München 2003, S. 187-206.

Angela Borgstedt, Das Zeitalter der Aufklärung, Darmstadt 2004.

L.E. Borowski, R.B. Jachmann und A. Ch. Wasianski, Immanuel Kant. Sein Leben in Darstellungen von Zeitgenossen, Darmstadt 1974.

Tilman Borsche, Wilhelm von Humboldt, München 1990.

Erich Botzenhart (Hg.), Freiherr vom Stein. Briefwechsel, Denkschriften und Aufzeichnungen, 7 Bde., Berlin 1931-1937.

Nicolas Boyle, Goethe. Der Dichter in seiner Zeit, 2 Bde., Frankfurt/M. 2004.

Max Braubach, Von der Französischen Revolution zum Wiener Kongreß, in: Herbert Grundmann (Hg.), Gebhardt. Handbuch der deutschen Geschichte Bd. 3, Stuttgart 1970, S. 2-94.

Dietrich Brenner, Bildung, Wissenschaft und Universitätsunterricht, in: Erhard Wicke (Hg.), Menschheit und Individualität. Zur Bildungstheorie und Philosophie Wilhelm von Humboldts, Weinheim 1997, S. 131-150.

Cay von Brockdorff, Schiller als Philosoph, in: Zeitschrift für philosophische Forschung 4 (1950), S. 97-110.

Rüdiger Bubner, Hegels Staatsbegriff, in: ders., Polis und Staat. Grundlinien der Politischen Philosophie, Frankfurt/M. 2002, S. 153-173.

Susan Buck-Morss, Hegel und Haiti, Berlin 2011.

Manfred Buhr, Gerd Irrlitz, Der Anspruch der Vernunft. Die klassische bürgerliche deutsche Philosophie als theoretische Quelle des Marxismus, Bd. 1, Berlin 1968.

Jacob Burckhardt, Weltgeschichtliche Betrachtungen, Stuttgart 1955.

Peter Burg, Kant und die Französische Revolution, Berlin 1974.

Edmund Burke, Betrachtungen über die französische Revolution. Nach dem Englischen des Herrn Burke neu bearbeitet, mit einer Einleitung, Anmerkungen, politischen

Abhandlungen und einem Verzeichnis der in England über diese Revolution erschienenen Schriften von Friedrich Gentz. In Zwei Theilen, Neue Auflage, Berlin
1794.

Peter Burke, Was ist Kulturgeschichte?, Frankfurt/M. 2005.

Daniel L. Byman, Kenneth M. Pollack, Let Us Now Praise Great Man. Bringing the Statesman Back In, in: International Security 25 (2001), S. 107-145.

Johann Heinrich Campe (1790), Briefe aus Paris, während der französischen Revolution
geschrieben, Berlin 1961.

Ernst Cassirer, Freiheit und Form. Studien zur deutschen Geistesgeschichte, Darmstadt
1961.

Ernst Cassirer, Philosophie der Aufklärung, Hamburg 2007 (1932).

Ernst Cassirer, Kant und Rousseau, in: ders., Über Rousseau, hg. v. Guido Kreis, Berlin
2012.

Francis Cheneval, Philosophie in weltbürgerlicher Bedeutung. Über die Entstehung und
die philosophischen Grundlagen des supranationalen und kosmopolitischen Denkens der Moderne, Basel 2002.

Gordon A. Craig, Ein deutscher Jakobiner. Georg Forster, in: Ders., Die Politik der Unpolitischen. Deutsche Schriftsteller und die Macht 1770-1871, München 1993, 39-58.

Friedrich Christoph Dahlmann, Ein Wort über Verfassung, in: ders., Kleine Schriften und
Reden, Stuttgart 1886.

Ute Daniel, Kompendium Kulturgeschichte. Theorien, Praxis, Schlüsselwörter, Frank-
furt/M. 2001.

Otto Dann, Die Anfänge der politischen Vereinsbildung in Deutschland, in: Ulrike Engelhardt, Volker Sellin, Horst Stuke (Hg.), Soziale Bewegung und politische Verfassung,
Stuttgart 1976, S. 197-232.

Otto Dann, Kant's Republicanism and Its Echoes, in: Jürgen Heideking, James A. Henretta (Hg.), Republicanism and Liberalism in America and the German States 1750-
1850, Cambridge 2004, S. 53-72.

Donald Davidson, Handlungen, Gründe, Ursachen, in: ders., Handlung und Ereignis,
Frankfurt/M. 1990, S. 19-42.

Walter Demel, Vom aufgeklärten Reformstaat zum bürokratischen Absolutismus, München 1993.

Walter Demel, Reich, Reformen und sozialer Wandel 1763-1806. Gebhardt. Handbuch
der deutschen Geschichte Bd. 12, Stuttgart 2005.

Horst Dippel, Germany and the American Revolution 1770-1800. A Sociohistorical Investigation of Late Eigteenth-Century Political Thinking, Wiesbaden 1973.

Horst Dippel, Georg Forster und England: Weltläufigkeit und Tradition im Denken des
Forschers und Revolutionärs, in: Georg-Forster-Studien 1 (1997), 101-124.

Horst Dippel, Die englischen Wurzeln des amerikanischen Republikanismus und seine Auswirkungen auf Europa, in: Helmut Reinalter (Hg.), Republikbegriff und Republiken seit dem 18. Jahrhundert im europäischen Vergleich, Frankfurt/M. 1999, S. 27-46.

Wolfgang Döring, Die Entwicklung der wehrpolitischen Ideen des Freiherrn vom Stein, in: Die Welt als Geschichte. Eine Zeitschrift für Universalgeschichte 6 (1940), S. 15-43.

Jacques Droz, L'Allemagne et la revolution francaise, Paris 1949.

Franz Dumont, Georg Forster als Demokrat, in: Georg-Forster-Studien 1 (1997), S. 125-153.

Heinz Duchhardt, Karl Teppe (Hg.), Karl von und zum Stein: der Akteur, der Autor, seine Wirkungs- und Rezeptionsgeschichte, Mainz 2003.

Heinz Duchhardt (Hg.), Stein. Die späten Jahre des preußischen Reformers 1815-1831, Göttingen 2007.

Heinz Duchhardt, Barock und Aufklärung, München 2007.

Heinz Duchhardt, Stein, Eine Biographie, Münster 2007.

Richard van Dülmen, Die Gesellschaft der Aufklärer. Zur bürgerlichen Emanzipation und aufklärerischen Kultur in Deutschland, Frankfurt/M. 1986.

Terry Eagelton, Ästhetik. Geschichte ihrer Ideologie, Stuttgart 1994.

Johann Peter Eckermann, Gespräche mit Goethe in den letzten Jahren seines Lebens, in: Sämtliche Werke, Briefe, Tagebücher und Gespräche, Bd. 39, Frankfurt/M. 1999.

Klaus Epstein, Die Ursprünge des Konservatismus in Deutschland. Der Ausgangspunkt: Die Herausforderung durch die Französische Revolution 1770-1806, Frankfurt/M. 1973.

Johann Benjamin Erhard (1975), Über das Recht des Volkes zu einer Revolution, in: Johann Benjamin Erhard, Über das Recht des Volkes zu einer Revolution und andere Schriften, herausgegeben und mit einem Nachwort von Hellmut G. Haasis, München 1970, S. 7-98.

Walter Euchner, Naturrecht und Politik bei John Locke, Frankfurt a. M 1979.

Karl-Georg Faber, Ausprägungen des Historismus, in: Historische Zeitschrift 228 (1979), S. 1-22.

Elisabeth Fehrenbach, Deutschland und die Französische Revolution, in: Geschichte und Gesellschaft, Sonderheft 2 (1976), S. 232-253.

Elisabeth Fehrenbach, Vom Ancien Régime zum Wiener Kongreß, München 2008.

Shmuel Feiner, Moses Mendelssohn. Ein jüdischer Denker in der Aufklärung, Göttingen 2009.

Iring Fetscher, Rousseaus politische Philosophie. Zur Geschichte des demokratischen Freiheitsbegriffs, Frankfurt/M. 1975.

J. G. Fichte-Gesamtausgabe, hg. v. Reinhard Lauth, Erich Fuchs, Hans Gliwitzky, Hans Jacob und Peter K. Schneider, Stuttgart-Bad Cannstatt 1962 ff.

Monika Fick, Lessing-Handbuch. Leben–Werk–Wirkung, Stuttgart 2004.

Rainer Forst, Toleranz im Konflikt, Geschichte, Gehalt und Gegenwart eines umstrittenen Begriffs, Frankfurt/M. 2003.

Rainer Forst, Das Recht auf Rechtfertigung. Elemente einer konstruktivistischen Theorie der Gerechtigkeit, Frankfurt/M. 2007.

Rainer Forst, Klaus Günther, Die Herausbildung normativer Ordnungen. Zur Idee eines interdisziplinären Forschungsprogramms, in: dies. (Hg.), Die Herausbildung normativer Ordnungen, Frankfurt/M. 2011, S. 11-30.

Rainer Forst, Kritik der Rechtfertigungsverhältnisse. Perspektiven einer kritischen Theorie der Politik, Frankfurt/M. 2012.

Georg Forsters Werke, hg. v. der Deutschen Akademie der Wissenschaften zu Berlin, Gerhard Steiner u. a., Berlin (Ost) 1958 ff.

Georg Forster, Werke, 4 Bde., hg. v. Gerhard Steiner, Leipzig 1971.

Eckhart Förster, Die 25 Jahre der Philosophie, Eine systematische Rekonstruktion, Frankfurt/M. 2011.

Michel Foucault, Nietzsche, die Genealogie, die Historie, in: ders., Von der Subversion des Wissen, Frankfurt/M. 1987, S. 69-90.

Michel Foucault, Geschichte der Gouvernementalität I. Sicherheit, Territorium, Bevölkerung. Vorlesung am Collège de France 1977 / 1978, Frankfurt/M. 2004.

Manfred Frank, Unendliche Annäherung. Die Anfänge der philosophischen Frühromantik, Frankfurt/M. 1997.

Manfred Frank, Auswege aus dem Deutschen Idealismus, Frankfurt/M. 2007.

Michael Freeden, European Liberalisms. An Essay in Comparative Political Thought, in: European Journal of Political Philosophy 7 (2008), S. 9-30.

Ute Frevert, »Tatenarm und gedankenvoll«? Bürgertum in Deutschland 1780-1820, in: Helmut Berding, Etienne Francois, Hans-Peter Ullmann (Hg.), Deutschland und Frankreich im Zeitalter der Französischen Revolution, Frankfurt/M. 1989.

Robert von Friedeburg, Europa in der frühen Neuzeit, Frankfurt/M. 2012.

Friedrich der Große (1777), Regierungsformen und Herrscherpflichten, in: Ausgewählte Werke Friedrichs des Großen in deutscher Übersetzung, hg. v. Gustav Berthold Volz, Bd. II/2, Berlin 1918.

Erich Fuchs, Fichtes Stellung zum Judentum, in: Fichte-Studien 2 (1990), S. 160-177.

Erich Fuchs, Spuren Fichtes in der deutschen Nationalbewegung 1819-1871, in: R. Burger, H.-D. Klein, W.H. Schrader (Hg.), Gesellschaft, Staat, Nation, Wien 1996, S. 201-235.

Ulrich Gaier, Herders Sprachphilosophie und Erkenntniskritik, Stuttgart-Bad Canstatt 1988.

Bernhard Gajek (Hg.), Hamann-Kant-Herder. Acta des vierten internationalen Hamann-Kolloquiums zu Marburg 1985, Frankfurt/M. 1987.

Lothar Gall, Liberalismus und »bürgerliche Gesellschaft«. Zu Charakter und Entwicklung der liberalen Bewegung in Deutschland, in: ders. (Hg.), Liberalismus, Köln 1976, S. 162-186.

Lothar Gall, Von der ständischen zur bürgerlichen Gesellschaft, München 1993.

Lothar Gall (Hg.), Bürgertum und bürgerlich-liberale Bewegung in Mitteleuropa seit dem 18. Jahrhundert, München 1997.

Lothar Gall, Wilhelm von Humboldt. Ein Preuße von Welt, Berlin 2011.

Jörn Garber, »Die Stammutter aller guten Schulen«. Das Dessauer Philanthropinum und der deutsche Philanthropismus 1774-1793, Tübingen 2008.

Peter Gay, The Enlightenment: An Interpretation, 2 Bde., New York 1966-1969.

Bruno Gebhardt, Humboldt als Staatsmann 2 Bde., Stuttgart 1896-1899.

Jürgen Gebhardt (Hg.), Die Revolution des Geistes. Politisches Denken in Deutschland 1770-1830, München 1968.

Arnold Gehlen, Deutschtum und Christentum bei Fichte, Berlin 1935.

Manfred Geier, Die Brüder Humboldt, Hamburg 2009.

Martin van Gelderen, Quentin Skinner (Hg.), Republicanism. A Shared European Heritage, 2 Bde., Cambridge 2002.

Ernest Gellner, Nations and Nationalism, Oxford 1983.

Werner Gembruch, Krieg und Heerwesen im politischen Denken des Freiherrn vom Stein, in: Militärgeschichtliche Mitteilungen 9 (1971), S. 27-54.

Werner Gembruch, Nationalistische und personalistische Tendenzen in der Stein-Historiographie, in: Nassauische Annalen 90 (1979) S. 81-97.

Friedrich Gentz, Ueber den Ursprung und die obersten Prinzipien des Rechts, in: Berlinische Monatsschrift, April (1791).

Friedrich Gentz, Nachtrag zu dem Räsonement des Hrn Professor Kant über das Verhältniß zwischen Theorie und Praxis, in: Berlinische Monatsschrift, Dezember (1793), S. 518-554.

Friedrich Gentz, Einleitung, in: Edmund Burke, Betrachtungen über die französische Revolution. Nach dem Englischen des Herrn Burke neu bearbeitet, mit einer Einleitung, Anmerkungen, politischen Abhandlungen und einem Verzeichnis der in England über diese Revolution erschienenen Schriften von Friedrich Gentz. In Zwei Theilen. Erster Theil, Neue Auflage, Berlin 1794.

Friedrich Gentz, Beiträge zur Berichtigung einiger Ideen der allgemeinen Staatswissenschaft, in: Historisches Journal I / 3 (1799), S. 277-312.

Friedrich Gentz, Ueber die politische Gleichheit, in: Historisches Journal II / 1 (1800), S. 3-51.

Friedrich Gentz, Über den ewigen Frieden, in: Historisches Journal II / 3 (1800).

Friedrich Gentz, Fragmente aus der neuesten Geschichte des politischen Gleichgewichts in Europa, in: Friedrich Gentz, Gesammelte Schriften, hg. v. Günther Kronenbitter, 7 Bde., Bd. IV, Hildesheim 1997 / 1998.

Friedrich von Gentz, Schriften. Ein Denkmal, hg. v. Gustav Schlesier, 5 Bde., Bd. IV, Mannheim 1838-1840.

Doris Gerber, Analytische Metaphysik der Geschichte, Berlin 2012.

Volker Gerhardt, Ausübende Rechtslehre. Kants Begriff der Politik, in: Gerhard Schönrich, Yasushi Kato (Hg.): Kant in der Diskussion der Moderne, Frankfurt/M. 2002, S. 464-488.

Georg Gottfried Gervinus, Charakteristik Forster's, in: Georg Forster's sämmtliche Schriften, Bd. 7, hg. v. dessen Tochter und begleitet mit einer Charakteristik Forster's von G.G. Gervinus, Leipzig 1843.

Anthony Giddens, Agency, Institution and Time-space Analysis, in: Karin Knorr-Cetina, Aaron V. Cicourel (Hg.), Advances in Social Theory and Methodology. Toward an Integration of Micro- and Macro- Sociologies, Boston 1981, S. 161-174.

Anthony Giddens, Die Konstitution der Gesellschaft, Frankfurt/M. 1988.

Marita Gilli, Die Mainzer Republik 1792-93, in: Helmut Reinalter (Hg.), Republikbegriff und Republiken seit dem 18. Jahrhundert im europäischen Vergleich, Frankfurt/M. 1999, S. 71- 82.

Gerhard Göhler, Konservatismus im 19. Jahrhundert – eine Einführung. in: Bernd Heidenreich (Hg.), Politische Theorien des 19. Jahrhunderts. Konservatismus, Liberalismus, Sozialismus, Berlin 2002, S. 19-32.

Johann Wolfgang Goethe, Egmont, in: Sämtliche Werke, Briefe, Tagebücher und Gespräche, Bd. 5, Frankfurt/M. 1988.

Johann Wolfgang Goethe, Schriften zur Morphologie, in: Sämtliche Werke, Briefe, Tagebücher und Gespräche, Bd. 27, Frankfurt/M. 1987.

Johann Wolfgang Goethe, Dichtung und Wahrheit, Sämtliche Werke Bd. 14, Frankfurt/M. 1986.

G.P. Gooch, Germany and the French Revolution, London 1920.

Walter Grab, Ein Volk muß seine Freiheit selbst erobern. Zur Geschichte der deutschen Jakobiner, Frankfurt/M. 1984.

Marion Gray, Der Ostpreußische Landtag des Jahres 1808 und das Reformministerium Stein. Eine Fallstudie politischer Modernisation, in: Journal für die Geschichte Mittel- und Ostdeutschlands 26 (1977), S. 129-145.

Dieter Grimm, Souveränität. Herkunft und Zukunft eines Schlüsselbegriffs, Berlin 2009.

Benedetto Groce, Geschichte Europas im neunzehnten Jahrhundert, Frankfurt/M. 1995.

Arseni Gulyga, Die klassische deutsche Philosophie. Ein Abriß, Leipzig 1990.

Knud Haakonssen, German Natural Law, in: Mark Goldie, Robert Wokler (Hg.), The Cambridge History of Eighteenth-Century Political Thought, Cambridge 2006, S. 251-290.

Jürgen Habermas (1962), Strukturwandel der Öffentlichkeit. Untersuchungen zu einer Kategorie bürgerlicher Gesellschaft. Frankfurt/M. 1990.

Adrien Haesler, Die Vertragslehre bei Friedrich von Gentz. Nach dem Historischen Journal dargestellt, in: Schweizerische Beiträge zur Allgemeinen Geschichte 1 (1943), S. 147-167.

Hamilton / Madison / Jay, Die Federalist-Artikel, hg. v. Angela und Willi Paul Adams, Paderborn 1994.

Klaus Harprecht, Georg Forster oder die Liebe zur Welt, Hamburg 1989.

James Harrington (1656), Oceana, hg. v. Hermann Klenner und Klaus Udo Szudra, Stuttgart 1991.

Louis Hartz, The Liberal Tradition in America, New York 1955.

Rudolf Haym, Wilhelm von Humboldt. Lebensbild und Charakteristik, Berlin 1856.

Rudolf Haym, Herder nach seinem Leben und seinen Werken dargestellt, Berlin 1885.

Paul Hazard, Die Krise des europäischen Geistes 1680-1715, Hamburg 1939.

Georg Wilhelm Friedrich Hegel, Die Verfassung Deutschlands, in: ders., Werke, Bd. 1, hg. v. Karl Markus Michel und Eva Moldenhauer, Frankfurt/M. 1971.

Georg Wilhelm Friedrich Hegel (1820), Grundlinien der Philosophie des Rechts, Werke, Bd. 7, hg. v. Karl Markus Michel und Eva Moldenhauer, Frankfurt/M. 1970

Heinrich Heine (1835), Die romantische Schule, in: Heine, Werke in vier Bänden, Bd. 4, hg. v. Helmut Schanze, Frankfurt/M. 1994.

Marion Heinz, Heinrich Clairmont, Herder's Epistemology, in: Hans Adler, Wulf Köpke (Hg.), A Companion to the Works of Johann Gottfried Herder, Rochester 2009, S. 43 -64.

Eckhart Hellmuth, Enlightenment and Government, in: Martin Fitzpatrick et al. (Hg.), The Enlightenment World, New York 2004, S. 442-456.

Dieter Henrich, Leutwein über Hegel. Ein Dokument zu Hegels Biographie, in: Hegel-Studien 3 (1965), S. 39-77.

Dieter Henrich, Fichtes ursprüngliche Einsicht, in: ders., Hans Wagner (Hg.), Subjektivität und Metaphysik, Frankfurt/M. 1966, S. 188-232.

Dieter Henrich, Fichtes Ich, in: ders. Selbstverhältnisse, Stuttgart 1982, S. 57-82.

Dieter Henrich, Die Französische Revolution und die klassische deutsche Philosophie, in: Goethe Jahrbuch 107 (1990), S. 102-114.

Dieter Henrich, Between Kant and Hegel, Harvard 2003.

Dieter Henrich, Grundlegung aus dem Ich. Untersuchungen zur Vorgeschichte des Idealismus. Tübingen-Jena 1790-1794, 2. Bde., Frankfurt/M. 2004.

Johann Gottfried Herder, Werke, 10 Bde., Frankfurt/M. 1985 ff.

Jost Hermand, Vorbemerkung, in: ders., Von deutscher Republik 1775-1795. Texte radikaler Demokraten, Frankfurt/M. 1975, S. 9-27.

Franz Herre, Freiherr vom Stein. Sein Leben- seine Zeit, Köln 1973.

Otto Hintze, Preußische Reformbestrebungen vor 1806, in: ders., Regierung und Verwaltung, Göttingen 1967, S. 504-529.

Thomas Hobbes (1651), Leviathan oder Stoff, Form und Gewalt eines kirchlichen und
bürgerlichen Staates, Frankfurt/M. 1996.

Eric Hobsbawm, Europäische Revolutionen, Zürich 1962.

Eric Hobsbawm, Nationen und Nationalismus. Mythos und Realität seit 1780, Frank-
furt/M. 1991.

Otfried Höffe, Völkerbund oder Weltrepublik?, in: ders. (Hg.), Zum ewigen Frieden,
Berlin 2004, S. 109-132.

Peter Uwe Hohendahl et al. (Hg.), Öffentlichkeit. Geschichte eines kritischen Begriffs,
Stuttgart 2000.

Philipp Hölzing, Kants Theorie des republikanischen Friedens und die republikanische
Tradition, in: Philosophisches Jahrbuch 1 (2009), S. 4-21.

Philipp Hölzing, Republikanismus und Kosmopolitismus. Eine ideengeschichtliche Studie, Frankfurt/M. 2011.

Philipp Hölzing, Romantischer Republikanismus. Der Fall Friedrich Schlegel, in: Zeitschrift für Kulturphilosophie 1 (2011), S. 195-208.

Philipp Hölzing, Öffentlichkeit und Privatheit. Rekonstruktion einer Unterscheidung am
Beispiel der Theorie von Jürgen Habermas, in: Diskurs 1 (2012), S. 34-65.

Philipp Hölzing, Von Kant zu Schlegel. Georg Forsters Republikanismus, in: Archiv für
Rechts- und Sozialphilosophie 1 (2013), S. 29-41.

Axel Honneth, Das Recht der Freiheit. Grundriß einer demokratischen Sittlichkeit, Berlin
2011.

Ernst Rudolf Huber (Hg.) 1961: Dokumente der deutschen Verfassungsgeschichte Bd. 1,
Stuttgart 1961.

Wilhelm von Humboldts Gesammelte Schriften, im Auftrag der (Königlich) Preußischen
Akademie der Wissenschaften hg. v. Albert Leitzmann u. a., 17 Bde., Berlin 1903 ff.

Ulrich Im Hof, Das Europa der Aufklärung, München 1993.

Marco Iorio, Zwischen Liberalismus und Libertarianismus. Wilhelm von Humboldts
politische Philosophie, in: Jahrbuch für Liberalismusforschung 20 (2008), S. 233-252.

Hans Dietrich Irmscher, Johann Gottfried Herder, Stuttgart 2001.

Hans Dietrich Irmscher, Poesie als Ausdruck des Nationalcharakters und des »Gesamtwunsches und Sehnens der Menschheit«, in: Marion Heinz, Violetta Stolz (Hg.),
»Weitstrahlsinniges Denken«. Studien zu Johann Gottfried Herder von Hans Dietrich Irmscher, Würzburg 2009, S. 107-120.

Hans Dietrich Irmscher, Grundzüge der Hermeneutik Herders, in: Marion Heinz, Violetta Stolz (Hg.), »Weitstrahlsinniges Denken«. Studien zu Johann Gottfried Herder von Hans Dietrich Irmscher, Würzburg 2009, S. 177-206.

Andrea Iseli, Gute Polcey. Öffentliche Ordnung in der frühen Neuzeit, Stuttgart 2009.

Jonathan Israel, Radical Enlightenment. Philosophy and the Making of Modernity 1650-1750, Oxford 2001.

Jonathan Israel, Enlightenment Contested. Philosophy, Modernity, and the Emancipation of Man 1670-1752, Oxford 2006.

Jonathan Israel, A Revolution of the Mind. Radical Enlightenment and the Making of Modern Democracy, Oxford 2009.

Jonathan Israel, Democratic Enlightenment. Philosophy, Revolution, and Human Rights 1750-1790, Oxford 2011.

Jonathan Israel, Martin Mulsow (Hg.), Radikalaufklärung, Berlin 2013.

Friedrich Heinrich Jacobi (1785), Über die Lehre des Spinoza in Briefen an den Herrn Moses Mendelssohn, Hamburg 2000.

Wilhelm G. Jacobs, Johann Gottlieb Fichte. Eine Biographie, Berlin 2012.

Walter Jaeschke, Andreas Arndt, Die klassische deutsche Philosophie nach Kant. Systeme der reinen Vernunft und ihre Kritik 1785-1845, München 2012.

Christoph Jamme, Hans Schneider (Hg.), Mythologie der Vernunft. Hegels ältestes Systemprogramm des deutschen Idealismus, Frankfurt/M. 1988.

Hans Joas, Peter Vogt (Hg.), Begriffene Geschichte. Beiträge zum Werk von Reinhart Koselleck, Berlin 2011.

Stefan Jordan, Theorien und Methoden der Geschichtswissenschaft, Paderborn 2008.

Siegfried Kaehler, Wilhelm von Humboldt und der Staat, München 1927.

Andreas Kalyvas, Ira Katznelson, The Republic of the Moderns: Paine's and Madison's Novel Liberalism, in: Polity 38 (2006), S. 447-477.

Heinz Kamnitzer, Stein und das »Deutsche Comite« in Rußland 1812 / 13, in: Zeitschrift für Geschichtswissenschaft 1 (1953), S. 50-92.

Immanuel Kant (1781 / 1787), Kritik der reinen Vernunft, in: ders., Werke, Bd. III, Frankfurt/M. 1974.

Immanuel Kant (1784), Beantwortung der Frage: Was ist Aufklärung?, in: ders., Werke Bd. XI, Frankfurt/M. 1977.

Immanuel Kant (1785), Grundlegung zur Metaphysik der Sitten, in: ders., Werke Bd. VII, Frankfurt/M. 1974.

Immanuel Kant (1788), Kritik der praktischen Vernunft, in: ders., Werke, Bd. VII, Frankfurt/M. 1974.

Immanuel Kant (1790), Kritik der Urteilskraft, in: ders., Werke Bd. X, Frankfurt/M. 1977.

Immanuel Kant (1793), Über den Gemeinspruch: Das mag in der Theorie richtig sein, taugt aber nicht für die Praxis, in: ders., Werke, Bd. XI, Frankfurt/M. 1977.

Immanuel Kant (1793 / 1794), Die Religion innerhalb der Grenzen bloßer Vernunft, in: ders., Werke Bd. VIII, Frankfurt/M. 1977.

Immanuel Kant (1795 / 1796), Zum ewigen Frieden, in: ders., Werke, Bd. XI, Frankfurt/M. 1977.

Immanuel Kant (1797), Metaphysik der Sitten, in: ders., Werke, Bd. VIII, Frankfurt/M. 1974.

Immanuel Kant (1798), Der Streit der Fakultäten, in: ders., Werke, Bd. XI, Frankfurt/M. 1977, S. 265-398.

Kant, Gentz, Rehberg. Über Theorie und Praxis. Einleitung von Dieter Henrich, Frankfurt/M. 1967.

John Keane, Thomas Paine. Ein Leben für die Menschenrechte, Hildesheim 1998.

Donald R. Kelley, The Descent of Ideas: A History of Intellectual History, Aldershot 2002.

Wolfgang Kersting, Politics, in: Knud Haakonssen (Hg.), The Cambridge History of Eighteenth-Century Philosophy, Cambridge 2006, S. 1026-1068.

Pauline Kleingeld, Fortschritt und Vernunft. Zur Geschichtsphilosophie Kants, Würzburg 1995.

Pauline Kleingeld, Kants Theory of Peace, in: Paul Guyer (Hg.), Cambridge Companion to Kant and Modern Philosophy, Cambridge 2006, S. 477-504.

Eckhart Kleßmann, Caroline, München 1975.

Eckhart Kleßmann, Universitätsmamsellen. Fünf aufgeklärte Frauen zwischen Rokoko, Revolution und Romantik, Frankfurt/M. 2008.

Diethelm Klippel, Politische Freiheit und Freiheitsrechte im deutschen Naturrecht des 18. Jahrhunderts, Paderborn 1976.

Adolf Freiherr Knigge, Benjamin Noldmanns Geschichte der Aufklärung in Abyssinien, oder Nachricht von seinem und seines Herren Vetters Aufenthalte an dem Hofe des großen Negus, oder Priesters Johannes, 2 Thle., Göttingen, Frankfurt und Leipzig 1791.

Jürgen Kocka, Sozialgeschichte – Strukturgeschichte – Gesellschaftsgeschichte, in: Archiv für Sozialgeschichte 15 (1975), S. 1-42.

Panajotis Kondylis, Die Aufklärung im Rahmen des neuzeitlichen Rationalismus, Stuttgart 1981.

Panajotis Kondylis, Restauration, in: Otto Brunner, Werner Conze, Reinhart Koselleck (Hg.), Geschichtliche Grundbegriffe Bd. 5, Stuttgart 1984, S. 179-230.

Franklin Kopitzsch, Die Aufklärung in Deutschland. Zu ihren Leistungen, Grenzen und Wirkungen, in: Archiv für Sozialgeschichte 1 (1976), S. 1-21.

Franklin Kopitzsch, Sozialgeschichte der Aufklärung in Deutschland, in: Helmut Berding, Etienne Francois, Hans-Peter Ullmann (Hg.), Deutschland und Frankreich im Zeitalter der Französischen Revolution, Frankfurt/M. 1989, S. 373-390.

Reinhart Koselleck, Preußen zwischen Reform und Revolution. Allgemeines Landrecht, Verwaltung und soziale Bewegung 1791-1848, Stuttgart 1967.

Reinhart Koselleck, Einleitung, in: Otto Brunner, Werner Conze, Reinhart Koselleck (Hg.), Geschichtliche Grundbegriffe Bd. 1, Stuttgart 1972.

Reinhart Koselleck, Revolution, in: Otto Brunner, Werner Conze, Reinhart Koselleck (Hg.), Geschichtliche Grundbegriffe Bd. 5, Stuttgart 1984, S. 653-788.

Reinhart Koselleck, Fortschritt und Beschleunigung, in: ders., Der Traum der Vernunft. Vom Elend der Aufklärung, Darmstadt / Neuwied 1985, S. 73-103.

Reinhart Koselleck, Begriffsgeschichte und Sozialgeschichte, in: ders., Vergangene Zukunft. Zur Semantik geschichtlicher Zeiten, Frankfurt/M. 1989.

Jürgen Kost, Wilhelm von Humboldt. Weimarer Klassik. Bürgerliches Bewusstsein. Kulturelle Entwürfe in Deutschland um 1800, Würzburg 2004.

Hans-Christof Kraus, Englische Verfassung und politisches Denken im Ancien Régime 1689 bis 1789, München 2006.

Werner Krauss, Goethe und die Französische Revolution in: Goethe-Jahrbuch 94, S. 127-136.

Detlef Kremer, Romantik, Stuttgart 2007.

Ulrich Kronauer, Rousseaus Kulturkritik aus der Sicht Georg Forsters, in: Claus-Volker Klenke (Hg.), Georg Forster in interdisziplinärer Perspektive, Berlin 1994, 147-156.

Günther Kronenbitter, Wort und Macht. Friedrich Gentz als politischer Schriftsteller, Berlin 1994.

Günther Kronenbitter, Friedrich von Gentz und Metternich, in: Rüdiger Rill, Ulrich Zellenberg (Hg.), Konservatismus in Österreich, Graz 1999, S. 71-88.

Günther Kronenbitter, Friedrich von Gentz, in: Bernd Heidereich (Hg.), Politische Theorien des 19. Jahrhunderts, Berlin 2002, S. 93-108.

Richard Kroner, Von Kant bis Hegel, 2 Bde., Tübingen 1921-1924.

Axel Kuhn, Republikvorstellungen deutscher Jakobiner, in: Helmut Reinalter (Hg.), Republikbegriff und Republiken seit dem 18. Jahrhundert im europäischen Vergleich, Frankfurt/M. 1999, S. 83- 100.

Manfred Kühn, Immanuel Kant. Eine Biografie, München 2004.

Manfred Kühn, Johann Gottlieb Fichte. Ein deutscher Philosoph 1762-1814, München 2012.

Johannes Kunisch, Absolutismus. Europäische Geschichte vom Westfälischen Frieden bis zur Krise des Ancien Regime, Göttingen 1986.

Johannes Kunisch, Friedrich der Große. Der König und seine Zeit, München 2005.

Cecile Laborde, John Maynor (Hg.), Republicanism and Political Theory, Oxford 2008.

Achim Landwehr, Diskurs – Macht – Wissen. Perspektiven einer Kulturgeschichte des Politischen, in: Archiv für Kulturgeschichte 85 (2003), S. 71-117.

Viktor Lange, Das klassische Zeitalter der deutschen Literatur 1740-1815, München 1982.

Dieter Langewiesche, Liberalismus in Deutschland, Frankfurt/M. 1988.

Dieter Langewiesche, Republik und Republikaner. Von der historischen Entwertung eines politischen Begriffs, Essen 1993.

Dieter Langewiesche, Nation, Nationalismus, Nationalstaat in Deutschland und Europa, München 2000.

Max Lehmann, Freiherr vom Stein, Leipzig 1921.

Gotthold Ephraim Lessing, Werke und Briefe, 12 Bde., hg. von Wilfried Barner u. a., Frankfurt/M. 1985-2003.

Robert C. Lieberman, Ideas, Institutions, and Political Order: Explaining Political Change, in: American Political Science Review 4 (2002), S. 697-712.

Walther Linden, Umwertung der Romantik, in: Zeitschrift für Deutschkunde 47 (1933), S. 65-91.

Christoph Link, Johann Stephan Pütter, in: Michael Stolleis (Hg.), Staatsdenker im 17. und 18. Jahrhundert. Reichspublizistik, Politik, Naturrecht, Frankfurt/M. 1987, S. 310-331.

John Locke (1689), Zwei Abhandlungen über die Regierung, Frankfurt/M. 1977.

Leo Löwenthal, Die Romantik- die verdrängte Revolution, in: ders., Schriften Bd. 2, Frankfurt/M. 1990, S. 301-316.

Hermann Lübbe, Politische Philosophie in Deutschland, München 1974.

Gertrude Lübbe-Wolff, Hegels Staatsrecht als Stellungnahme im ersten preußischen Verfassungskampf, in: Zeitschrift für philosophische Forschung 3 / 4 (1981), S. 476-501.

Peter Christian Ludz (Hg.), Geheime Gesellschaften, Heidelberg 1979.

Klaus Luig, Christian Thomasius, in: Michael Stolleis (Hg.), Staatsdenker im 17. und 18. Jahrhundert. Reichspublizistik, Politik, Naturrecht, Frankfurt/M. 1987, S. 227-256.

Georg Lukács, Die Zerstörung der Vernunft, Neuwied 1962.

Peter Lundgren (Hg.), Sozial- und Kulturgeschichte des Bürgertums, Göttingen 2000.

Matthias Lutz-Bachmann, Kants Friedensidee und das rechtsphilosophische Konzept einer Weltrepublik, in: ders., James Bohmann (Hg.), Frieden durch Recht. Kants Friedensidee und das Problem einer neuen Weltordnung, Frankfurt/M. 1996, S. 25-44.

Nicolo Machiavelli (1532), Der Fürst, Frankfurt/M. 2001.

Iain McCalman, Der letzte Alchimist. Die Geschichte des Grafen Cagliostro, Frankfurt/M. 2004.

Crawford B. Macpherson, Die politische Theorie des Besitzindividualismus. Von Hobbes zu Locke, Frankfurt/M. 1990.

Hans Maier, Die ältere deutsche Staats- und Verwaltungslehre, München 2009 (1966).

Golo Mann (1947), Friedrich von Gentz. Gegenspieler Napoleons – Vordenker Europas, Frankfurt/M. 1995.

Thomas Mann, Goethe und die Demokratie, in. ders., Goethes Laufbahn als Schriftsteller. Zwölf Essays und Reden, Frankfurt/M. 1982.

Thomas Mann, Deutschlands Weg nach Hitlers Sturz, in: ders., Gesammelte Werke in dreizehn Bänden, Bd. XII, Frankfurt/M. 1990.

Karl Mannheim, Konservatismus. Ein Beitrag zur Soziologie des Wissens, hg. v. David Kettler, Volker Meja und Nico Stehr, Frankfurt/M. 1984 (1925).

José Luis Marti, Philip Pettit, Political Philosophy in Public Life. Civic Republicanism in Zapatero's Spain, Princeton 2010.

Karl Marx (1843), Zur Kritik der Hegelschen Rechtsphilosophie, in: ders., Werke, Bd. 1, Darmstadt 1962.

Michael Maurer, Aufklärung und Anglophilie in Deutschland, Göttingen 1987.

Hans Mayer, Versuche über Schiller, Frankfurt/M. 1987.

Friedrich Meinecke (1907), Weltbürgertum und Nationalstaat, Darmstadt 1969.

Christoph Meiners (1790), Über die Natur des afrikanischen Negers und die davon abhangende Befreyung, oder Einschränkung der Schwarzen, Hannover 2000.

James van Horn Melton, From Enlightenment to Revolution. Hertzberg, Schlözer, and the Problem of Despotism in the Late Aufklärung, in: Central European History 12 (1979), S. 103-123.

Christoph Menke, Kraft. Ein Grundbegriff ästhetischer Anthropologie, Frankfurt/M. 2008.

Clemens Menze, Die Bildungsreform Wilhelm von Humboldts, Hannover 1975.

Thomas Mergel, Überlegungen zu einer Kulturgeschichte der Politik, in: Geschichte und Gesellschaft 28 (2002), S. 574-606.

Nicolao Merker, Die Aufklärung in Deutschland, München 1982.

Peter Michelsen, Der Streit um die religiöse Wahrheit. Lessing, mit den Augen Goezes gesehen, in: Lessing Yearbook 24 (1992), S. 1-24.

John Stuart Mill, Über die Freiheit, Stuttgart 1986.

John Milton (1660), Der Gerade und leichte Weg zur Konstitution einer freien Republik, in: Elfriede Walesca Tielsch (Hg.), John Milton und der Ursprung des neuzeitlichen Liberalismus. Studienausgabe der politischen Hauptschriften, Hildesheim 1980, S. 353-380.

Robert Minder, Das Bild des Pfarrhauses in der deutschen Literatur von Jean Paul bis Gottfried Benn, in: ders., Kultur und Literatur in Deutschland und Frankreich. Fünf Essays, Frankfurt/M. 1977.

Horst Möller, Aufklärung in Preußen. Der Verleger, Publizist und Geschichtsschreiber Friedrich Nicolai, Berlin 1974.

Horst Möller, Vernunft und Kritik. Deutsche Aufklärung im 17. und 18. Jahrhundert, Frankfurt/M. 1986.

Horst Möller, Fürstenstaat oder Bürgernation. Deutschland 1763-1815, Berlin 1994.

Katharina Mommsen, Goethe und unsere Zeit, Frankfurt/M. 1999.

Wilhelm Mommsen, Die politischen Anschauungen Goethes, Stuttgart 1948.

Wilhelm Mommsen, Freiherr vom Stein, in: Geschichte in Wissenschaft und Unterricht 8 (1957), S. 329-341.

Montesquieu (1748), Vom Geist der Gesetze, übersetzt und hg. v. Kurt Weigand, Stuttgart 1994.

Adam Müller, Elemente der Staatskunst, 3 Bde., Berlin 1809.

Walter Müller-Seidel, Schiller und die Politik, München 2009.

Peter Paul Müller-Schmid, Adam Müller (1779-1829), in: Bernd Heidenreich (Hg.), Politische Theorien des 19. Jahrhunderts, Berlin 2002.

Martin Mulsow, Andreas Mahler (Hg.), Die Cambridge School der Politischen Ideengeschichte, Berlin 2010.

Herfried Münkler, Machiavelli. Die Begründung des politischen Denkens der Neuzeit aus der Krise der Republik Florenz, 2. Auflage 2004.

Monika Neugebauer-Wölk, Verfassungsideen in praktischer Absicht? Entwürfe für eine deutsche Republik 1792-1799, in: Comparativ. Leipziger Beiträge zur Universalgeschichte und vergleichenden Gesellschaftsforschung 4 (1992), S. 62-84.

Monika Neugebauer-Wölk, Reich oder Republik? Pläne und Ansätze zur republikanischen Neugestaltung im Alten Reich 1790-1800, in: Heinz Duchhardt, Andreas Kunz (Hg.), Reich oder Nation? Mitteleuropa 1780-1815, Mainz 1998, S. 21-50.

Monika Neugebauer-Wölk (Hg.): Aufklärung und Esoterik. Rezeption – Integration – Konfrontation, Tübingen 2009.

Thomas Nipperdey, Deutsche Geschichte 1800-1866. Bürgerwelt und starker Staat, München 1983.

Hugh Barr Nisbet, Goethes und Herders Geschichtsdenken, in: Goethe-Jahrbuch 110, S. 115-133.

Hugh Barr Nisbet, Lessing. Eine Biographie, München 2008.

Ulrich Noack, Christentum und Volksstaat in der politischen Ethik des Freiherrn vom Stein, in: Historische Zeitschrift 147 (1933), S. 40-52.

Paul Nolte, Bürgerideal, Gemeinde und Republik. Klassischer Republikanismus im frühen deutschen Liberalismus, in: Historische Zeitschrift 254 (1992), S. 609-656.

Paul Nolte, Gemeindebürgertum und Liberalismus in Baden 1800-1850: Tradition, Radikalismus, Republik, Göttingen 1994.

Herbert Obenaus, Verwaltung und ständische Repräsentation in den Reformen des Freiherrn vom Stein, in: Journal für die Geschichte Mittel- und Ostdeutschlands 18 (1969), S. 130-179.

Norbert Oellers, Schiller. Elend der Geschichte, Glanz der Kunst, Stuttgart 2005.

Willi Oelmüller, Die unbefriedigte Aufklärung. Beiträge zur Theorie der Moderne von Lessing, Kant und Hegel, Frankfurt/M. 1969.

Gerhard Oestreich, Strukturprobleme des europäischen Absolutismus, in: Vierteljahreshefte für Sozial- und Wirtschaftsgeschichte 55 (1968), S. 329-347.

Reiner Ostermann, Die Freiheit des Individuums. Eine Rekonstruktion der Gesellschafts-
theorie von Wilhelm von Humboldt, Frankfurt/M. 1993.

Robert R. Palmer, Das Zeitalter der demokratischen Revolution, Frankfurt/M. 1970.

Kari Palonen, Die Entzauberung der Begriffe. Das Umschreiben der politischen Begriffe
bei Quentin Skinner und Reinhart Koselleck, Münster 2004.

Jens Petersen, Wilhelm von Humboldts Rechtsphilosophie, Berlin 2007.

Philip Pettit, Republicanism. A Theory of Freedom and Government, Oxford 1997.

Terry Pinkard, Hegel. A Biography, Cambridge 2001.

Terry Pinkard, German Philosophy 1760-1860. The Legacy of Idealism, Cambridge 2002.

Robert B. Pippin, Mine and thine? The Kantian State, in: Paul Guyer (Hg.), The Cambridge Companion to Kant and Modern Philosophy, Cambridge 2006, S. 416-446.

Robert B. Pippin, Hegel on Political Philosophy and Actuality, in: Inquiry 5 (2010), S. 401-
416.

Helmut Plessner, Die verspätete Nation, Frankfurt/M. 1974.

John G. A. Pocock, The Machiavellian Moment. Florentine Political Thought and the
Atlantic Republican Tradition, Princeton 1975.

John G. A. Pocock, Der bürgerliche Humanismus und seine Rolle im anglo-
amerikanischen Denken, in: ders. Die andere Bürgergesellschaft. Zur Dialektik von
Tugend und Korruption, Frankfurt/M. 1993.

John G. A. Pocock, Sprachen und ihre Implikationen: Die Wende in der Erforschung des
politischen Denkens, in: Martin Mulsow, Andreas Mahler (Hg.), Die Cambridge
School der politischen Ideengeschichte, Berlin 2010, S. 88-126.

Roy Porter, Mikulas Teich (Hg), The Enlightenment in National Context, Cambridge
1981.

Helmut Quaritsch, Souveränität. Entstehung und Entwicklung des Begriffs in Frankreich
und Deutschland vom 13. Jahrhundert bis 1806, Berlin 1986.

Leopold von Ranke, Über die Epochen der neueren Geschichte, München / Wien 1971.

Kurt v. Raumer, Die Autobiographie des Freiherrn vom Stein, in: Westfälische Forschungen 7 (1954), S. 14-61.

Kurt v. Raumer, Der junge Stein, in: Historische Zeitschrift 184 (1957) S. 497-530.

Kurt v. Raumer, Der Freiherr vom Stein und Goethe, in: Historische Zeitschrift 201
(1965), S. 13-56.

Kurt v. Raumer, Zur Beurteilung der preußischen Reformen, in: Geschichte in Wissenschaft und Unterricht 18 (1967), S. 333-348.

Kurt v. Raumer, Deutschland um 1800. Krise und Neugestaltung, Wiesbaden 1980.

Georg Friedrich Rebmann, Kosmopolitische Wanderungen durch einen Teil Deutschlands, Leipzig 1793.

Helmut Reinalter, Die Französische Revolution und Mitteleuropa. Erscheinungsformen
und Wirkungen des Jakobinismus. Seine Gesellschaftstheorien und politischen Vorstellungen, Frankfurt/M. 1988.

Helmut Reinalter, Der Jakobinismusbegriff in der neueren Forschung, in: ders., Die Französische Revolution und Mitteleuropa. Erscheinungsformen des Jakobinismus. Seine
Gesellschaftstheorien und seine politischen Vorstellungen, Frankfurt/M. 1988, S. 39-
60.

Wolfgang Reinhard, Geschichte der Staatsgewalt. Eine vergleichende Verfassungsgeschichte Europas von den Anfängen bis zur Gegenwart, München 2000.

August Wilhelm Rehberg, Untersuchungen über die französische Revolution, 2. Bde.,
Osnabrück, Hannover 1793.

Rolf F. Reichhardt, Das Blut der Freiheit. Französische Revolution und demokratische
Kultur, Frankfurt/M. 1998.

Hans Reiss, Goethe, Möser and the Aufklärung. The Holy Roman Empire in Götz von
Berlichingen and Egmont, in: Deutsche Vierteljahresschrift für Literaturwissenschaft
und Geistesgeschichte 69 (1986), S. 609-644.

Hans Reiss, Goethe und die Politik: Französische Revolution, Napoleon, Restauration, in:
Friedrich Strack (Hg.), Evolution des Geistes: Jena um 1800, Stuttgart 1994, S. 175-
196.

Heinrich Rickert, Die philosophischen Grundlagen von Fichtes Sozialismus, in: Logos 11
(1922 / 1923) S. 149-180.

Manfred Riedel, Hegels Begriff der »Bürgerlichen Gesellschaft« und das Problem seines
geschichtlichen Ursprungs, in: ders. (Hg.), Materialien zu Hegels Rechtsphilosophie,
Bd. 2, Frankfurt/M., S. 109-127.

Gerhard Ritter, Vom jungen Stein, in: Historische Zeitschrift 148 (1933) S. 70-88.

Gerhard Ritter, Stein. Eine politische Biographie, Stuttgart 1958.

Christian Rochow, Das bürgerliche Trauerspiel, Stuttgart 1999.

Franz Rosenzweig (1920), Hegel und der Staat, Frankfurt/M. 2010.

Pietro Rossi, Vom Historismus zur historischen Sozialwissenschaft. Heidelberger Max
Weber-Vorlesungen 1985, Frankfurt/M. 1987.

Jean-Jacques Rousseau (1755), Abhandlung über den Ursprung und die Grundlagen der
Ungleichheit unter den Menschen, übersetzt und hg. v. Philipp Rippel, Stuttgart
1998.

Jean-Jacques Rousseau (1762), Vom Gesellschaftsvertrag oder Grundsätze des Staatsrechts, Stuttgart 2010.

Martin Ruehl, Das Allgemeine und sein Bild. Zur Geschichtsphilosophie Jakob Burckhardts, in: Historische Zeitschrift 1 (2013), S. 49-83.

Guido de Ruggiero (1930), Geschichte des Liberalismus in Europa, Aalen 1964.

Jörn Rüsen, Historisches Erzählen zwischen Kunst und Wissenschaft. Zwei Bemerkungen zur Geschichtsschreibung und ein Blick auf Ranke, in: ders., Konfigurationen des Historismus. Studien zur deutschen Wissenschaftskultur, Frankfurt/M. 1993, S. 114-138.

Alan Ryan, Liberalism, in: Robert Goodin, Philip Pettit (Hg.), A Companion to Contemporary Political Philosophy, Blackwell 1995, S. 291-311.

Richard Saage, Eigentum, Staat und Gesellschaft bei Kant, Stuttgart 1985.

Martin Saar, Genealogie als Kritik. Geschichte und Theorie des Subjekts nach Nietzsche und Foucault, Frankfurt/M. 2007.

Martin Saar, Die Immanenz der Macht. Politische Theorie nach Spinoza, Berlin 2013.

Rüdiger Safranski, Friedrich Schiller oder die Erfindung des deutschen Idealismus, München 2007.

Rüdiger Safranski, Romantik. Eine deutsche Affäre, München 2007.

Thomas P. Saine, Revolution und Reform in Goethes politisch-geschichtlichem Denken, in: Goethe-Jahrbuch 113, S. 147-162.

Philipp Sarasin, Geschichtswissenschaft und Diskursanalyse, Frankfurt/M. 2003.

Michael Schäfer, Geschichte des Bürgertums, Köln, Weimar, Wien 2009.

Heinrich Scheel, Süddeutsche Jakobiner: Klassenkämpfe und republikanische Bestrebungen im deutschen Süden Ende des 18. Jahrhunderts, Berlin 1962.

Helmut Schelsky, Theorie der Gemeinschaft nach Fichtes Naturrecht von 1796, Berlin 1935.

Helmut Scheuer, ›Apostel der Völkerfreiheit‹ oder ›Vaterlandsverräter‹? – Georg Forster und die Nachwelt, in: Georg-Forster-Studien 1 (1997), S. 1-18.

Theodor Schieder, Friedrich der Große. Ein Königtum der Widersprüche, Berlin 1982.

Friedrich Schiller (1788), Geschichte des Abfalls der vereinigten Niederlande von der Spanischen Monarchie, in: ders., Historische Schriften und Erzählungen I. Werke in zwölf Bänden, Bd. 6, hg. v. Otto Dann, Frankfurt/M. 2000.

Friedrich Schiller (1789), Was heißt und zu welchem Ende studiert man Universalgeschichte, in: ders., Historische Schriften und Erzählungen I. Werke in zwölf Bänden, Bd. 6, hg. v. Otto Dann, Frankfurt/M. 2000.

Friedrich Schiller (1795), Über die ästhetische Erziehung der Menschen, in: ders., Theoretische Schriften, Werke in zwölf Bänden, Bd. 8, hg. v. Rolf-Peter Janz, Frankfurt/M. 1992.

Hans-Jürgen Schings, Freiheit in der Geschichte. Egmont und Marquis Posa im Vergleich, in: Goethe-Jahrbuch 110, S. 62-79.

Friedrich Schlegel (1796), Versuch über den Republikanismus veranlaßt durch die Kantische Schrift zum ewigen Frieden, in: Kritische Friedrich-Schlegel-Ausgabe, Bd. 7, hg. v. Ernst Behler 1966, München.

Friedrich Schlegel (1797), Georg Forster, in: Kritische Friedrich-Schlegel-Ausgabe, Bd. 2, hg. v. Hans Eichner, München 1967.

Friedrich Schlegel (1797), Lyceums-Fragmente, in: Kritische Friedrich-Schlegel-Ausgabe, Bd. 2, hg. v. Hans Eichner, München 1967.

Friedrich Schlegel (1798), Athenäums-Fragmente, in: Kritische Friedrich-Schlegel-Ausgabe Bd. 2, hg. v. Hans Eichner, München 1967.

Friedrich Schlegel (1800), Gespräch über die Poesie, in: Kritische Friedrich-Schlegel-Ausgabe Bd. 2, hg. v. Hans Eichner, München 1967.

Jürgen Schlumbohm, Freiheit – Die Anfänge der bürgerlichen Emanzipationsbewegung in Deutschland im Spiegel ihres Leitworts 1760-1800, Düsseldorf 1975.

Georg Schmidt, Goethe: politisches Denken und regional orientierte Praxis im alten Reich, in: Goethe-Jahrbuch 112, S. 198-212.

Georg Schmidt, Wandel durch Vernunft. Deutsche Geschichte im 18. Jahrhundert, München 2009.

Wilhelm Schmidt-Biggemann, Theodizee und Tatsachen. Das philosophische Profil der deutschen Aufklärung, Frankfurt/M. 1988.

Carl Schmitt (1919), Politische Romantik, Berlin 1982.

Werner Schneiders (Hg.), Christian Wolff 1679-1754. Interpretation zu seiner Philosophie und deren Wirkung, Hamburg 1983.

Werner Schneiders, Das Zeitalter der Aufklärung, München 1997.

Wilfried F. Schoeller, Schubart: Leben und Meinungen eines schwäbischen Rebellen, den die Rache seines Fürsten auf den Asperg brachte. Mit einer Auswahl seiner Schriften, Berlin 1979.

Heinrich Scholz, Die Hauptschriften zum Pantheismusstreit zwischen Jacobi und Mendelssohn, Berlin 1916.

Luise Schorn-Schütte, Historische Politikforschung. Eine Einführung, München 2006.

Richard Schottky, Untersuchungen zur Geschichte der staatsphilosophischen Vertragstheorie im 17. und 18. Jahrhundert. Hobbes-Locke-Rousseau-Fichte, München 1962.

Hans-Christoph Schröder, Die Revolution Englands im 17. Jahrhundert, Frankfurt/M. 1986.

Ernst Schulin, Die Französische Revolution, München 4. überarbeitete Auflage 2004.

Christoph Schulte, Die jüdische Aufklärung, München 2002.

Helga Schultz, Mythos und Aufklärung. Frühformen des Nationalismus in Deutschland, in: Historische Zeitschrift 263 (1996), S. 31-67.

Gerhard Schulz, Die deutsche Literatur zwischen Französischer Revolution und Restauration, 2 Bde., München 1983-1989.

Gerhard Schulz, Romantik. Geschichte und Begriff, München 1996.

Gottlob Ernst Schulze, Aenesidemus oder über die Fundamente der von Herrn Professor Reinhold in Jena gelieferten Elementarphilosophie. Nebst einer Verteidigung des Skepticismus gegen die Anmaaßungen der Vernunftkritik, o. O. 1792.

Hagen Schulze, Humboldt oder das Paradox der Freiheit, in: Bernfried Schlerath (Hg.), Wilhelm von Humboldt. Vortragszyklus zum 150. Todestag, Berlin 1986, S. 144-186.

Hagen Schulze, Staat und Nation in der europäischen Geschichte, München 1994.

Hinrich C. Seeba, Die Liebe zur Sache. Öffentliches und privates Interesse in Lessings Dramen, Tübingen 1973.

Gustav Seibt, Goethe und Napoleon. Eine historische Begegnung, München 2010.

James J. Sheehan, Der deutsche Liberalismus, München 1988.

James J. Sheehan, Der Ausklang des alten Reiches. Deutschland seit dem Ende des Siebenjährigen Krieges bis zur gescheiterten Revolution, 1763 bis 1850. Propyläen Geschichte Deutschlands Bd. 6, Berlin 1994.

Ludwig Siep, Hegels politische Philosophie, in: ders., Praktische Philosophie im Deutschen Idealismus, Frankfurt/M. 1992, S. 307-328.

Emmanuel Joseph Sieyes (1789), Was ist der dritte Stand?, in: ders., Politische Schriften 1788-1790, hg. v. Eberhard Schmitt und Rolf Reichardt, Darmstadt, Neuwied 1975, S. 117-196.

Quentin Skinner, Meaning and Understanding in the History of Ideas, in: History and Theory 8 (1969), S. 3-53.

Quentin Skinner, The Foundations of Modern Political Thought, 2 Bde., Cambridge 1978.

Quentin Skinner, Liberty before Liberalism, Cambridge 1998.

Quentin Skinner, Visionen des Politischen, Frankfurt a M. 2009.

Heinrich Ritter v. Srbik, Die bergmännischen Anfänge des Freiherrn vom Stein 1779 und ihr Nachklang 1811 / 1812, in: Historische Zeitschrift 146 (1932) S. 476-496.

Madame de Stael (1813), Über Deutschland, hg. v. Monika Bosse, Frankfurt/M. 1984.

Gerhard Steiner, Georg Forster, Stuttgart 1983.

Theo Stammen, Johann Wolfgang Goethe, in: Jürgen Gebhardt (Hg.), Revolution des Geistes, München 1968, S. 17-42.

Wilhelm Steffens, Rheingrenze und territoriale Entschädigungsfrage in der preußischen Politik der Jahre 1795-1798. Zugleich ein Beitrag zur Stein-Forschung, in: Westfälische Forschungen 6 (1953), S. 149-181.

Inge Stephan, Johann Gottfried Seume. Ein politischer Schriftsteller der Spätaufklärung, Stuttgart 1973.

Inge Stephan, Literarischer Jakobinismus in Deutschland (1789-1806), Stuttgart 1976.

Alfred Stern, Der Einfluß der Französischen Revolution auf das deutsche Geistesleben, Stuttgart 1928.

Barbara Stollberg-Rilinger (Hg.), Was heißt Kulturgeschichte des Politischen?, Berlin 2005.

Michael Stolleis, Untertan – Bürger – Staatsbürger. Bemerkungen zur juristischen Terminologie im späten 18. Jahrhundert, in: ders., Staat und Staatsräson in der frühen Neuzeit. Studien zur Geschichte des öffentlichen Rechts, Frankfurt/M. 1990, S. 299-339.

Carl Gottlieb Svarez, Vorträge über Recht und Staat, hg. v. H. Conrad und G. Kleinheyer, Köln 1960.

Paul R. Sweet, Friedrich von Gentz. Defender of the Old Order, Westport 1970.

Charles Taylor, Hegel, Frankfurt/M. 1979.

Marcel Thomann, Christian Wolff, in: Michael Stolleis (Hg.), Staatsdenker im 17. und 18. Jahrhundert. Reichspublizistik, Politik, Naturrecht, Frankfurt/M. 1987, S. 257-283.

Christian Thomasius (1705), Fundamenta iuris naturae et gentium, Aalen 1963.

Leo Tolstoi, Krieg und Frieden, Frankfurt/M. 2001.

Ludwig Uhlig, Georg Forster. Einheit und Mannigfaltigkeit in seiner geistigen Welt, Tübingen 1965.

Ludwig Uhlig, Georg Forster und seine Zeitgenossen, in: Georg-Forster-Studien 1 (1997).

Ludwig Uhlig, Georg Forster. Lebensabenteuer eines gelehrten Weltbürgers, Göttingen 2004.

Fritz Valjavec, Die Entstehung der politischen Strömungen in Deutschland 1770-1815, Frankfurt/M. 1978 (1951).

Karl A. Varnhagen von Ense, Galerie von Bildnissen aus Rahel's Umgang und Briefwechsel, Zweiter Theil, Leipzig 1836.

Franco Venturi, Utopia and Reform in the Enlightenment, Cambridge 1971.

Rudolf Vierhaus, Konservativ, Konservatismus, in: Otto Brunner, Werner Conze, Reinhart Koselleck (Hg.), Geschichtliche Grundbegriffe. Historisches Lexikon zur politisch-sozialen Sprache in Deutschland, Bd. 3. Stuttgart 1982 , S. 531-565.

Rudolf Vierhaus, Liberalismus, in: Otto Brunner, Werner Conze, Reinhart Koselleck (Hg.), Geschichtliche Grundbegriffe. Historisches Lexikon zur politisch-sozialen Sprache in Deutschland, Bd. 3. Stuttgart 1982, S. 741-785.

Rudolf Vierhaus, Deutschland im Zeitalter des Absolutismus, Göttingen 1984.

Rudolf Vierhaus, Goethe und der Historismus, in: Goethe-Jahrbuch 110, S. 106-114.

Rudolf Vierhaus, Montesquieu in Deutschland, in: ders., Deutschland im 18. Jahrhundert, Göttingen 1987, S. 9-33.

Rudolf Vierhaus, Politisches Bewußtsein in Deutschland vor 1789, in: ders., Deutschland im 18. Jahrhundert, Göttingen 1987, S. 183-201.

Barbara Vogel, Verwaltung und Verfassung als Gegenstand staatlicher Reformstrategien, in: Bernd Sösemann (Hg.), Gemeingeist und Bürgersinn: die preußischen Reformen, Berlin 1993, S. 25-40.

Jürgen Voss (Hg.), Deutschland und die Französische Revolution, Düsseldorf 1983.

Alfred Hartlieb von Wallthor, Der Freiherr vom Stein und die Selbstverwaltung, in: Westfälische Forschungen 15 (1962), S. 129-139.

Bernd Jürgen Warneken, Schubart. Der unbürgerliche Bürger, Frankfurt 2009.

Marianne Weber, Fichtes Sozialismus und sein Verhältnis zur Marxschen Doktrin, Tübingen 1925.

Max Weber, Die Objektivität sozialwissenschaftlicher und sozialpolitischer Erkenntnis, in: ders., Gesammelte Aufsätze zur Wissenschaftslehre, hg. v. Johannes Winckelmann, Tübingen 1985.

Hans-Ulrich Wehler, Vom Feudalismus des Alten Reichs bis zur Defensiven Modernisierung der Reformära 1700-1815. Deutsche Gesellschaftsgeschichte Bd. 1, München 1987.

Eberhard Weiss, Der Durchbruch des Bürgertums 1776-1847. Propyläen Geschichte Europas Bd. 4, Berlin 1981.

Thomas Welskopp, Die Sozialgeschichte der Väter. Grenzen und Perspektiven der Historischen Sozialwissenschaft, in. Geschichte und Gesellschaft 24 (1998), S. 173-198.

Thomas Welskopp, »Sattelzeitgenosse. Freiherr Karl vom Stein zwischen Bergbauverwaltung und gesellschaftlicher Reform in Preußen«, in: Historische Zeitschrift 271 (2000), S. 347-372.

Ulrich Wengenroth, Deutsche Wirtschafts- und Technikgeschichte seit dem 16. Jahrhundert, in: Martin Vogt (Hg.), Deutsche Geschichte, Frankfurt/M. 2002, S. 297-396.

Erich Weniger, Rehberg und Stein, in: Niedersächsisches Jahrbuch 2 (1924), S. 1-124.

Stuart White, Is Republicanism the Left's ›Big Idea‹?, in: Renewal. A Journal of Social Democracy 15 / 1 (2007).

W. Daniel Wilson, Das Goethe-Tabu. Protest und Menschenrechte im klassischen Weimar, München 1999.

Kurt Wölfel, Prophetische Erinnerung. Der Klassische Republikanismus in der deutschen Literatur des 18. Jahrhunderts als utopische Gesinnung, in: Wilhelm Voßkamp (Hg.), Utopieforschung. Interdisziplinäre Studien zur neuzeitlichen Utopie, Bd. 3, Stuttgart 1982, S. 191-217.

Christian Wolff (1721), Vernünfftige Gedancken von dem Gesellschafftlichen Leben der Menschen und insonderheit dem gemeinen Wesen (Deutsche Politik), in: ders., Werke, Bd. 5, hg. v. Hans Werner Arndt, Hildesheim 1965 ff.

Winfried Woesler, Möser und Goethe, in: Goethe-Jahrbuch 113, S. 23-35.

Eike Wolgast, Reform, in: Otto Brunner, Werner Conze, Reinhart Koselleck (Hg.), Geschichtliche Grundbegriffe Bd. 5, Stuttgart 1984, S. 313-360.

Allen Wood, Hegel's Political Philosophy, in: Stephen Houlgate, Michael Baur (Hg.), A Companion to Hegel, Oxford 2011, S. 297-312.

Gordon S. Wood, The Creation of the American Republic 1776-1787, Chapel Hill 1969.

Max Wundt, Die deutsche Schulphilosophie im Zeitalter der Aufklärung, Tübingen 1945.

John Zammito, Herder and Historical Metanarrative: What's Philosophical about History?, in: Hans Adler, Wulf Köpke (Hg.), A Companion to the Works of Johann Gottfried Herder, Rochester 2009, S. 65-90.
Michael Zuckert, Natural Rights and the New Republicanism, Princeton 1994.
Michael Zuckert, Launching Liberalism. On Lockean Political Philosophy, Kansas 2002.

The manufacturer's authorised representative in the EU is Springer
Nature Customer Service Centre GmbH, Europaplatz 3, 69115 Heidelberg,
Germany. If you have any concerns regarding our products, please
contact ProductSafety@springernature.com

Printed and bound by CPI Group (UK) Ltd, Croydon, CR0 4YY
23/04/2026
02095601-0005